"十二五"职业教育国家规划教材

21世纪职业教育教材·文秘系列

档案工作实务

（第三版）

主编 向 阳 吴广平 陈金艳

图书在版编目(CIP)数据

档案工作实务/向阳，吴广平，陈金艳主编. —3 版. —北京：北京大学出版社，2022.5
21 世纪职业教育教材·文秘系列
ISBN 978-7-301-32998-6

Ⅰ.①档　Ⅱ.①向…②吴…③陈…　Ⅲ.①档案工作–高等职业教育–教材　Ⅳ.①G27

中国版本图书馆 CIP 数据核字（2022）第 071231 号

书　　　名	档案工作实务（第三版） DANG'AN GONGZUO SHIWU（DI-SAN BAN）
著作责任者	向　阳　吴广平　陈金艳　主编
责任编辑	周　丹
标准书号	ISBN 978-7-301-32998-6
出版发行	北京大学出版社
地　　　址	北京市海淀区成府路 205 号　100871
网　　　址	http://www.pup.cn　新浪微博：@北京大学出版社
电子邮箱	编辑部 zyjy@pup.cn　总编室 zpup@pup.cn
电　　　话	邮购部 010-62752015　发行部 010-62750672　编辑部 010-62704142
印　刷　者	河北滦县鑫华书刊印刷厂
经　销　者	新华书店
	787 毫米×1092 毫米　16 开本　17.25 印张　475 千字 2008 年 1 月第 1 版　2013 年 1 月第 2 版 2022 年 5 月第 3 版　2024 年 8 月第 3 次印刷
定　　　价	49.00 元

未经许可，不得以任何方式复制或抄袭本书之部分或全部内容。
版权所有，侵权必究
举报电话：010-62752024　电子邮箱：fd@pup.cn
图书如有印装质量问题，请与出版部联系，电话：010-62756370

第三版前言

过去的十几年是我国档案事业飞速发展的时期,"十三五"期间,全国档案馆馆藏较"十二五"末增长38.9%,档案工作服务中心大局精准有力,特别是在庆祝改革开放40周年、新中国成立70周年、中国共产党成立100周年等重大活动及脱贫攻坚、新冠肺炎疫情防控、党内主题教育等工作中发挥了积极作用,资政能力不断提升。档案法治建设取得重要成果,新修订的《中华人民共和国档案法》及一批重要规章先后颁布。在全社会的档案意识不断增强的同时,依法管理档案的意识也不断强化。档案公共服务能力持续提升,全国档案馆共有开放档案17659万卷(件);2016—2019年,各级综合档案馆接待利用2755.9万人次,出版编研资料3014种、13.9亿字,举办档案展览12870个,接待参观2545.2万人次。档案信息化建设加快发展,一批高水平的数字档案馆(室)先后建成,电子文件归档和电子档案管理工作取得重要成果。

根据国家档案事业的发展及职业教育的最新要求,本书编者经过认真研讨,决定对教材进行全面修订,用档案工作的最新法规、最新成果来替换部分陈旧的内容,并且尽可能结合档案数字化、电子化、网络化的最新标准、要求和操作流程。同时根据"学生中心、结果导向、持续改进"的成果导向教学(Outcomes-Based Education,OBE)理念,对本书的体例进行必要的调整,使知识的传授更加符合学生的知识基础、能力基础和学习特点,并进一步强化原有的任务驱动教学法和"教学做"一体化的设计思路,使其更加符合职业教育的教学和实训需要。

从目前我国基层档案工作的状况来看,"两难"问题仍然没有得到彻底解决,基层档案工作人才非常缺乏,现职档案员大多没有接受过专门档案工作技能训练,而国家对各级政府部门、企业、社区、社会团体档案的规范化、信息化的要求越来越高,档案跨区域、跨部门查阅利用、档案数字化管理、档案实体安全与信息安全保障等工作已经成为常态化要求,急需具备档案工作技能的复合型人才来挑起重担。我们希望通过本书的修订,帮助现代文秘、法律文秘、行政管理、人力资源管理等专业的学生实实在在地训练出适应岗位需求的档案工作技能。

本书由广东科学技术职业学院的向阳老师负责整体策划,并承担了模块一、模块二、模块八等部分的编写和修订工作。珠海市档案馆副馆长吴广平同志全程参与了本书的策划和研讨,承担了模块三、模块四的编写和修订工作。广东科学技术职业学院的陈金艳老师负责本书修订工作的组织、联络和协调,并承担了模块五、模块六、模块七等部分的编写和修订工作。广东科学技术职业学院的王卓老师、何永明老师,企业专家毛建强同志、陶晓青同志也全程参与了本次修订工作。特别感谢珠海市档案馆张玉芳、吴蔚、黄河、杨海燕、骆伟娟等同志为本书前期编写工作所做的贡献。

编者

2022 年 3 月于珠海

本教材配有教学课件或其他相关教学资源,如有老师需要,可扫描右边二维码关注北京大学出版社微信公众号"未名创新大学堂"(zyjy-pku)索取。

- 课件申请
- 样书申请
- 教学服务
- 编读往来

目　录

模块一　档案和档案工作 …………………………………………………………（1）
　　任务一　我国档案和档案工作的发展 …………………………………………（2）
　　任务二　档案的概念、性质和作用 ……………………………………………（6）
　　任务三　档案工作和档案机构 …………………………………………………（8）
　　任务四　我国档案法制工作 ……………………………………………………（14）

模块二　文书档案的管理 …………………………………………………………（20）
　　任务一　认识文件 ………………………………………………………………（21）
　　任务二　文件归档 ………………………………………………………………（33）
　　任务三　归档文件的整理 ………………………………………………………（36）
　　任务四　文书档案的鉴定与移交 ………………………………………………（50）

模块三　科技档案的管理 …………………………………………………………（63）
　　任务一　认识科技档案 …………………………………………………………（64）
　　任务二　科技档案的收集 ………………………………………………………（71）
　　任务三　科技档案的整理 ………………………………………………………（76）
　　任务四　编制科技档号 …………………………………………………………（110）
　　任务五　编制科技档案目录 ……………………………………………………（114）

模块四　会计档案的管理 …………………………………………………………（117）
　　任务一　认识会计档案 …………………………………………………………（118）
　　任务二　会计档案的整理 ………………………………………………………（123）
　　任务三　会计档案的移交、利用、鉴定与销毁 ………………………………（136）

模块五　声像档案和实物档案的管理 ……………………………………………（139）
　　任务一　认识声像档案 …………………………………………………………（140）
　　任务二　照片档案的管理 ………………………………………………………（143）
　　任务三　录音录像档案的管理 …………………………………………………（157）
　　任务四　实物档案的管理 ………………………………………………………（161）

模块六　档案信息化建设 …………………………………………………………（165）
　　任务一　档案机读目录数据库的建设与应用 …………………………………（166）
　　任务二　电子文件的归档与管理 ………………………………………………（176）
　　任务三　纸质档案的数字化 ……………………………………………………（187）

模块七　档案保管 …………………………………………………………………（195）
　　任务一　档案保管概述 …………………………………………………………（196）
　　任务二　档案保管的物质条件 …………………………………………………（201）
　　任务三　档案库房的日常管理 …………………………………………………（205）

模块八　档案的提供利用与编研 ……………………………………………………（212）
　　任务一　档案的提供利用 ………………………………………………………（213）
　　任务二　档案的编研 ……………………………………………………………（223）
　　任务三　常用档案参考资料的编制 ……………………………………………（229）
附录　科技档案常见类型归档范围和保管期限表（参考资料） ……………………（253）
参考文献 ………………………………………………………………………………（267）

模块一　档案和档案工作

> 档案和档案工作在我国已经有几千年的历史,但直到近代我国才形成具有现代意义的档案工作,业内对档案的含义和作用也逐渐有了统一的认识。我们要想学会档案管理技能,首先应该对档案和档案工作有一个必要的了解和认识。

知识目标

1. 了解档案和档案工作的起源、发展。
2. 熟悉档案的概念。
3. 掌握档案工作的基本理论。

技能目标

1. 能分辨文书和档案之间的区别与联系。
2. 熟悉企业档案部门的设立。
3. 能熟练地完成文书收文、发文处理工作,并熟悉归档程序。

案例导入

小赵刚刚从A大学中文专业毕业,应聘到B公司的办公室工作。第一天上班,办公室陈主任找他说:"小赵,我刚看了你的简历,知道你在学校的表现不错,最近公司推行规范化管理,档案工作一直是我们的一个薄弱环节,所以公司决定让你和老徐一起负责这方面的工作。"

"档案工作?"虽然小赵在大学里学的是中文专业,但他从来没有接触过档案工作,没有一点专业知识,他感到有点为难。

"怎么,你有困难吗?"陈主任看出小赵的为难。

小赵面露难色地说:"我在学校里没有学过档案工作方面的知识。"

"老徐从事过多年的档案工作,他非常有经验,前几个月你先跟着他学,我相信以你的能力很快就能上手的。"陈主任接着说,"你要知道,档案是我们公司一笔非常重要的财富,内容涉及行政、管理、党务、经营、技术、设备和后勤等各个方面,而且很多档案都具有非常强的机密性,这可是一个非同小可的工作。你要好好地跟着老徐学习,而且必须在最短的时间里掌握档案工作的基本知识。"

"我会尽力做好这个工作的。"话虽这么说,但小赵心里一点底都没有。

和陈主任谈完话,小赵找老徐借了一些档案工作方面的书籍,回到办公室里认真学习起来。

档案工作是秘书人员和办公室工作人员日常最主要的工作内容之一。一方面，档案工作是行政工作的起点，档案可以帮助他们在最短的时间里了解组织的工作内容、工作特点和工作规律，以便更好地开展工作，提高工作效率。另一方面，档案工作也是行政工作的终点，工作处理完毕后，各种有价值的相关文件最终都会作为档案信息加以整理和保存，并通过各种途径服务于今后的各项工作。因此，秘书人员和办公室工作人员掌握档案工作的相关理论和技能具有现实的指导意义。

任务一　我国档案和档案工作的发展

相关知识

一、我国古代的档案和档案工作

档案是随着人类社会的发展而逐渐产生和发展起来的，文字的产生、社会分工的日益复杂及社会管理活动的出现，这些都为档案的产生创造了基本条件。有的学者认为，上古时代的结绳和刻契两种记录方式就是原始的文书档案，理由是它们是人类记录历史、传递信息的一种方式。但是，更多的学者则认为，结绳和刻契虽然能起到记录信息的作用，但它们更主要的是一种辅助记忆的方式，打成的绳结、刻出的符号本身不具有明确而固定的含义。目前，我国公认出现最早的档案是3500多年以前殷商时期的甲骨档案。在河南安阳小屯村出土的甲骨残片中有大量商朝的文书和档案资料。之所以认定甲骨残片属于档案的范畴，是因为以下三个方面的原因：

第一，甲骨档案直接真实地记录了历史。从甲骨档案的内容来看，其中记录了从武丁到商纣共计270多年的社会历史活动，包括殷王的田猎、祭祀、天时、征伐、王事等方面，数量众多，内容丰富。

第二，甲骨档案的文字可以辨认。甲骨文已经是相当成熟的文字，在10万余片的甲骨档案上共有4500多个字，其中可辨认的有2000多个字。

第三，甲骨档案经过人们有意识的收集、保存，有专门的人员和场所对其进行管理。殷商时期的甲骨文书多由卜官制作，其制作程序和公文结构都有严格的规定，处理完毕的文书都按一定的规律集中起来，整理分类后存放在天府之内，由专人保管。《尚书·多士》中记载："惟殷先人，有典有册。"这里的典、册都是指文书、档案材料。考古学家陈梦家在《殷墟卜辞综述》一书中也认为，这些卜辞"属于王室的文书记录，是殷代的王家档案"。

到了春秋战国时期，我国的档案工作得到了进一步发展，档案的载体有了很大的变化，出现了青铜、简牍、缣帛等形式，文书的种类也逐渐增多，其格式、用语和使用范围也逐步成形。当时，从周王室到各诸侯国都设有专门起草文书、保管档案的官员。据史料记载，著名的哲学家老子曾做过周王室的"柱下史"，专门负责保管王室档案。著名的思想家、教育家孔子根据收集到的上古文书，编纂了我国第一部档案文件汇编《尚书》，其中收录了从传说中的尧、舜、禹到春秋时期的各类公文59篇，包括"典""谟""誓""诰""训"和"命"等文种。尽管这些公文不乏后人伪托的，但它还是保留了我国最早的公文史料，既是研究我国公文起源、公文形式、公文作用的重要凭证，也是我国档案编研工作最经典的范例。

秦汉时期是我国封建社会档案工作发展的初期。从秦朝开始，我国公文的文种使用范围第一次由最高统治者进行明文规定。《史记卷六·秦始皇本纪第六》中提到秦朝的公文种类包括"制""诏"和"奏"等。秦朝统一中国后，设丞相府专门负责接收天下的公文、发诏令。丞相府内设曹、主簿等官职主管文书、档案工作。这些都为后世档案工作的规范化奠定了基础。到了汉朝，档案工作又有了新的发展，出现了大量的新文种，如"策书""戒书""章""表"和"驳议"等。在制度上，汉朝基本承袭了秦朝的旧制，在中央设有尚书台，总管全国章奏的接收、拆阅、审批及诏书的起草、封印等工作。尚书台设尚书令和尚书仆射主管文书工作，下设各曹负责各类文书的起草、办理。在地方各郡设有主簿和记室令史，在县设有县丞、主簿，负责各级政府机构的文书、档案工作。汉朝还建有"兰台""东观"和"石渠阁"等专门机构作为保存档案的库房，这些机构是我国国家档案馆的雏形。

经过动荡不安的南北朝，我国进入封建社会的巅峰——唐宋时期。在这一时期，我国的档案工作有了进一步发展。隋唐实行了"三省六部制"，由三省共管公文，即中书省出令、门下省审议、尚书省执行。到唐中期以后，中央起草诏令的部分任务由翰林学士来代替。这一时期的档案工作更加规范，而且更受到统治者的重视。例如，对记载封建统治者言行的记注材料——起居注和时政记的记录和保管都有了更加严格的规定。此外，户籍档案、舆图档案、甲历档案（官员铨选、任用过程中形成的档案）的内容完整性和丰富性都大大超过前代。唐朝的封建法典《唐六典》和《唐律疏议》还从法律的角度对文书、档案工作进行了规定，把档案工作提到一个新的高度。宋朝承袭了唐朝的制度，同时加强了中央集权统治，建立起严密的封建专制制度。国家虽然设有三省六部，但已徒具虚名，另有凌驾于三省之上的政事堂，同时为了避免一个机构的权力过大，还设有统领全国军政的枢密院和掌握全国财政的最高机关三司（盐铁、户部和度支）。国家机构的膨胀使得档案也大大增多起来。中央设有通进司专门管理全国的文书、档案工作，三省中还分别设有收贮皇帝的诏令、制书和其他文书、档案的制敕库房，也称架阁库。此外还设有专门贮藏档案的机构——金耀门文书库，三司六部的档案在本部门保存一定时间后要交给金耀门文书库来保存。后来，宋朝还在各地普遍设置收存文书、档案的架阁库，负责管理全国各地的文书、档案。

明朝建立之初就收集了大量的元朝各级政府的档案，这对维护政权、巩固统治、稳定社会起到了重要作用。明朝的文书处理机构更加完善，各机构也有了明确的分工：中书科掌缮写册文、诰敕；诰敕房掌书办文官诰敕，翻译敕书，归并外国文书、揭贴；制敕房掌书办制敕、诏书、诰命、册表、宝文、玉牒、讲章、碑额、题奏、揭贴等机要文书和各王府册符底簿；通政司专门负责收文，掌管接收内外章奏和敕奏封驳之事。各部、都督府、都察院、大理寺都设有架阁库和照磨所，负责各类档案材料的管理，另外还建立了收存全国黄册的档案库房——后湖黄册库。明嘉靖十三年（1534年），明世宗开始修建专门用作保存皇族档案的库房——皇史宬。皇史宬根据我国古代"石室金匮"的档案保管理念设计，全部以砖石建成，至今保存完好，堪称我国古代档案库建筑的典范。但是，从明朝开始，文牍主义盛行，文书的种类繁多，行文制度复杂，加上明朝后期政治腐败、吏治废弛，因而严重地影响了档案工作的开展。

清朝的档案工作基本上承袭了明朝，但也有一定的发展。清政府在中央设有两个并列的收文机构——奏事处和通政司，负责收发奏折文书和各种题本。内阁中设典籍厅等十二所，分别掌握各类文书、档案工作。中央六部各设司务厅，掌收外省衙门的公文。清雍正七年（1729年）成立了军机处，负责拟定皇帝的谕旨，办理皇帝的各种"朱批"。清朝的档案工作制度十分严格，在文书的格式、办理程序、避讳、保密以及档案的收藏、保存、利用等方面都有详细的规定。

二、我国近代的档案工作

辛亥革命以后,具有资产阶级共和国性质的革命政权——南京临时政府成立。南京临时政府在建立之初就开始对清朝旧有的文书、档案工作进行了改革。南京临时政府第二号令是《公文程式令》,规定了令、咨、呈、示和状五种公文的名称和使用范围,制定了新的办文制度,革除了公文中的各种封建色彩,采用公元纪年。南京临时政府还在总统府设有秘书处,该处分设总务、财政、军事、文牍、收发等科,分别负责各类文书、档案工作。各级军政府内也设有秘书厅、秘书处或秘书科,负责各地方的文书、档案工作。一些部门还颁布了一批文书、档案工作的规章制度,如《外交部编档办法》《外交部保存文件规则》等。这一时期还就"文书"和"档案"这两个概念进行了区别,明确了两者的定义:凡处理公事之文件曰公文;档案则是"经删繁摘要"编辑纂修的"专档"。

袁世凯窃取了辛亥革命的成果后,践踏了南京临时政府公文改革的成果,复活了"奏折"等封建公文,同时将公元纪年改为"洪宪年",对一些重要的文书档案也进行了大肆破坏。在袁世凯统治的4年时间里他曾两次下令烧毁档案,随后几年中还发生了著名的"八千麻袋事件"。原清朝内阁的8000麻袋档案,几经辗转,藏于端门门洞,后因北洋政府教育部的经费困难,就将这批共计15万斤的档案以大洋4000元卖给了北京同懋增纸店。虽经罗振玉等人多方收购,但大多数已散失或销毁。这一事件充分暴露了北洋军阀统治的腐朽。

国民党统治时期的文书、档案工作较北洋军阀时期有了一定的改进。1928年,国民党政府公布了《公文程式条例》,规定了新的公文种类和公文格式,同年公布的《修正内政部办事细则》又对文书处理程序进行了规定,要求按收文和发文两个阶段来处理文书。在档案工作方面,1928—1932年国民党政府陆续建立了一大批专门的档案机构,用以集中保管各级机关的档案材料,并先后颁布了《档案室办事规则》和《文卷管理规则》等档案工作的规章制度,用以规范档案工作的开展。1933年,为了强化统治,提高行政效率,解决文书、档案工作中存在的办事拖沓、人浮于事的现象,国民党政府开展了"行政效率改革",要求公文的撰写、办理尽量从简,提倡使用白话文、新的标点符号以及文书、档案合二为一的"文书档案连锁法"。随着文书、档案改革运动的开展,文书、档案工作人员的培养逐渐提到议事日程。1939年,国民党政府在湖北私立武昌文华图书馆专科学校内设立了档案管理专科,后又开办了档案管理职业培训班,专门培养档案工作人员。随后,全国其他地区也相继开办了一些文书、档案专修班。

从20世纪30年代初期,一些学者开始对档案工作的理论进行探讨。他们一方面总结了我国历代档案工作的经验,另一方面介绍了西方的档案工作理论,引进了西方一些先进的档案分类法,完成了一批早期与档案有关的著作,如周连宽的《县政府档案处理法》(1935年)、龙兆佛的《档案管理法》(1940年)、梁上燕的《县政府公文处理与档案管理》(1942年)和傅振伦的《公文档案管理法》(1946年)等。这些著作从不同的角度探讨了档案的一般概念、作用,组织,管理原则和管理方法,档案保管,文书、档案工作人员的选拔等理论问题,从而迈出了我国档案理论研究的第一步。

三、我国现代的档案工作

早在中华人民共和国成立之前,中国共产党就对档案工作给予了高度重视。1931年由瞿秋白同志起草、周恩来同志指示试行的《文件处置办法》是目前发现的我党最早的关于文书、档案工作的文件,其中明确规定了文件的形成、处理和档案的分类、保管、销毁等具体办法。《文件处置办法》的末尾有个"总注"指出:"如可能,当然最理想的是每种二份,一份存阅(备调阅,即归还),一份入库,备交将来(我们天下)之党史委员会。"从中我们可以看出,老一辈革命家对革命的必胜信念和对文书、档案工作的重视。在其后的各个历史时期,我党为加强文书、档案工作采取了一系列的具体措施,改革旧的公文程式,建立新的文书、档案工作制度,为革命的胜利提供了保障。

中华人民共和国成立初期,党中央和人民政府又对文书、档案工作进行了一系列的改革。1952年,中共中央办公厅和政务院公布了《公文处理暂行办法》,这是中华人民共和国成立后第一个全国性的公文法规。《公文处理暂行办法》总结了我党在各个历史时期公文改革的经验和成果,明确了新公文的性质、地位、任务和作用,规定了新公文的文种、用途、格式、行文关系、写作要求以及集中管理机关档案的原则。这个文件标志着我党领导的对封建公文和资产阶级公文改革的基本完成,标志着社会主义新公文管理制度的诞生。1954年,在党的第一次全国档案工作会议上通过了《中国共产党中央和省(市)级机关文书处理工作和档案工作暂行条例》,为我国档案工作的开展指明了方向。同年10月,在国务院第二次会议上审议通过成立中华人民共和国国家档案局(以下简称国家档案局),负责管理全国的档案工作。国家档案局的成立标志着我国档案事业发展到一个新的阶段。在档案工作飞速发展的形势下,与档案相关的理论研讨、专业教育等事业也蓬勃兴起。

在"文化大革命"期间,负责档案工作的大批专业人员被调离岗位,机构被撤销,多年积累起来的工作经验和研究成果被否定和被批判,大量珍贵的档案被销毁。

"文化大革命"以后,档案工作重新走上了发展之路。改革开放以来是我国档案工作发展最迅速、成果最显著的时期。总结40多年来的实践,新时期档案工作的开展主要具有以下特点:

(1)完善的法制建设为档案工作的开展奠定了坚实的基础。
(2)现代化的技术手段为档案工作的开展插上了腾飞的翅膀。
(3)成熟的专业队伍为档案工作的开展提供了强大的动力。
(4)规范的专业建设为档案工作的开展提供了科学的理论。

历史经验告诉我们,只要我们遵循档案工作的规律,运用科学的思维方式,采用现代化的技术手段,我国的档案工作就必将得到更加充分的发展,为我国社会主义各项事业做出更大的贡献。

实训练习

1. 实训材料

(1)教师在上课之前应准备好实训用的文件材料,文件材料的内容和价值要尽可能多样化。

(2)教师准备的文件材料将作为档案材料,用于档案的鉴定、分类、整理和编目等实训活动。

2. 实训方式

(1)教师将全班学生分成若干个小组,每个小组选出组长1名(小组的数量以双数为宜,小组的数量和每个小组的人数根据教师所准备的文件材料的数量而定,以平均每人10份文件材料为宜)。

(2)每个小组准备1本实训记录本,以记录每次实训的过程和收获。

任务二　档案的概念、性质和作用

相关知识

一、档案的概念

（一）档案的概念的演变

档案在我国商朝就已经出现，但历代对它有不同的称呼。商代称档案为"册"，周代称档案为"中"，秦汉时期称档案为"典籍"，汉魏以后称档案为"文书""文案""案牍"等。"档案"一词最早出现于明末清初，现存的清顺治年间的官府文书中已有"档案"这个词。清代杨宾的《柳边纪略》一书中对"档案"一词更是有明确的解释："边外文字，多书于木，往往传递者曰牌子，以削木片若牌故也；存贮年久者曰档案，曰档子，以积累多，贯皮条挂壁若档故也。然今之书于纸者亦呼牌子、档子矣。"这里所说的"档案"已经和具有现代意义的"档案"的概念基本一致。

随着时代的发展，档案的内涵不断地丰富，外延也在不断地扩大，现在已经发展成为一个包括多种载体、门类齐全的大家族。

（二）档案的概念的表述

2020年修订的《中华人民共和国档案法》（以下简称《档案法》）第二条第二款规定："本法所称档案，是指过去和现在的机关、团体、企业事业单位和其他组织以及个人从事经济、政治、文化、社会、生态文明、军事、外事、科技等方面活动直接形成的对国家和社会具有保存价值的各种文字、图表、声像等不同形式的历史记录。"

通过以上关于档案概念的表述，我们应明确以下四个方面：

1. 档案是在社会实践活动中逐渐形成的

档案不是人们凭空编造出来的，而是随着社会实践活动逐渐形成、逐渐积累起来的。人们在各种社会实践活动中为了解决各种问题或者记录各种事件、思想，形成了各种文件材料和原始记录。人们将它们加以鉴别并集中保存起来以便日后查考利用，档案也就因此产生。

2. 档案是真实的历史记录

与其他各种信息材料相比，档案直接记录了各种事件和活动最本来的面貌，是社会实践活动最真实、最直接、最原始的记录。因此，档案的凭证价值要高于其他任何一种信息材料。

3. 档案是由文件材料转化而来的

（1）办理完毕的文件材料才能转化成为档案。正在办理中的文件材料不能作为档案，但这里所说的办理完毕并不一定是文件材料所涉及的工作完全结束，只要文书处理程序结束就可以看作是办理完毕。

（2）具有查考利用价值的文件材料才能转化成为档案。并不是每份文件材料都会对今后的工作具有利用价值，这就需要档案工作人员用科学的方法对文件材料进行鉴别和判定，从中选择那些内容全面、意义深远、典型性强的文件材料加以保存。

（3）只有按照一定规律集中保存起来的文件材料才能转化成为档案。办理完善、具有保存价值的文件材料，如果没有按照一定的规律集中保存，只能算作零散文件，而不是严格意义上的档案。

4. 档案的形式是多种多样的

在传统的观念中,只有在党政工作中形成的各种文件材料才能算作档案。其实,档案包括的范围非常广泛,除前面提到过的甲骨、金石、简牍、缣帛等材料外,磁记录材料、感光记录材料、激光记录材料等在档案中所占的比例越来越大,作用也越来越明显。

二、档案的性质和作用

(一) 档案的性质

1. 档案的原始记录性

和文书的现实执行性比较起来,档案最基本的性质是原始记录性。

档案是人类社会生活的产物,直接记录了人们的工作活动和各个方面的情况,具有原始、直接、真实的特点。理解档案的原始记录性对于档案工作人员进行档案管理及处理档案工作同外部的某些关系都具有实际的指导意义。

(1) 明确档案的原始记录性的意义在于能够明确档案的历史真迹不允许被篡改,档案工作人员应该努力维护档案的完整和真实。由于在社会实践活动中存在很多危害档案真实性的人为因素和自然因素,因此如何最大限度地保证档案的历史真实性不被损害成为档案工作人员的重要职责。

(2) 明确档案的原始记录性能使档案工作人员在形成文件材料的过程中尽可能维护其真实性,不让虚假的信息混入其中,这也是档案工作人员职业道德的重要体现。特别是在一些重大活动中,如何处理当前利益与保持历史的真实性,如何处理领导人的意图与客观事实,这些都是档案工作人员必须思考和解决的问题。

(3) 原始记录性是档案和图书、情报等文字记录的重要区别。尽管图书、情报也是社会重要的信息源,也能够记录和反映人类的社会实践活动和历史发展,但与档案相比,它们在原始记录性方面明显存在不足。档案是在社会实践活动中自然形成的,不是为了特定目的人为编撰、加工的,所以档案对历史的记载和反映更加原始、真实、直接。

2. 档案的信息性

除原始记录性外,档案和文书一样也具有信息性的性质,它也是一种重要的社会信息源。

3. 档案的知识性

档案的内容反映了一定历史时期的社会发展状况、人们对客观事物的认识程度及当时生产力发展的水平,是人类知识的传承体,所以知识性也是档案的重要属性。

(二) 档案的作用

档案在社会生活的各个领域都发挥着重要作用。它既是行政工作的查考凭证、生产建设的必要依据、科学研究的基本条件、政法工作的有力武器,也是对群众进行宣传教育的生动素材。归纳起来,档案的作用主要表现在凭证和参考两个方面。

1. 凭证作用

有时,档案可以直接作为人们工作和活动的真实凭证,这一点是文书的凭证作用的延续。从档案的形成来看,档案是原始记录材料,能够比较真实地记载事件发生的全过程,反映当事人的思想和行为等,可以作为今后证实某一事实的依据。从档案的形式上来看,档案保留了当事人的笔迹、印章、声音、形象等,也可以直接用来证实相关事实。

2. 参考作用

档案也是人们总结经验、吸取教训、开展工作的有益参考。由于档案上记录了人们的思想和行动、经验和教训,因此它可以帮助人们了解过去、指导现在、探知未来。特别是档案工作人员应善于利用档案中记载的内容,并从档案中吸收前人的成果,这也是开展工作、提高业务水平的重要途径。

实训练习

1. 实训材料

教师使用任务一的文件材料。

2. 实训方式

教师将全班学生分成若干个小组,每个小组就所分发的文件材料讨论以下问题:
(1) 档案是什么?
(2) 档案与个人的发展有什么关系?
(3) 档案与社会有什么关系?
(4) 简述中国历史上的档案。

3. 教师评判

教师根据每个小组的讨论情况进行评判。

任务三　档案工作和档案机构

相关知识

一、档案工作的内容与性质

(一) 档案工作的内容

档案工作的含义有广义的和狭义的两种。广义的档案工作是指一切与档案有关的工作活动,包括档案事业管理、档案教育、档案科研、档案法规等工作内容;狭义的档案工作专指档案的业务工作,即具体对档案文件进行整理、保管、开发和利用的工作。本书以狭义的档案工作为研究对象,主要涉及机关单位的档案工作活动,这也是档案工作人员的工作内容之一。档案的业务工作主要由如图 1-1 所示的工作环节组成。

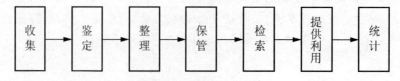

图 1-1　档案的业务工作

(1) 档案工作人员通过收集工作把机关单位产生的零散文件集中起来。

(2) 档案工作人员通过鉴定工作去伪存真,让档案变得更加精练。

(3) 档案工作人员通过整理工作对档案进行分类、组合,实现档案的系统化,再加以妥善保管。

(4) 档案工作人员通过检索工作提取档案中有用的检索信息,编制各类检索工具,为利用者提供查找线索。

(5) 档案工作人员顺利地为利用者提供档案的利用。

(6) 档案统计是档案工作人员通过收集各个工作环节中的数据,进行分析研究,对档案工作的开展进行有效的控制。

(二) 档案工作的性质

档案工作是一项具有政治性、管理性和服务性的工作。

1. 政治性

从档案的产生来看,档案代表了一定阶级的利益,为一定的阶级所掌握,因此档案工作也就不可避免地带有一定的政治性。从历史的发展来看,档案工作的政治性表现在对党和国家历史真实面貌的维护上。档案真实地记录了历史发展的轨迹,肩负着维护历史真实面貌的重担,如果我们不能用对历史负责的态度来对待档案,那么就可能给历史留下空白或误区。

2. 管理性

从工作内容上来说,档案工作是负责管理档案信息的一项专门性工作。与其他管理性工作一样,档案工作有自己的管理对象、管理手段、管理理论和管理原则。从具体工作单位来说,档案工作又是为特定的管理工作提供信息支持,是特定管理工作的组成部分。

3. 服务性

从与其他工作的关系上来说,档案工作是一项为各项具体工作服务的条件性工作,服务性是档案工作与其他各项工作的主要区别。从档案工作本身来说,服务性是档案工作赖以生存和发展的基础,离开服务性档案工作也就没有了存在的必要。强调档案工作的服务性能够帮助档案工作人员摆正档案工作的位置,树立服务观念。

(三) 文书工作和档案工作

文书工作和档案工作在我国的历史发展中一直是合二为一的,并没有明显的区别。在古代很多负责拟定、办理文书的官员同时也兼有档案管理的任务。到了近代,随着档案学和秘书学的形成,文书工作和档案工作逐渐走向专业化,特别是在20世纪30年代的行政效率改革活动中,一些专家对这两项工作进行了区分,研究文书和档案的著作也相继问世。在20世纪五六十年代,档案工作逐步独立,自成体系;文书工作也日趋完善,文书学开始兴起。这两项工作也逐渐有了明显的区别,一般的单位常单独设立文书人员或秘书人员来负责文书工作,设立档案员来负责档案工作。

进入21世纪以后,秘书工作的内容和方法发生了很大的变化,尤其是办公室自动化程度的提高,网络办公、无纸化办公等新事物的出现,这些都使文书工作和档案工作之间的界限开始逐渐变得模糊。一份文件从草拟、审核、缮印办理到归档、分类、检索都可以在计算机上完成,还可以通过网络进行远距离传递和调用,而这些都可以由一位工作人员来承担。越来越多的专家、学者提出文书工作和档案工作一体化的问题，即从文件运行机制和文件生命周期的角度来全面把握这两项工作。

对于规模较大、机构设置齐全、工作分工明确的机关单位，文书工作和档案工作仍然可以由不同的机构和人员分别来承担，但要求文书人员和档案工作人员必须对这两项工作都有一个比较全面的了解：文书人员要熟悉档案分类、保管的理论和方法，让文书从形成开始就符合档案管理的规范；档案工作人员也要了解文书工作的规律和特点，保证文书立卷和分类符合本单位的实际，便于本单位工作的利用。对于规模较小的机关、团体、企业事业单位和其他组织，特别是各类企业、基层单位，文书工作和档案工作往往没有明确的区分，多半是由秘书人员来承担，这就更需要将这两项工作作为一个整体来进行安排。例如，秘书人员没有必要一定按一般要求等到第二年上半年再立卷归档，可以采取随办随归档的办法；秘书人员在对文书进行鉴定和组卷时，也可以参照《档案保管期限表》的要求，制定本单位的"三合一"制度，即文书立卷、保管期限划分、档案分类的统一制度。

1. 文书工作和档案工作的联系

文书和档案的紧密联系也决定了文书工作和档案工作是两项密切相关的工作。

（1）文书工作和档案工作是一个完整的工作流程。

中共中央办公厅、国务院办公厅发布的《机关档案工作条例》第十四条规定："一个机关在工作活动中形成的全部档案，应在文书或业务部门立卷的基础上，按照一定的要求进行分类、加工整理和保管。"从这个规定我们可以看出，文书工作和档案工作都是对文件材料进行处理的工作活动，两者是一个完整的工作流程。文件经过草拟、审核、印发、办理完毕后就会经过立卷归档进入档案工作程序，由档案工作人员对其进行进一步的加工整理，使已经具有现实效用的文件材料变成一种历史文化财富。

（2）文书工作和档案工作相互影响、相互补充。

文书工作和档案工作的关系非常密切，彼此缺一不可。基层单位形成、积累的文件材料是档案工作的物质基础，没有它档案工作就无法开展；而且各部门文书工作的好坏、归档文件材料的质量也会直接影响档案工作的进展。各部门的文件材料归档后，通过档案工作人员的加工整理，反过来又能为各部门的工作提供服务，为新的文件材料的形成提供素材。文书工作是档案工作的基础，档案工作是文书工作的延续，两者相互依存、相互制约、相互促进，但是不能相互取代和相互混淆。

2. 文书工作和档案工作的区别

（1）文书工作和档案工作的工作任务不同。

文书工作的主要任务是高质量地形成文书，安全有序地办理文书，完整妥善地保管文书，正确发挥文书的作用。档案工作的主要任务是集中、统一、科学地管理各类档案，大力开发档案资源，更好地为本单位和社会的各项工作服务。

（2）文书工作和档案工作的服务对象不同。

文书工作的服务对象主要是本单位的领导和各项工作活动。档案工作的服务对象主要是广大社会公众，而且提供利用的范围越大，档案的价值体现得就越充分。

（3）文书工作和档案工作的工作目的不同。

文书工作的主要目的是实现文书的现实效用，是本单位工作运作的工具和手段。档案工作的主要目的是实现档案的历史价值，它通过维护社会的历史真实面貌，为今后的工作提供参考和凭证。

综上所述，文书工作和档案工作是两个既有密切联系又有明显区别的工作，两者都是秘书工作中的重要内容，是秘书人员必须掌握的理论知识和工作技能。秘书人员要站在一个宏观的角度，从秘书工作的实际需要出发，把文书工作和档案工作作为一个整体来研究。

二、我国档案机构的设置

目前，我国的档案工作已经形成一个完整的系统，包括国家档案主管部门、档案馆和机关档案室等三个部分。

（一）国家档案主管部门

国家档案主管部门是负责管理国家档案事业的机构，包括国家档案局及各级档案局、档案处等。《档案法》第八条规定：

"国家档案主管部门主管全国的档案工作，负责全国档案事业的统筹规划和组织协调，建立统一制度，实行监督和指导。

县级以上地方档案主管部门主管本行政区域内的档案工作，对本行政区域内机关、团体、企业事业单位和其他组织的档案工作实行监督和指导。

乡镇人民政府应当指定人员负责管理本机关的档案，并对所属单位、基层群众性自治组织等的档案工作实行监督和指导。"

（二）档案馆

档案馆是国家科学文化事业机构，是国家永久保存档案的中心，是各项工作利用档案的基地。档案馆在一个国家的档案事业发展中具有举足轻重的作用，是衡量一个国家档案工作发展水平的标志。

我国的档案馆基本上是按地区结合专业、时期等特点来设置的，分为中央级档案馆（中央档案馆、中国第一历史档案馆、中国第二历史档案馆等）、地方档案馆［省（自治区、直辖市）、地区（市、自治州）、县级档案馆］和专业档案馆（如中国人民解放军档案馆、中国照片档案馆、各地城市建设档案馆等）。

"十三五"时期，全国档案馆馆藏较"十二五"末增长38.9%。档案公共服务能力持续提升，全国档案馆共有开放档案17659万卷（件）；2016—2019年，各级综合档案馆接待利用2755.9万人次，出版编研资料3014种、13.9亿字，举办档案展览12870个，接待参观2545.2万人次；档案跨区域跨部门查阅利用积极推进，档案惠民助农服务更加便捷。档案信息化建设加快发展，建成一批高水平的数字档案馆（室），电子文件归档和电子档案管理工作取得重要成果，电子会计档案单套制管理取得良好效果。档案安全保护继续加强，馆库设施持续改善，得到中央财政支持的600多个中西部地区县级综合档案馆大部分建成，6家区域性国家重点档案保护中心投入使用。

根据《档案法》和《档案馆工作通则》的相关规定，中央和地方以上各级各类档案馆是集中管理档案的文化事业单位，负责接收、收集、整理、保管和提供利用各分管范围内的档案，具体如下：

(1) 接收与征集档案。

(2) 科学地管理档案。

(3) 开展档案的利用工作。

(4) 编辑出版档案史料。

(5) 参与编修史、志的工作。

(三) 机关档案室

机关档案室是机关单位的组成部分,是提高机关单位的工作效率和工作质量、维护机关单位历史真实面貌的重要机构。从地位上来说,机关档案室既是整个国家档案的源泉,也是国家档案工作的基础。整个国家档案的完整程度和管理质量首先取决于机关档案室的工作。

机关档案室的基本任务包括以下三个方面:

(1) 对本机关单位文书部门或业务部门文件材料的归档工作进行指导和监督。

(2) 接收和保管本机关单位各部门交来的档案材料,进行必要的收集、鉴定、整理、保管、检索和提供利用、统计工作。

(3) 定期把具有长久保存价值的档案向相关档案馆移交。

一般来说,机关档案室可以分为以下六种类型:

1. 普通档案室

普通档案室也称机关档案室、文书档案室,是指主要负责管理机关的党、政、工、团文书档案的档案室。这类档案室在全国的数量最多,设置最为普遍。

2. 科技档案室

科技档案室是指保管科技档案(一般也管理科技资料)的档案室。

3. 音像档案室

音像档案室是指专门管理影片、录音带、录像带、唱片、照片等特殊载体的档案室。

4. 人事档案室

人事档案室是指机关人事部门设立的专门管理职工的履历自传、考核奖惩、任免、职称、学位、工资、级别、离休、退休、退职等个人资料的档案室。

5. 综合档案室

综合档案室是指企业事业单位建立的综合性档案室。这类档案室统管本单位形成的各种类型的档案。

6. 联合档案室

联合档案室是指同一专业系统或专业性质相近的若干机关、团体、企业事业单位共同建立的档案室。

目前,我国的档案机构已经形成了一个由不同层次、不同类型的档案机构组成的科学系统,并在我国社会主义建设中发挥着重要作用。各档案机构的结构与关系如图1-2所示。

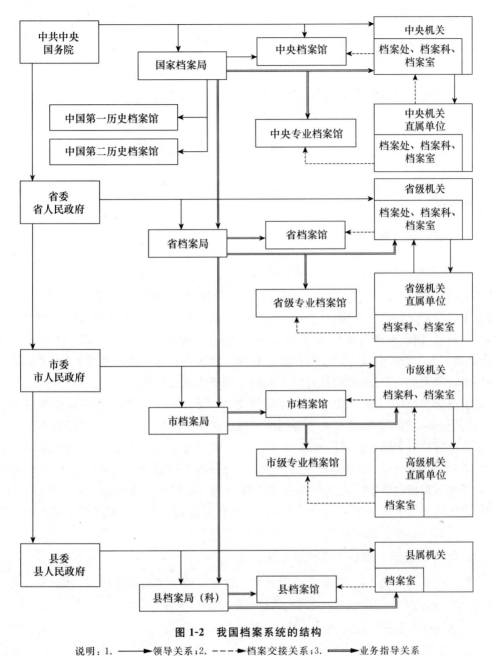

图 1-2 我国档案系统的结构

说明：1. ——→ 领导关系；2. ----→ 档案交接关系；3. ➡ 业务指导关系

实训练习

1. 实训内容

教师请学生结合我国档案系统的结构，分小组利用网络资源等查找当地的档案机构设置情况。

2. 实训方式

每个小组的学生将收集到的资料进行整理后,以思维导图的形式进行现场解说。

3. 教师评判

所有的学生根据每个小组的现场解说情况进行投票、排名。

任务四　我国档案法制工作

相关知识

一、我国档案法制工作的开展

(一) 中华人民共和国成立以前的档案法制工作

我国古代的档案工作就已经有了相当严格的管理制度,如唐代实行"每三年一拣除"的档案鉴定制度;宋代采用"置册分门编录",按年、月次序整理档案;元代将入库的档案进行编类、立号、封面;明代整理黄册采用"年代—地区"的分类标准;清代嘉庆年间,内阁典籍厅编制了《清理东大库分类目录》等。不过,这些管理制度缺乏科学性和严密性,只能算作是最基本的档案管理要求,而且制度的执行往往取决于皇帝或者长官的意志。

到了民国初期,随着资产阶级政治体制的建立,人们开始对档案工作法制管理有了新的认识,意识到必须通过更加严格的管理制度来保证档案工作的顺利进行,以便使档案发挥作用。南京临时政府和国民党政府相继颁布了《公文程式令》《公文程式条例》《档案室办事规则》和《文卷管理规则》等制度对档案工作进行规范;各个政府部门也相应地作出了一些规定,如《外交部编档办法》和《外交部保存文件规则》等,对档案工作提出了管理要求。但是,这一时期的档案管理仍停留在制度的层面,并没有上升到国家法律的高度,而且由于旧习俗、旧观念的影响,相关规定在执行上存在很多的问题。

(二) 中华人民共和国成立后档案立法的过程

中华人民共和国成立后,党和政府对档案工作始终给予了高度重视,并制定了一系列的法律、法规。从档案立法的过程上来看,大体可以分为以下三个阶段:

1. 初级阶段(1951—1954 年)

中华人民共和国的档案法制建设最早始于 1951 年。1951 年,政务院公布了《保守国家机密暂行条例》《公文处理暂行办法》和《关于加强文书处理工作和档案工作的决定》,7 月中共中央又发出了《关于收集党史资料的通知》。在随后的几年里,中共中央又先后颁布了《中国共产党中央和省(市)级机关文书处理工作和档案工作暂行条例》《中国共产党县级机关文书处理工作和档案工作暂行办法》和《党的机关档案材料保管期限的一般标准》等法规性文件。这些文件对我国档案工作的一些基本原则、管理方法作出了规定,为《档案法》的产生奠定了基础。

2. 探索阶段(1954—1979 年)

1954 年 11 月,第一届全国人民代表大会常务委员会第二次会议根据国务院总理周恩来的提请,批准在国务院设立中华人民共和国国家档案局(以下简称国家档案局)。1955年11月,国务院批准颁发了《国家档案局组织简则》,规定了国家档案局的职责、权利和任务,同时也规定国家档案局是我国档案行政事务的最高管理机关。国家档案局的成立标志着我国的档案工作进入一个全新的历史阶段,档案的法制工作也迈上一个新的台阶。

1956年4月,国务院公布了《国务院关于加强国家档案工作的决定》。这个决定是《档案法》颁布之前的一个重要规定,对我国各级档案机构的设立、国家全部档案的范围、档案工作的基本原则都作出了明确规定。1959年,国家档案局在广东兴宁召开了县档案工作现场会议,讨论通过了《县档案工作暂行通则》。1960年,国家档案局在上海召开现场工作会议,通过了《省档案馆工作暂行通则》;同年全国档案工作会议上讨论通过了《机关档案室工作通则》,分别对县档案馆、省档案馆和机关档案工作中机关档案室的原则、体制、机构、人员、任务作出了明确规定。这些法规性文件的产生标志着我国档案工作法制化建设逐步走向完善。虽然在"文化大革命"中,档案工作受到了严重的冲击,但由于有以上的基础,在经过党的十一届三中全会后的恢复整顿后,全国的档案工作迅速发展起来。

3. 成熟阶段(1979年至今)

1979年,国家档案局开始考虑制定《档案法》,1980年正式组织有关人员进行起草。经过近30次的反复修改,最终于1987年6月7日由国务院向全国人民代表大会常务委员会提交了《关于提请审议〈中华人民共和国档案法(草案)〉的议案》,并在1987年9月5日第六届全国人民代表大会常务委员会第22次会议上表决通过,于1988年1月1日起施行。1990年,国家档案局第1号令发布了《中华人民共和国档案法实施办法》(以下简称《档案法实施办法》)。

《档案法》的制定和颁布实施是我国档案事业发展史上的一件大事,是我国社会主义档案工作走向成熟的重要标志。《档案法》的诞生使档案工作的开展从此有了自己的法律依据,同时也使我国的档案法规体制真正建立和完善起来。

随着我国社会主义市场经济体制的确立,《档案法》和《档案法实施办法》中的一些条款已经难以适应新形势下档案事业发展的客观需要。1996年、2016年《档案法》进行了两次修正。2020年6月20日第十三届全国人民代表大会常务委员会第十九次会议对《档案法》进行了修订,这次修订的幅度较大,使之更加符合时代发展的需要。1999年,《档案法实施办法》进行了一次修订。2017年,《档案法实施办法》进行了一次修正。

二、我国档案法规体系

到目前为止,我国已经建立起完整的档案法规体系,成为保证我国档案事业健康发展的重要支柱。

(一) 国家法律

针对档案工作的国家法律主要包括以下两个方面:

(1) 由全国人民代表大会常务委员会制定的《档案法》。这是我国档案工作的基本法律,是国家档案法律体系的核心。

(2) 国家的宪法和刑法等各种法律中有关档案工作的条款,如《中华人民共和国宪法》《中华人民共和国刑法》《中华人民共和国民法典》《中华人民共和国文物保护法》《中华人民共和国森林法》《中华人民共和国会计法》等法律中都有涉及档案的相关条款,这些条款和《档案法》一样都是约束一切档案工作的准则。

(二) 行政法规

国务院制定的有关档案工作方面的法规称为档案行政法规,主要包括一些决定、条例、规定、办法等,如《档案法实施办法》《机关档案工作条例》和《科学技术档案工作条例》等。此外,在国务院颁布的一些行政法规里也有与档案工作有关的条款,如《党政机关公文处理工作条例》等也属于行政法规。

(三) 地方性法规

全国各地方人民代表大会及其常务委员会制定的有关档案工作方面的决定、条例、规定、办法称为档案地方性法规,如《广东省档案条例》《深圳经济特区档案与文件收集利用条例》和《珠海市档案条例》等。这些地方性法规在本地区内具有很强的针对性和操作性,对于地方档案工作的开展具有很大的指导意义。

(四) 规章

1. 部门档案规章

部门档案规章是国务院各部、办、委、局制定的关于档案和档案工作的法规文件,也有些规章是由几个部委联合制定的。如国家档案局制定的《档案馆工作通则》和发布的《电子公文归档管理暂行办法》,财政部、国家档案局发布的《会计档案管理办法》,住房和城乡建设部、国家档案局发布的《档案馆建筑设计规范》(JGJ25—2010)等。

2. 地方政府档案规章

地方政府档案规章是由全国各地方人民政府制定的有关档案和档案工作的决定、条例、规定、办法等,是各地根据本地区的具体情况制定的针对本地区档案和档案工作特点的规章,如有必要,经地方人民代表大会审议,可以上升为地方性法规,如《河北省档案工作条例》《广东省名人档案管理办法》《唐山市档案工作管理办法》等。

三、《档案法》的基本内容

2020年修订的《档案法》共分为 8 章 53 条,即总则、档案机构及其职责、档案的管理、档案的利用和公布、档案信息化建设、监督检查、法律责任和附则。其具体内容包括以下七个方面:

(一) 规定了档案机构及其职责

《档案法》第二章规定我国的档案机构包括:国家档案主管部门,机关、团体、企业事业单位和其他组织的档案机构,中央和县级以上地方各级档案馆。

国家档案主管部门(即国家档案局)主管全国的档案工作,负责全国档案事业的统筹规划和组织协调,建立统一制度,实行监督和指导。

县级以上地方档案主管部门主管本行政区域内的档案工作,对本行政区域内机关、团体、企业事业单位和其他组织的档案工作实行监督和指导。

乡镇人民政府应当指定人员负责管理本机关的档案,并对所属单位、基层群众性自治组织等的档案工作实行监督和指导。

机关、团体、企业事业单位和其他组织应当确定档案机构或者档案工作人员负责管理本单位的档案,并对所属单位的档案工作实行监督和指导。

中央国家机关根据档案管理需要,在职责范围内指导本系统的档案业务工作。

中央和县级以上地方各级各类档案馆,是集中管理档案的文化事业机构,负责收集、整理、保管和提供利用各自分管范围内的档案。

(二)明确了档案的范围

《档案法》第二条第二款规定:"本法所称档案,是指过去和现在的机关、团体、企业事业单位和其他组织以及个人从事经济、政治、文化、社会、生态文明、军事、外事、科技等方面活动直接形成的对国家和社会具有保存价值的各种文字、图表、声像等不同形式的历史记录。"这一条明确了档案的范围。

(三)明确了档案和档案工作的管理原则

《档案法》第四条规定:"档案工作实行统一领导、分级管理的原则,维护档案完整与安全,便于社会各方面的利用。"这一条明确了我国档案工作的管理原则。

1. 统一领导、分级管理是我国档案工作的组织原则和管理体制

统一领导是指国家统一制定档案工作的法规、方针、政策和制度;国家档案局对全国的档案工作实行统一领导;县级以上地方档案主管部门对本行政区域内的档案工作实行统一领导。

分级管理是指国家和地方各级档案主管部门分级负责管理所辖地区的档案工作和保管档案实体。对于档案实体的管理,国家在中央、省(市、自治区)、县(县级市)分别设立档案馆,保存相应机关单位的档案。

2. 维护档案完整与安全是档案管理的基本要求

维护档案完整包括数量上的完整和质量上的完整两个方面:数量上的完整是指要保证应当保存的档案不残缺遗漏;质量上的完整是要保持档案的有机联系,使档案排列有序。

维护档案安全包括物质安全和政治安全两个方面:物质安全是指尽量延长档案的寿命,防止各种有害因素对档案的影响;政治安全是指保证档案不被盗窃、丢失、篡改,档案机密不被泄露。一切国家机关、武装力量、政党、团体、企业事业单位和公民都有保护档案的义务,享有依法利用档案的权利。

3. 便于社会各方面的利用是档案工作的根本目的

档案机构的设立就是为了满足社会对档案的利用需求,因此《档案法》第十九条第一款规定:"档案馆以及机关、团体、企业事业单位和其他组织的档案机构应当建立科学的管理制度,便于对档案的利用;按照国家有关规定配置适宜档案保存的库房和必要的设施、设备,确保档案的安全;采用先进技术,实现档案管理的现代化。"便于社会各方面的利用是档案工作的出发点,档案机构的所有工作都必须围绕这个出发点进行,离开它档案工作就失去了方向。

(四)规范了档案的管理

《档案法》第十四条规定:"应当归档的材料,按照国家有关规定定期向本单位档案机构或者档案工作人员移交,集中管理,任何个人不得拒绝归档或者据为己有。国家规定不得归

档的材料,禁止擅自归档。"

第二十三规定:"禁止买卖属于国家所有的档案。国有企业事业单位资产转让时,转让有关档案的具体办法,由国家档案主管部门制定。档案复制件的交换、转让,按照国家有关规定办理。"

(五)明确了档案的公布范围和权限

开放档案是我国社会主义现代化建设的需要,是我国科学文化事业发展的需要,也是我国社会主义民主的直接体现。《档案法》第二十七条规定:"县级以上各级档案馆的档案,应当自形成之日起满25年向社会开放。经济、教育、科技、文化等类档案,可以少于25年向社会开放;涉及国家安全或者重大利益以及其他到期不宜开放的档案,可以多于25年向社会开放。国家鼓励和支持其他档案馆向社会开放档案。档案开放的具体办法由国家档案主管部门制定,报国务院批准。"第二十八条第一款规定:"档案馆应当通过其网站或者其他方式定期公布开放档案的目录,不断完善利用规则,创新服务形式,强化服务功能,提高服务水平,积极为档案的利用创造条件,简化手续,提供便利。"

将档案公布的规定写入《档案法》是我国档案工作发展的重大进步,它标志着档案信息从过去封闭的管理状态走向了社会、走向了公众,它是档案工作科学文化性质的最好体现,同时也标志着我国档案工作与世界档案工作接轨。

(六)对档案信息化和电子档案管理提出了明确的要求

《档案法》第三十五条第一款规定:"各级人民政府应当将档案信息化纳入信息化发展规划,保障电子档案、传统载体档案数字化成果等档案数字资源的安全保存和有效利用。"为了加快档案的信息化建设,国家鼓励和支持档案馆和机关、团体、企业事业单位及其他组织推进传统载体档案数字化。

关于电子档案方面,《档案法》第三十六条规定:"机关、团体、企业事业单位和其他组织应当积极推进电子档案管理信息系统建设,与办公自动化系统、业务系统等相互衔接。"同时,《档案法》第三十七条第二款还提出:"电子档案与传统载体档案具有同等效力,可以以电子形式作为凭证使用。"

(七)规定了《档案法》的法律责任

为了保证《档案法》的贯彻落实,维护法律的严肃性,《档案法》对违反该法规定的不法行为作出了相应的规定。

根据《档案法》第四十八条的规定,单位或者个人有下列行为之一,由县级以上档案主管部门、有关机关对直接负责的主管人员和其他直接责任人员依法给予处分:

(1)丢失属于国家所有的档案的。
(2)擅自提供、抄录、复制、公布属于国家所有的档案的。
(3)买卖或者非法转让属于国家所有的档案的。
(4)篡改、损毁、伪造档案或者擅自销毁档案的。
(5)将档案出卖、赠送给外国人或者外国组织的。
(6)不按规定归档或者不按期移交档案,被责令改正而拒不改正的。
(7)不按规定向社会开放、提供利用档案的。
(8)明知存在档案安全隐患而不采取补救措施,造成档案损毁、灭失,或者存在档案安全隐患被责令限期整改而逾期未整改的。

（9）发生档案安全事故后，不采取抢救措施或者隐瞒不报、拒绝调查的。

（10）档案工作人员玩忽职守，造成档案损毁、灭失的。

《档案法》第四十九条规定，利用档案馆的档案，有该法第四十八条第一项、第二项、第四项违法行为之一的，由县级以上档案主管部门给予警告，并对单位处1万元以上10万元以下的罚款，对个人处500元以上5000元以下的罚款。

档案服务企业在服务过程中有该法第四十八条第一项、第二项、第四项违法行为之一的，由县级以上档案主管部门给予警告，并处2万元以上20万元以下的罚款。

单位或者个人有该法第四十八条第三项、第五项违法行为之一的，由县级以上档案主管部门给予警告，没收违法所得，并对单位处1万元以上10万元以下的罚款，对个人处500元以上5000元以下的罚款；并可以依照该法第二十二条的规定征购所出卖或者赠送的档案。

《档案法》第五十条规定，违反该法规定，擅自运送、邮寄、携带或者通过互联网传输禁止出境的档案或者其复制件出境的，由海关或者有关部门予以没收、阻断传输，并对单位处1万元以上10万元以下的罚款，对个人处500元以上5000元以下的罚款；并将没收、阻断传输的档案或者其复制件移交档案主管部门。

《档案法》第五十一条规定，违反该法规定，构成犯罪的，依法追究刑事责任；造成财产损失或者其他损害的，依法承担民事责任。

实训练习

1. 实训内容

学生利用课后时间，借助网络资源，观看《档案》（纪录片）、《密战》（电视剧）、《生命档案》（话剧）等影视作品，或者收集与档案相关的资料，比如《档案法》的诞生和修订历程、"敦煌女儿"樊锦诗潜心"数字敦煌"工程的事迹等。

2. 实训形式

教师将全班学生分成若干个小组，每个小组以拍摄短视频等形式，从不同的角度展示自己对档案的认识、收获和心得。

3. 教师评判

教师组织全班学生观看每个小组拍摄的短视频，并进行投票、排名。

模块二　文书档案的管理

> 　　文书档案是机关、团体、企业事业单位日常管理活动的档案，通常由日常管理活动中产生的命令、指示、决定、布告、请示、报告、批复、通知、函、简报、会议记录、计划和总结等文件转化而来。我们掌握好文书档案管理的方法和技巧，对于学习其他类型档案管理具有指导性作用。

知识目标

1. 了解文书与文书档案的基本知识。
2. 掌握文书处理的一般程序。
3. 熟悉文书档案归档工作的要求。

技能目标

1. 能准确认识文件。
2. 能完成文书档案立卷归档的程序。
3. 能准确地对文书档案的价值进行鉴定，并给定准确的保管期限。

案例导入

　　小赵正对着一大堆文件发呆，这几天他一直在阅读档案工作方面的书籍，却还是不知道怎么将书上的方法用在眼前的这堆文件上面。书上说的立卷、归档、分类看上去似乎都很清楚，但对于具体的文件小赵的心中仍然没有概念，他只好放下文件去找老徐。

　　老徐弄明白了小赵的疑问，他拉着小赵坐下来，把那堆文件按不同的特征一一分开。老徐向小赵介绍说："其实，我们需要做的就是把相同或相似的文件归在一起，把不同的文件区别开来，这样才能做到井然有序。"

　　然后，老徐又详细地向小赵讲解了文件的各种特征，包括时间、责任者、主题、组织机构、内容属性等，以及如何根据这些特征对文件进行分类、组卷，如何建立一个案卷。同时，老徐也向小赵介绍了文书档案整理的一般程序。

　　这一课对于小赵来说非常重要，他开始明白如何将这些不同来源和不同内容的文件进行管理。

　　文书档案是由各机关、团体、企事业单位和其他社会组织在日常管理活动中形成的重要文件转化而来的。

任务一　认识文件

> 相关知识

我们在掌握文书档案管理技能之前必须要了解什么是文件,这是因为文书档案与文件有着不可分割的关系。文书档案与文件的关系主要体现为:一方面,文书档案来源于文件,因为绝大部分文书档案都是由文件转化而来的;另一方面,文书档案是文件的一种归宿,人们将日常工作中处理完毕的文件经过鉴定,把其中有价值的部分作为档案进行保存。从实质上来讲,文书档案与文件是同一事物的不同阶段。

一、什么是文件

(一) 文件的含义

文件是指法定机关、团体、企业事业单位和个人在各种活动里,为互相联系和处理事务等实际需要,用文字、图表等方式直接记录下来的具有完整体式和处理程序的信息材料。

文件的外延包括两个部分:公务活动形成的文件,通常也称公文;私人活动形成的私人文件。如图 2-1 所示为一个文件范本。

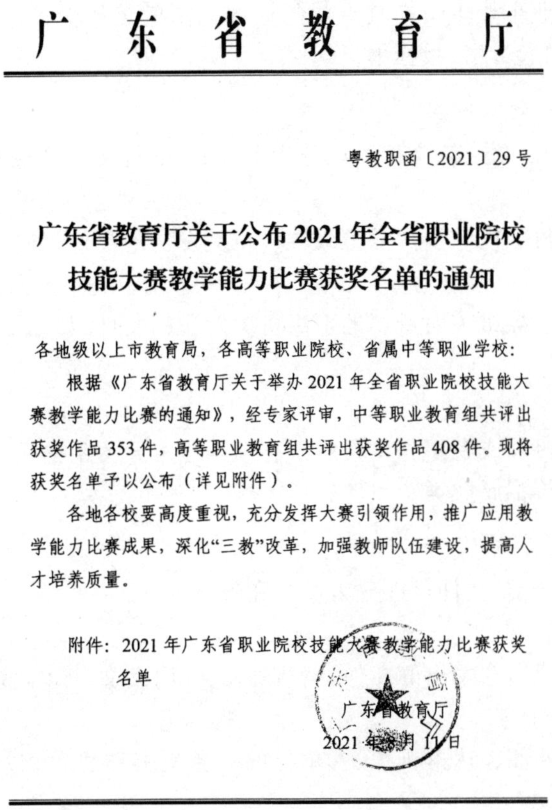

广 东 省 教 育 厅

粤教职函〔2021〕29 号

广东省教育厅关于公布 2021 年全省职业院校技能大赛教学能力比赛获奖名单的通知

各地级以上市教育局,各高等职业院校、省属中等职业学校:

根据《广东省教育厅关于举办 2021 年全省职业院校技能大赛教学能力比赛的通知》,经专家评审,中等职业教育组共评出获奖作品 353 件,高等职业教育组共评出获奖作品 408 件。现将获奖名单予以公布(详见附件)。

各地各校要高度重视,充分发挥大赛引领作用,推广应用教学能力比赛成果,深化"三教"改革,加强教师队伍建设,提高人才培养质量。

附件:2021 年广东省职业院校技能大赛教学能力比赛获奖名单

广东省教育厅
2021 年 月 日

图 2-1　文件范本

（二）文件与文书、公文

与文件接近的相关概念还有文书和公文。

文书是指人们在社会实践活动中为了佐证、记载、公布和传递的需要，以文字的方式在一定的书写材料上表达思想意图的一种书面记录。它包括私人文书和公务文书。文书是一个集合名词，是各类文书材料的泛称，不指单份或几份文书材料；单份或几份具体的文书材料一般称作文件。

公文是公务文书的简称，是指法定机关与组织发布政策法令、传达工作意图、联系公务与记载公务活动的一种文字工具。

二、文件的分类与特点

（一）文件的分类

1. 通用文件和专用文件

按照文件的使用范围分类，文件可以分为通用文件和专用文件。

（1）通用文件。

通用文件是指党政军各级机关、社会团体、企业事业单位在工作活动中普遍使用的文件，如通知、通告。

（2）专用文件。

专用文件是指企业事业单位在其专门的业务范围的工作活动中，根据特别需要而专门形成和使用的文件，如起诉书、投标书。

2. 上行文、下行文和平行文

按照文件的行文方向分类，文件可以分为上行文、下行文和平行文。

（1）上行文。

上行文是指下级机关向它所属的上级领导机关发送的文件，如报告、请示等都属此类。

（2）下行文。

下行文是指上级领导机关对所属的下级机关发送的文件，如命令（令）、决定、批复、通知等都属此类。

（3）平行文。

平行文是指同级机关或者不相隶属的没有领导与指导关系的机关、部门、单位之间发送的文件，如函、介绍信等都属此类。

3. 发文和收文

按照文件的来源分类，文件可以分为发文和收文。

（1）发文。

发文是指本单位拟制并发出的文件，包括外发文、内发文（即内部文件）。

（2）收文。

收文是指收到的外部送达本机关、本单位的公务文书和材料，包括文件、电报、信函、内部刊物、资料等。

此外，按照文件的密级不同分类，文件还可以分为对外公开文件、国内公开文件、内部使用文件或秘密文件、机密文件和绝密文件等。

按照文件的性质、作用不同分类,文件可以分为规范性文件、领导指挥性文件、公布性文件、陈述呈请性文件、商洽性文件和证明性文件等。

按照文件的体式不同分类,文件可以分为红头文件、白头文件和原始记录等。

(二) 文件的特点

由于本模块重点学习的是文书档案,而文书档案的来源主要是公文,故本书主要以公文为例来介绍文件的特点。

(1) 法定作者:公文是由法定作者形成的。

(2) 法定权威:公文具有现实执行效用,代表着特定组织的法定权威。

(3) 规范体式和程序:公文必须符合统一的格式要求并按法定程序进行处理。

三、公文的种类

公文的种类简称文种,是根据文件的特定目的、作用来决定的。不同的文种,体现为不同的名称,反映着不同的目的和要求,也反映了行文机关之间的关系和发文机关的权限范围。因此,划清各文种的使用界限,正确地使用文件名称,对于档案工作人员做好文书处理工作具有重要的意义。

根据中共中央办公厅、国务院办公厅于2012年4月16日联合印发的《党政机关公文处理工作条例》规定,党政机关公文共有15种,分别是:(1)决议;(2)决定;(3)命令(令);(4)公报;(5)公告;(6)通告;(7)意见;(8)通知;(9)通报;(10)报告;(11)请示;(12)批复;(13)议案;(14)函;(15)纪要。除此之外,在我们的日常工作中也有一些其他常用文种。为了便于大家学习和应用,本书根据上述规定,并结合工作实际,以文件的性质和作用为类别介绍一些常见的公文种类。

(一) 规范性文件

规范性文件又称规章制度,是指机关、团体、企业事业单位在公务管理中为约束组织成员或规范生产技术操作而制定的各种规则、章程、制度的总称。

常见的规范性文件的文种有章程、条例、规定和办法等。

1. 章程

章程是指组织、社团经特定的程序制定的关于组织规程和办事规则的规范性文书,是一种根本性的规章制度。它的内容一般包括本组织的性质,宗旨,任务,组织原则和组织机构,组织成员的条件、权利和义务以及活动方式等,如《中国共产党章程》。

2. 条例

条例是指国家机关制定或批准的规范性文件,用以规定比较长时期实行的调整国家生活某个方面的准则以及某些专门人员的任务和权限,具有法律性质。条例有单行条例、组织条例和工作条例等,如《中华人民共和国民办教育促进法实施条例》是单行条例。

3. 规定

规定是指国家机关、社会团体、企业事业单位对某项专门工作或事务所制定的规程和要求,具有约束性,如《机动车排放召回管理规定》。

4. 办法

办法是指对某项工作或事项确定具体实施方法的文件,也用于对某一法律文件、规定实施的具体化,如《中华人民共和国传染病防治法实施办法》。

此外,规范性文件还包括细则、规程、制度等不同的种类。

(二) 领导指示性文件

领导指示性文件是指领导机关颁发的用于颁布方针政策、法规规章,指导、布置工作,阐明领导指导原则的文件。

常见的领导指示性文件的文种有决议、决定、命令(令)、意见、通知、通报和批复等。

1. 决议

决议,适用于会议讨论通过的重大决策事项。

2. 决定

决定,适用于对重要事项作出决策和部署、奖惩有关单位和人员、变更或者撤销下级机关不适当的决定事项。决定一般由法定会议、法定常设机构或机关首长发布。

3. 命令(令)

命令(令),适用于公布行政法规和规章、宣布施行重大强制性措施、批准授予和晋升衔级、嘉奖有关单位和人员。命令(令)由行政领导机关发布,如国家主席、国务院及其部委、各级政府等。

4. 意见

意见,适用于对重要问题提出见解和处理办法。

5. 通知

通知,适用于发布、传达要求下级机关执行和有关单位周知或者执行的事项,批转、转发公文。通知可以是下行文或平行文,用途十分广泛。

6. 通报

通报,适用于表彰先进、批评错误、传达重要精神或者情况。

7. 批复

批复,适用于答复下级机关请示事项,是典型的下行文。

(三) 公布性文件

公布性文件是指直接向国内外公开发布的文件。

常见的公布性文件的文种有公报、公告和通告等。

1. 公报

公报,适用于公布重要决定或者重大事项,如《中国共产党第十九届中央委员第三次全体会议公报》。

2. 公告

公告,适用于向国内外宣布重要事项或者法定事项,如《湖南革命军事馆关于持续开展文物史料征集活动的公告》。

3. 通告

通告,适用于在一定范围内公布应当遵守或周知的事项,如《迁安市公安局关于加强文明养犬行为的通告》。

(四) 陈述呈请性文件

陈述呈请性文件是指用于汇报工作、陈述情况、提出建议、请求指示或请求批准的文件。常见的陈述呈请性文件的文种有报告、请示和议案等。

1. 报告

报告，适用于向上级机关汇报工作，反映情况，回复上级机关的询问。根据报告内容的性质，报告可以分为汇报性报告、情况报告和建议性报告。报告也是一种典型的上行文，但不要求上级机关答复。必要时，上级机关也可以批转报告。

2. 请示

请示，适用于向上级机关请求指示、批准。请示是一种典型的上行文，一般不用于向平行机关请求批准或商洽事项。平行机关之间请求批准或商洽事项，可以使用另一个文种——函。

3. 议案

议案，适用于各级人民政府按照法律程序向同级人民代表大会或人民代表大会常务委员会提请审议事项。议案不可以滥用于其他的用途。

(五) 商洽性文件

商洽性文件是指探讨、协商一般事项的文件。

常见的商洽性文件的文种有函等。

函，适用于不相隶属机关之间商洽工作、询问和答复问题、请求批准和答复审批事项。函的用途十分广泛，在上、下级机关之间以及不相隶属机关之间皆可用。

(六) 证明性文件

证明性文件是指对某个组织或个人的使用、身份、经历或某个事件提供证据和对有关各方面的权利、义务、责任做出规定的文件。

常见的证明性文件的文种有证明、介绍信、合同（或协议书）、纪要和记录等，其中，证明和介绍信的应用十分广泛，本书主要介绍合同（或协议书）、纪要和记录。

1. 合同（或协议书）

合同（或协议书）也称契约，是指机关、团体、企业事业单位或个人之间，经过协商而签订的共同遵守的协议，多用于经济领域。凡依法签订的各种合同（或协议书），签约各方必须严格遵守。

2. 纪要

纪要，适用于记载会议主要情况和议定事项。一般的会议纪要不能直接下发，可用通知印发。

3. 记录

记录是以备查考的一种机关内部文件，用于记载会议发言、领导人的讲话或工作活动等。记录包括会议记录、领导人讲话记录、电话记录、值班记录及大事记等。

(七) 综合管理性文件

综合管理性文件是指组织机构制定颁发的综合性、管理性的文件。

常见的综合管理性文件的文种有计划、规划、工作要点和总结等。

1．计划

计划是指国家机关、企业事业单位、社会团体为了完成某项任务，拟定的目标、措施、步骤、要求以及完成期限等并加以文字化或表格化的预先安排。

2．规划

规划是指组织机构制定的一种全局性、长远性的发展计划。

3．工作要点

工作要点是指上级机关对下级机关概括地指出某一时期工作活动的任务、要求和安排的文件。

4．总结

总结是指组织机构对过去的工作或完成的任务进行全面、系统地回顾、检查、分析、评定而写成的书面材料。

四、专用文件的种类

专用文件分为外交、司法、军事、计划、统计、会计、审计和科技等专用文件，每一类专用文件还包括许多文种。本书仅以外交文件、司法文件和会计文件为例进行介绍。

（一）外交文件

外交文件是指国与国之间、国际组织之间，或国家与国际组织之间外交往来的专用文件的统称。外交文件有广义的和狭义的之分。广义的外交文件包括国书、全权证书、授权证书、领事证书、条约、批准书、联合公报、联合声明、联合宣言、护照和签证等。狭义的外交文件是指国家之间的书信往来，包括照会、函件和备忘录三种。

（二）司法文件

司法文件是指我国的司法机关在依法处理刑事、民事等案件中形成和使用的文件。它是记载和认定侦查、起诉、审判等活动的书面依据和凭证。如公检法机关的立案报告、案件侦查终结报告、起诉状、起诉书、开庭通知书、判决书、裁定书、调解书、各种笔录、搜查证、逮捕证、审判公告等。

（三）会计文件

会计文件是指机关、企业事业单位在会计核算过程中形成的文件，主要包括会计凭证、会计账簿、会计报表。

五、公文的体式和稿本

（一）公文的体式

公文的体式又称公文程式，是指公文的体例和格式，是对公文文体、结构、标记、格式和书写材料的规范。

1．公文的文体

公文的文体是语体文，一般以说明为主，必要时也可以加以记述和议论。

2．公文的结构

公文一般由份号、密级和保密期限、紧急程度、发文机关标志、发文字号、签发人、标题、主送机关、正文、附件说明、发文机关署名、成文日期、印章、附注、附件、抄送机关、印发机关和印发日期、页码等组成。

(1) 份号。公文印制份数的顺序号。涉密公文应当标注份号。

(2) 密级和保密期限。公文的秘密等级和保密的期限。涉密公文应当根据涉密程度分别标注"绝密""机密""秘密"和保密期限。

(3) 紧急程度。公文送达和办理的时限要求。根据紧急程度,紧急公文应当分别标注"特急""加急",电报应当分别标注"特提""特急""加急""平急"。

(4) 发文机关标志。由发文机关全称或者规范化简称加"文件"二字组成,也可以使用发文机关全称或者规范化简称。联合行文时,发文机关标志可以并用联合发文机关名称,也可以单独用主办机关名称。

(5) 发文字号。由发文机关代字、年份、发文顺序号组成。联合行文时,使用主办机关的发文字号。

(6) 签发人。上行文应当标注签发人姓名。

(7) 标题。由发文机关名称、事由和文种组成。

(8) 主送机关。公文的主要受理机关,应当使用机关全称、规范化简称或者同类型机关统称。

(9) 正文。公文的主体,用来表述公文的内容。

(10) 附件说明。公文附件的顺序号和名称。

(11) 发文机关署名。署发文机关全称或者规范化简称。

(12) 成文日期。署会议通过或者发文机关负责人签发的日期。联合行文时,署最后签发机关负责人签发的日期。

(13) 印章。公文中有发文机关署名的,应当加盖发文机关印章,并与署名机关相符。有特定发文机关标志的普发性公文和电报可以不加盖印章。

(14) 附注。公文印发传达范围等需要说明的事项。

(15) 附件。公文正文的说明、补充或者参考资料。

(16) 抄送机关。除主送机关外需要执行或者知晓公文内容的其他机关,应当使用机关全称、规范化简称或者同类型机关统称。

(17) 印发机关和印发日期。公文的送印机关和送印日期。

(18) 页码。公文页数顺序号。

3. 公文的格式

国家机关的公文之所以要有一定的规格样式,主要是为了保证公文的完整性、正确性、统一性和有效性,同时也为文书处理工作提供方便。

(1) 公文的版式按照《党政机关公文格式》执行。

(2) 公文使用的汉字、数字、外文字符、计量单位和标点符号等,按照有关国家标准和规定执行。民族自治地方的公文,可以并用汉字和当地通用的少数民族文字。

(3) 公文用纸幅面采用国际标准A4型。特殊形式的公文用纸幅面,根据实际需要确定。

(二) 公文的稿本

(1) 草稿:无领导签署,一般不归档,但重要或特殊文件草稿需归档。

(2) 定稿：草稿经领导签发或讨论通过形成定稿，一些重要文件的定稿应同正本一起归档。

(3) 正本：重要文件的正本必须归档。

(4) 副本：它是与正本内容完全相同的复制件或留存件，与正本具有同等的效力。

(5) 试行本、暂行本、修订本、不同文字稿本：它们都具有不同的法律效力。

六、文件处理

文件材料从产生到归档要经过一系列的工作程序。这些工作程序中的各个环节，如办理、管理、整理、归档等一系列相互关联、衔接有序的工作，就是文件处理。

根据《党政机关公文处理工作条例》第五条的规定："公文处理工作应当坚持实事求是、准确规范、精简高效、安全保密的原则。"同时该条例还规定，党政机关公文由文秘部门或专人统一管理。概括起来，文书处理工作的要求是准确、及时、安全、统一。

（一）文件的运转

文件的运转是指公文的形成和处理必须经过一系列的程序。不同性质的文件，其处理程序有所不同。公文的处理程序一般包括发文办理程序和收文办理程序两个部分。换言之，文件的运转可以分为两个阶段：一是在机关内部经过的发文制作阶段，二是送给相关单位之后要经过的收文办理阶段。

1. 行文关系

机关之间公文往来，是根据党的组织系统、国家体制、本机关所处的地位、本机关的职权、机关之间的工作关系而产生的行文关系来进行的。这种根据组织关系、本机关所处的地位、本机关的职权、本机关与其他机关之间的工作关系而形成的文件往来关系，就是行文关系。

2. 行文方向与行文方式

行文方式一般有逐级行文、多级行文和越级行文三种。不同的行文方向，组织机构可以选择相应的行文方式。行文方向与行文方式应根据行文关系和行文规则来确定。

(1) 下行文：可以采用逐级行文或多级行文的方式。

(2) 上行文：一般采用逐级行文的方式，必要时可以采用多级行文的方式。非特殊情况下一般不采用越级行文的方式。

(3) 平行文：由于不存在上下级关系，因此可以根据工作需要直接行文即可。

3. 行文规则

根据《党政机关公文处理工作条例》第四章的规定，行文时需要注意以下规则：

(1) 行文应当确有必要，讲求实效，注重针对性和可操作性。

(2) 行文关系根据隶属关系和职权范围确定。一般不得越级行文，特殊情况需要越级行文的，应当同时抄送被越过的机关。

(3) 向上级机关行文，应当遵循以下规则：

① 原则上主送一个上级机关，根据需要同时抄送相关上级机关和同级机关，不抄送下级机关。

② 党委、政府的部门向上级主管部门请示、报告重大事项，应当经本级党委、政府同意或者授权；属于部门职权范围内的事项应当直接报送上级主管部门。

③ 下级机关的请示事项，如需以本机关名义向上级机关请示，应当提出倾向性意见后上报，不得原文转报上级机关。

④ 请示应当一文一事。不得在报告等非请示性公文中夹带请示事项。

⑤ 除上级机关负责人直接交办事项外，不得以本机关名义向上级机关负责人报送公文，不得以本机关负责人名义向上级机关报送公文。

⑥ 受双重领导的机关向一个上级机关行文，必要时抄送另一个上级机关。

（4）向下级机关行文，应当遵循以下规则：

① 主送受理机关，根据需要抄送相关机关。重要行文应当同时抄送发文机关的直接上级机关。

② 党委、政府的办公厅（室）根据本级党委、政府授权，可以向下级党委、政府行文，其他部门和单位不得向下级党委、政府发布指令性公文或者在公文中向下级党委、政府提出指令性要求。需经政府审批的具体事项，经政府同意后可以由政府职能部门行文，文中须注明已经政府同意。

③ 党委、政府的部门在各自职权范围内可以向下级党委、政府的相关部门行文。

④ 涉及多个部门职权范围内的事务，部门之间未协商一致的，不得向下行文；擅自行文的，上级机关应当责令其纠正或者撤销。

⑤ 上级机关向受双重领导的下级机关行文，必要时抄送该下级机关的另一个上级机关。

（5）同级党政机关、党政机关与其他同级机关必要时可以联合行文。属于党委、政府各自职权范围内的工作，不得联合行文。党委、政府的部门依据职权可以相互行文。部门内设机构除办公厅（室）外不得对外正式行文。

（二）文件运转程序

1. 收文办理程序

收文办理程序一般包括签收登记、审核、拟办、批办、承办、催办、查办、签注、立卷、归档或销毁等环节。根据《党政机关公文处理工作条例》第二十四条的规定，党政机关收文办理主要程序是签收、登记、初审、承办、传阅、催办和答复。以下具体介绍收文办理程序中的几个主要环节：

（1）签收登记。

文件的签收登记是管理文件的一种必要措施，是文书处理工作的一项重要制度，要求严格执行，手续要清楚。签收登记具体是由收发人员在对方要求的发文登记簿上签字，在收到的文件左上方空白处盖收文章，并填写收文时间和顺序号等；在收文登记簿上进行登记，登记的项目包括顺序号、收文日期、来文机关、来文文号、机密等级、标题、签收人、备注等，登记顺序一般按年、月、日流水登记。

（2）审核。

收到下级机关上报的需要办理的公文，文秘部门应当进行审核。审核的重点是：是否应当由本机关办理；是否符合行文规则；是否符合国家法律、法规等。

（3）拟办。

拟办是指办公室（秘书科、综合科）在收到登记的文件后，按文件的内容和办理要求，提出建议、提示，指出应送给谁或哪个部门办理等意见，以供参考。

(4) 批办。

批办是指由机关负责人对文件应由谁或哪个部门办理，以及如何处理等写出批示意见。

(5) 承办。

承办是指具体的科室或人员按机关负责人的批示意见和文件本身的要求进行具体办理的过程。

(6) 催办。

催办是指办公室(秘书科、综合科)对文件的承办进行检查和督促。

(7) 签注。

签注是指由承办人在文件处理单上注明该文件的办理情况或结果。

2. 发文办理程序

发文办理程序一般包括拟稿、核稿、签发、复核、编号、缮印、校对、用印、发文登记、分发、立卷、归档或销毁等环节。根据《党政机关公文处理工作条例》第二十五条的规定，发文办理主要程序是复核、登记、印制和核发。以下具体介绍发文办理程序中的几个主要环节：

(1) 拟稿。拟稿是指撰拟公文文稿，是根据领导人的交拟意见或批办意见起草文件的工作。

(2) 核稿。核稿是指机关办公部门或负责拟稿的业务部门的领导人对撰稿进行审查。

(3) 签发。签发是指机关主管领导对审核过的公文文稿进行最后的审定并签署印发。在签发时，领导人要写明意见并签名，同时还要写上日期。

(4) 复核。复核是指公文在正式印制前，文秘部门对其进行复查审核，主要包括审核处理程序、附件材料、文件格式等方面。

(5) 缮印和校对。按规定手续经过签发的文件即可进行缮印。缮印和校对工作是文书处理工作的重要环节，这些工作做得好坏直接关系到文件处理的速度和准确性。该环节要求秘书人员认真校对，保证不出错漏。

(6) 用印。用印是指在需要加盖印章的文件上盖上机关的公章或签署领导人的印章。落印的要求是"齐年盖月压落款"。

(7) 发文登记。发文登记是指在文件用印封发之前，秘书人员对文件的主要内容进行登记检查的环节。

实训练习

【实训练习一】

收文办理程序

今天，A学院的行政秘书小李收到一份文件，内容为《关于开展"拒绝传销　净化校园"系列活动的通知》。请你根据收文办理程序的相关知识帮助小李设计一份文件传阅单，并完成该文件的传阅。

1. 实训准备

(1) 学生准备。学生需掌握收文处理程序的相关知识。

(2) 教师准备。教师对实训材料进行解读和分析。

2. 实训材料的选取

由于学生尚未踏入职场，所以教师选择的实训材料要尽可能贴近学生的生活，一方面可以提高学生阅读实训材料的兴趣,另一方面可以帮助他们快速地理清实训材料,更好地开展实训。所以,实训练习一选取的是关于在校园里拒绝传销的文件。

3. 实训操作过程中的建议

在实训过程中,为了方便学生高效、优质地完成实训,同时也为了提高实训的趣味性,教师对实训提出以下建议。

(1) 小组成员分工。收文办理程序非常重要,为了让学生更好地体验到该程序的重要性,教师需要借助某种情境才能更好地开展实训。每个小组的成员可以先采用抽签的方式来确定各自的角色,然后根据角色分工讨论各自的服饰、妆容等,以便更快地融入实训中。

(2) 文件传阅单。文件传阅单的设计是整个实训中一个非常重要的部分,要经过全组成员的共同讨论,要包含收文办理程序的各个环节。

4. 范例(黑体为文件传阅单的项目,普通字体为传阅时填写的具体内容)

文件传阅单

收文日期:2022.3.16

文件标题:关于开展"拒绝传销 净化校园"系列活动的通知	**文号**:×××保字〔2022〕8号
成文日期:2022.3.15	**责任者**:保卫处
拟办意见: 呈书记、院长阅 钟××(办公室主任)2022.3.16	
批办意见: 请辅导员通知各班班主任召开主题班会,确保学生对传销有深刻认识;联系辖区警务人员到学校开展相关讲座,帮助学生深入剖析传销的危害。 郑××(学院书记)2022.3.17 已阅 李××(学院院长)2022.3.17 已阅 向××(学院副院长)2022.3.17	
承办: 已通知学院所有班主任在各班积极开展相关活动;联系到××派出所相关人员开展相关讲座。 蓝××(辅导员)2022.3.18	
催办: 已通知所有班主任到学院会议室集中开会讨论,适时解决活动过程中出现的问题;电话跟进××派出所相关工作人员做好讲座的相关安排工作。 蓝××(辅导员)2022.3.23	
注办:相关活动已按领导批示顺利开展,所有相关材料已集中保存。 文××(行政文员)2022.3.31	

5. 实训总结

本次实训练习对办公室收文办理程序的要求很高。在文件传阅的过程中,每个小组一定要确保传阅顺序的准确性。同时,学生还要能深刻地体会到文字记录的重要性。实训结束后,学生看着文件传阅单就能对该文件的办事程序有一个清晰的认识。

【实训练习二】

发文办理程序

A学院一位2021级女生在交友的过程中不慎落入一个传销窝点,班主任及时发现并向学校汇报了这一情况。经学院领导多方努力,该女生被成功地解救出来。为了让学生对安全问题有足够的重视,避免同类事件的再次发生,请你根据发文办理程序的相关知识处理该事件。

1. 实训准备

(1)学生准备。学生需掌握发文办理程序的相关知识和公文写作的相关规定。

(2)教师准备。教师对实训材料进行解读和分析。

2. 实训材料的选取

教师将学生身边发生的真实案例引入课堂,充分调动学生的积极性,便于引导学生开展深入的讨论。同时,学生在实训结束后还可以将自己拟写的公文与真实的公文进行对比。

3. 实训操作过程中的建议

(1)是否行文。教师带领学生梳理整个事件的过程,让学生充分地发表对该事件的看法,尤其是该事件发生的原因和可能造成的危害,在学生深刻理解该事件的基础上引导他们总结现实工作中公文行文的范围。

(2)文种选择。在确定需要行文之后,教师要调动学生应用公文写作的相关知识储备,选择合适的文种起草公文。在起草公文的过程中,学生要明确该文种的适用范围、格式、词语表达等特点。

(3)用印。教师可以让学生用班级定制的模拟章进行盖印。教师要尽量让每位学生都体验该环节,最终让学生总结用印的相关规定。另外,教师还可以下载一些国家机关的公文,让学生感受印章背后的权威性。

4. 范例

关于我院一女生落入传销窝点情况的通报

一、案情

2022年元旦前后,我院2021级某女生通过互联网结识了一位广州的网友,并于学院放寒假后赶赴广州与网友见面。1月16日,网友带她到广西北海旅游,游玩结束后即将该女生引入传销窝点接受传销知识培训。本学期开学后,学院在获悉该生未按时返校的情况下,与其家长取得联系,并组织各方面力量进行寻找,直到3月2日在公安机关的积极帮助下方将其从传销窝点中解救出来。该生在落入传销窝点后的一个多月时间里,先后被传销组织骗去现金4800元(该生在传销组织的唆使下,给家长打电话,谎称考证需购置一部约4800元的电脑)和手机一部。

二、警示

1. 当前正值毕业生求职之际,同学们在联系工作时务必提高警惕,谨防各种骗术,特别是非法传销组织。具体注意事项请认真阅读保卫处此前发放的《关于做好毕业生求职安全工作的通知》。

2. 广大同学须谨慎交友,结交网友更应慎之又慎,不要随意赴约或将个人信息提供给对方,以防上当受骗。

校保卫处
2022 年 3 月 10 日

5. 实训总结

教师将真实的案例引入课堂,提高学生的课堂参与度,引导学生积极讨论,充分调动学生参加实训的积极性。实训结束后,教师将学生的实训材料与真实的公文进行对比,加深学生对行文范围、文种选择、文字使用、体式排版、用印等发文办理程序的理解。

任务二 文件归档

相关知识

一、归档的含义与意义

归档是指各机关、团体、企业事业单位的文书处理部门在文件办理完毕后,按有关规定对其中具有查考保存价值的文件,按照它们在形成过程中的自然规律和特点进行分类、排列、编目,使之有序化,并向档案室或档案工作人员移交的过程。

归档是文件向档案转化的标志,是文书处理的终点、档案管理的起点。

二、归档范围

根据国家档案局 2006 年 12 月 18 日颁发施行的《机关文件材料归档范围和文书档案保管期限规定》和 2012 年 12 月 17 日公布的《企业文件材料归档范围和档案保管期限规定》,凡属机关归档范围的文件材料,必须按有关规定向本机关负责档案工作的部门移交,实行集中统一管理,任何个人不得据为己有或拒绝归档。下面分别介绍机关与企业文件材料的归档范围。

(一) 机关文件材料归档范围与不归档范围

1. 机关文件材料归档范围

一般来说,本机关形成的文件材料是归档的主体和核心。本机关制发的文件,即发文,也是归档的收集重点。根据《机关文件材料归档范围和文书档案保管期限规定》第三条的规定,机关文件材料归档范围是:

(1) 反映本机关主要职能活动和基本历史面貌的,对本机关工作、国家建设和历史研究具有利用价值的文件材料。

(2) 机关工作活动中形成的在维护国家、集体和公民权益等方面具有凭证价值的文件材料。

(3) 本机关需要贯彻执行的上级机关、同级机关的文件材料;下级机关报送的重要文件材料。

(4) 其他对本机关工作具有查考价值的文件材料。

以上归档范围的文件材料,主要有以下四个方面的来源和内容:

(1) 本机关形成的文件材料,包括:

① 本级党的代表大会、人民代表大会、政治协商会议、工会、共青团、妇联代表大会的文件材料;

② 本级党委、人民代表大会、政治协商会议、纪律检查委员会、共青团、工会、妇联的常委会、执委会、主席团、全体委员会会议,政府常务会、办公会议的文件材料;

③ 本机关党组(或实行党委制的党委)会议和行政办公会议的纪要、会议记录;

④ 本机关召开工作会议、专题会议的文件材料;

⑤ 本机关联合召开会议的文件材料;

⑥ 本机关承办国际性会议、大型展览会、博览会的文件材料;

⑦ 上级机关、上级领导检查、视察本地区、本机关工作时形成的文件;

⑧ 本机关业务文件材料;

⑨ 本机关机构编制、干部人事、党、团、纪检、工会、保卫、信访工作文件材料;

⑩ 本机关事务管理文件材料。

(2) 上级机关制发的文件材料,包括:

① 上级机关制发的属于本机关主管业务的文件材料;

② 上级机关制发的非本机关主管业务但要贯彻执行的文件材料;

③ 上级机关制发的关于本机关机构设置、领导人任免、人员编制等文件材料。

(3) 同级机关制发的非本机关主管业务但要贯彻执行的文件材料。

(4) 下级机关报送文件材料。

2. 机关文件材料不归档的范围

根据《机关文件材料归档范围和文书档案保管期限规定》第四条的规定,机关文件材料不归档范围是:

(1) 上级机关的文件材料中,普发性不需本机关办理的文件材料,任免、奖惩非本机关工作人员的文件材料,供工作参考的抄件等;

(2) 本机关文件材料中的重份文件,无查考利用价值的事务性、临时性文件,一般性文件的历次修改稿、各次校对稿;无特殊保存价值的信封,不需办理的一般性人民来信、电话记录,机关内部互相抄送的文件材料,本机关负责人兼任外单位职务形成的与本机关无关的文件材料,有关工作参考的文件材料;

(3) 同级机关的文件材料中,不需贯彻执行的文件材料,不需办理的抄送文件材料;

(4) 下级机关的文件材料中,供参阅的简报、情况反映,抄报或越级抄报的文件材料。

(二) 企业文件归档范围

根据《企业文件材料归档范围和档案保管期限规定》第四条,企业文件归档范围如下:

(1) 反映本企业在研发、生产、服务、经营、管理等各项活动和基本历史面貌的,对本企业各项活动、国家建设、社会发展和历史研究具有利用价值的文件材料。

(2) 本企业在各项活动中形成的对维护国家、企业和职工权益具有凭证价值的文件材料。

(3) 本企业需要贯彻执行的有关机关和上级单位的文件材料,非隶属关系单位发来的需要执行或查考的文件材料;社会中介机构出具的与本企业有关的文件材料;所属和控股企业报送的重要文件材料。

（4）有关法律法规规定应归档保存的文件材料和其他对本企业各项活动具有查考价值的文件材料。

三、归档方法

（一）严格登记

文书人员既可以采用计算机登记，也可以采用收文登记簿、发文登记簿登记。登记的内容包括来文的文件题名、责任者、密级、收文编号、收文时间等。

（二）平时归类

文书人员在公文办理完毕后，要及时地把文件材料归入有关类目，就是文件材料的平时归类工作。文书人员做好平时归类工作，有利于文件材料收集的齐全完整；有利于提高档案的整理质量；有利于公文的查找利用和安全保密；有利于提高文书管理水平和单位工作效率。

文书人员要做好平时归类工作，首先要编制好平时归类的类目。平时归类的类目是在年初公文还没有形成以前，根据单位工作活动和文件材料形成的规律，对一年内可能产生的文件材料按照归档要求和归档方法预拟的分类方案。文件材料常用的分类方法有两种：一是按问题分类，即按文件材料的内容所反映的问题分类；二是按组织机构分类，即按机关内的组织机构分类，有几个组织机构就设几类，组织机构的名称就是类的名称。

其次，确定了文件的归类类目之后，文书人员在公文办理完毕后要及时把文件归入有关类目。

（三）及时检查

所谓及时检查，是指文书人员要及时对归类文件材料进行检查，包括检查文件材料的内容是否完整，文件材料的归类是否正确，文件材料的收集是否齐全等。

（四）注意"账外"文件的收集

所谓"账"，是指收文登记簿和发文登记簿。"账外"文件，就是未经收文登记、发文登记的文件，主要包括：

（1）外出开会或参加活动带回来的文件，重点收集对象是单位领导；

（2）直接送到承办部门的文件，重点收集对象是业务科室；

（3）内部文件，如规章制度、会议记录、图表、名册、书刊、会议材料等，重点收集对象是单位综合部门。

四、归档时间

根据《机关档案管理规定》第三十五条，机关档案经文书或业务部门整理完毕后，应当在第二年6月底前向机关档案部门归档。

根据单位的具体情况也可以随办随归档，即把办理完的文件材料即时归档。但随办随归档可能造成期限不准确、同一事由文件材料过于分散、件号随机等问题。对此，文书人员可以分两步走：平时录入、整理，但暂不定件号；次年集中统一编制件号。

五、归档要求

概括地说,文书档案的归档要求是:齐全完整,系统科学,优质精练,及时迅速,手续完备。具体而言,文书人员对文书档案进行归档时应注意以下事项:

(1) 归档的文件种类、份数及每份文件的份数均应齐全完整。有文件发文稿纸、文件处理单的,应与文件的正本、定稿一并归档。已破损的文件应予修整,字迹模糊或易褪色的文件应予复制。

(2) 应遵循文件的形成规律,保持文件之间的有机联系;应区分不同价值的文件,便于保管和利用。

(3) 归档文件应为原件,机关联合召开会议、联合行文所形成的文件材料原件应由主办机关归档,其他机关将相应的复制件或其他形式的副本归档。

(4) 归档文件使用的书写材料、纸张、装订材料等应符合档案保护要求。例如:字迹材料要符合耐久性的要求;文件尺寸大于 A4 规格的要按 A4 规格进行折叠或裁剪,小于 16 开规格的应按照 16 开规格进行托裱;会生锈的金属物,归档时都必须去掉,用线或对纸张无损害的材料装订。

(5) 认真履行归档手续。文书处理部门或业务部门向档案部门移交档案时,交接双方应根据案卷目录详细清点,经过认真核对后,如确认无误,双方即可履行签字手续,并将案卷目录中的一份由档案部门签字后交还移交单位妥善保存。必要时,移交单位须编写归档文件简要说明,交接双方还应填写交接清单或移交清单。

实训练习

1. 实训材料

教师根据学生的人数事先准备好文件若干份,这些文件既包括需要归档的重要文件,也包括重份文件、外单位文件、临时性文件和事务性文件。

2. 实训内容

学生学习文件的归档,熟悉文件的归档范围和归档方法。

3. 实训方式

教师让每位学生在一定的时间内判断这些文件是否应该归档,并将归档文件和不归档文件分开。如果学生的人数较多,教师也可以让两位学生一起进行实训。

4. 教师评判

教师根据学生分类的情况进行评分并做出点评。

任务三 归档文件的整理

相关知识

目前,归档文件的整理方法有两种:立卷和单件归档。立卷的整理方法形成并适用于手工管理时代,是传统的归档文件整理方法,但并非唯一的方法。单件归档的整理方法形成并适用于计算机管理时代。

一、立卷

(一) 案卷与立卷

所谓案卷,是指由若干互有联系的文件构成的组合体。案卷是档案的基本保管单位。所谓立卷,是指档案工作人员把零散的文件组合成若干个案卷的过程。

(二) 立卷的原则

根据《机关档案工作条例》第十二条第三款:"归档的文件材料,保持它们之间的历史联系,区分保存价值,分类整理、立卷,案卷标题简明确切,便于保管和利用。"

(1) 遵循形成规律和特点——按其历史原貌。
(2) 保持有机联系——同一问题,同一案卷。
(3) 区分不同价值——价值相近可组为一卷。
(4) 便于保管利用——立小卷。

(三) 立卷的整理步骤

立卷的整理步骤如图 2-2 所示。

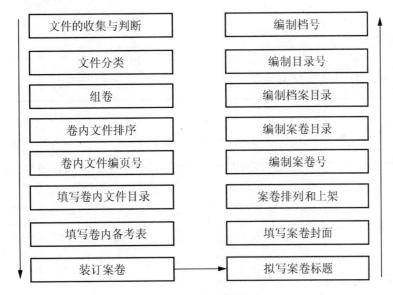

图 2-2 立卷的整理步骤

立卷的全过程就是档案工作人员将零散的文件组合成内容相关或相近的案卷,并为档案的进一步管理编制档号。

1. 文件的收集与判断

文件的收集就是档案工作人员把分散在本机关各科室或各内部机构及其工作人员手中的案卷、公文、材料、统计报表、名册、图纸、照片、电子光盘、荣誉实物(锦旗、奖杯)等载体,按照国家法规,有计划、有步骤地全面集中到本机关综合档案室的工作。

文件的判断就是档案工作人员对所收集的文件进行分析:一是判断其是否具有归档价值,剔除没有归档价值的文件;二是判断档案的"生存期",提出文件应保存的年限。

2. 文件分类

一个年度的文件,应根据本机关内部机构设置、职责分工、文件形成的数量等情况,按照文件自然形成的规律及文件之间的有机联系进行分类。

(1) 分类方法。

① 采用"年度—机构(问题)—保管期限"的分类方法。

即档案工作人员先将归档文件按年度分类,然后每个年度下按机构分类,再在机构下按保管期限分类;或者把同一机构形成的文件按问题分类,最后才按保管期限分类。根据《机关文件材料归档范围和文书档案保管期限规定》第六条的规定:"机关文书档案的保管期限定为永久、定期两种。定期一般分为30年、10年。"按这种方法分类的类名为机构名称。这种分类方法简便易行,又容易掌握,既可以使同一机构形成的文件相对集中,又能较好地反映机关工作的历史面貌,保持文件的历史联系。这种分类方法的适用范围是机构明确、稳定且职能清晰的大、中型单位。

例 2-1 A 单位 2021 年文书档案如下:

办公室—	永久	30 年	10 年
监察科—	永久	30 年	10 年
法规科—	永久	30 年	10 年
业务科—	永久	30 年	10 年

② 采用"保管期限—年度—机构(问题)"的分类方法。

即档案工作人员先将归档文件按年度分类,然后每个年度下按保管期限分类;或者在每个年度下按机构(问题)分类,再在机构(问题)下按保管期限分类。按这种方法分类的类名是期限名称或问题名称。这种分类方法的适用范围是机构不明确、多变化、职能不清晰的单位或无内设机构的小型单位。

例 2-2 B 单位 2021 年文书档案如下:

行政类—	永久	30 年	10 年
业务类—	永久	30 年	10 年
人事类—	永久	30 年	10 年

(2) 分类步骤。

① 按文件形成的年度分开。不同年度的文件不得混淆,计划、预算、决算、总结、统计报表应放在文件内容针对的年度;长远规划应放在文件内容针对的第一年,多年度的总结、报告应放在文件针对的最后一年;跨年度的案件应放在结案的一年;跨年度的会议文件应放在

会议结束的年度;其他文件应放在文件形成的年度。

② 按文件形成的机关的级别分开。机关可以分为上级机关、本级机关、下级机关与平级机关。对有密切联系的文件可以不按形成机关的级别分开,如本机关的请示与上级机关的批复,下级机关的请示与本机关的批复,应与本机关的文件分在一起组卷。

③ 按文件承办的部门不同分开。

④ 按文件内容所反映的不同问题或不同类型分开。

⑤ 按文件不同的保管期限分开。根据本机关《文书档案保管期限表》的规定将同一问题或同一类型的文件按永久、30年、10年三种保管期限分开,然后分别组卷。

3. 组卷

组卷是指档案工作人员将分好类的文件组合成案卷。组卷时,档案工作人员要保持文件之间的有机联系,卷内文件的问题要相对单纯,从实际出发,要区分文件的不同价值,分别组卷。

常用的组卷方式有内容组合、文件名称组合、工作活动组合、问题组合、其他组合等。

(1) 本机关的各种业务文件、调查研究材料、规章制度等,应按文件内容所反映的问题组卷,尽量做到问题单一。

(2) 会议文件,可以按数量的多少组卷,一会一卷或数卷。

(3) 各种统计报表、名册等,一般按同一种格式、名称或同一地区组卷。

(4) 工作计划、总结报告等综合性文件,一般按作者和文件名称组卷。

(5) 案件材料,每案一卷或数卷。

(6) 人民来信,按来信人所反映的问题或来信人所在的地区分别组卷。

(7) 科研、生产、建设管理工作形成的图表和文字材料,每个项目一卷或数卷。

(8) 简报、刊物,按名称组卷。

(9) 省、市(包括市属单位)其他单位来文,不是针对本机关的,按作者或问题组卷。

在文件之间的联系与文件的价值发生矛盾时,档案工作人员要正确处理两者之间的关系:若文件之间的联系密切,且价值相近,则应照顾文件之间的联系;反之,若文件之间有一定联系,但价值相差很远,则应照顾价值。

4. 卷内文件排序

组合成卷之后,每个案卷内的文件还需要进行系统化排列,使其有条理,便于查阅。

卷内文件排列的方法要根据实际情况来确定。例如,处理同一个问题、同一个作者、同一个文件名称组成的卷,可以按日期进行排列;一卷之内的文件有几个作者、几个具体问题或几个名称的,可以按重要程度进行排列;卷内有几种名称的文件时,先排领导性、指导性的文件,后排一般性的文件;一个案件组成的卷,先排处理结论或决定,后排交代、调查、旁证材料;一卷之内涉及几个人物的文件,可以按姓氏笔画排列;来文与复文组成的案卷,可以将本单位形成的文件排在前面,上级机关与下级机关送来的文件排在后面;同一份文件的各种文稿文本,打印、铅印的存本在前,定稿在后,如果保存历次稿本时,定稿在前,历次稿依次在后;转发件在前,被转发件在后;正文在前,附件在后。

5. 卷内文件编页号

卷内文件经过系统排列之后,应给一卷之内的所有文件编流水顺序号,并用号码机打在文件页面上端外侧的角上。双面印刷的要编为两页,即正面的号码编在文件材料的右上角,反面的号码编在文件材料的左上角。如果文件背面是空白的则不用编号,卷内目录也不用编号。

6. 填写卷内文件目录

每个案卷的卷首页要附上卷内文件目录,要按目录中的项目要求逐项填写正确、完整。若原标题不具体,应根据文件的内容,重新拟制标题。永久、30年案卷的卷内文件目录应打印一式三份;10年案卷的卷内文件目录应打印一式两份。

7. 填写卷内备考表

卷内备考表一般用于对卷内文件特殊情况的说明,以便管理者和利用者了解卷内文件的特点。

8. 装订案卷

装订案卷的目的是为了保护文件不受损坏和便于保管。装订案卷要求做到装订牢固结实、整齐美观。档案工作人员装订案卷时,要拆除文件上的金属物,对破损和大小不一的文件要进行修补、切齐和折叠。没有装订线的文件要另用纸加宽。切齐文件时,档案工作人员应注意不要把文件边上的批示切掉。案卷要在左边和下边取齐,在左边三孔一线装订。案卷装订好后,档案工作人员要逐个检查有没有脱页等。

9. 拟写案卷标题

案卷标题是对卷内全部文件的主要内容与成分的概括揭示,它是案卷的名称,一般由责任者、问题和名称三个部分组成。

责任者是指卷内文件形成的单位或个人,可以用全称或规范的简称。

问题是指卷内文件所反映的内容。它是标题的重点,应用简练的文字全面、概括、确切地把卷内文件的内容揭示出来。档案工作人员不要漏写、错写某一个问题,也不要把所有的问题一一罗列。

名称是指卷内文件的名称,如果卷内文件的名称较多,也可以概括地填写。

档案工作人员拟写案卷标题要求全面、准确、概括地反映卷内文件的内容,文字要简洁通顺、符合语法,切忌笼统、冗长或罗列堆砌文件标题。内容涉及一定地区或时间的案卷,需要标明地区和时间。档案工作人员拟写案卷标题最好是在组卷后,结合卷内文件系统排列及时地写出来,以免重复翻阅卷内文件,费时误工。标题拟定后,档案工作人另用一张纸写好夹在卷上备用。

10. 填写案卷封面

案卷封面要标明立档单位(即全宗机关名称,如××市××局)、组织机构名称(如××科)或类别(如党务类、综合类等)、案卷所属年度、案卷号、案卷标题和卷内文件页数。档案工作人员填写案卷封面时,要用耐久的字迹材料书写或打印,字体工整,标点符号清楚。

11. 案卷排列和上架

案卷排列就是固定全宗内各案卷之间的排放顺序,按照保管期限分别排列。

所有的案卷立好之后,档案工作人员要根据一定的原则和方法进行系统的分类排列。案卷排列的基本原则是:区分保管期限,照顾案卷之间的联系和重要程度。

案卷排列的具体方法为:首先区分不同期限(永久、30年、10年)的案卷,分别排列;在每个期限内,将案卷按组织机构、问题分类排列,然后再进一步按案卷之间的联系和重要程度进行排列;只有一层组织机构而案卷较多的单位,可以直接按问题分类,然后按联系和重要程度进行排列;只有一层组织机构且案卷不多的单位,也可以直接按联系和重要程度进行排列。

一个全宗内每年的案卷排列方法应基本一致，如组织机构调整变动，案卷排列也可随之变动。

12. 编制案卷号

案卷经系统排列后，要编制案卷号以固定案卷的位置。案卷的编号方法有两种，档案工作人员应根据单位案卷数量的多少而选用。

第一种方法是分保管期限大流水编号。这种编号方法适用于每年档案数量较少的单位。其编制方法是：3个期限（永久、30年、10年）分别编流水号，给每个案卷编定一个固定的号码，形成3条流水号；下一年度的案卷在3个期限内分别连续编号；形成3本目录可以使用若干年。

第二种方法是按年度分保管期限编制小流水号。这种编号方法适用于档案数量较多的单位。编制方法是：每年3个期限（永久、30年、10年）分别编制流水号；下一年度的案卷又重新在3个期限内分别编号；每年形成3本目录。

13. 编制案卷目录

一个单位一年的全部档案，经过立卷并进行了系统排列编号之后，要将案卷逐个登记到案卷目录上。因此，案卷目录也就是一个单位一年的案卷名册，它是档案目录的重要组成部分。通过填制案卷目录，可以进一步揭示和巩固一个单位一年的全部案卷的分类体系、案卷内容、案卷的排列次序，以便档案材料的利用、保管、统计等。不同保管期限的案卷要分别按顺序编制案卷目录。

14. 编制档案目录

档案目录又称案卷文件目录，以前也称全引目录。档案目录既是档案馆（室）档案材料的基本检索工具，也是档案保管、统计、检查等一系列工作的主要依据。档案目录以后可以作为机关档案室向档案馆移交档案的清册。

档案目录由立卷情况说明、案卷目录、卷内文件目录外加硬质封面组成。永久、30年期限的档案目录编制一式两份，10年期限的档案目录编制一式一份。

立卷情况说明的内容包括：一年之中该单位的主要工作概况、该单位主要领导成员、内部机构和业务范围有何变动；本年立卷工作完成时间、情况、案卷总数，其中永久、30年、10年保管的案卷各多少；其他有必要说明的情况。

15. 编制目录号

目录号，即编制好的目录本身的编号。目录号的组成结构是"大类代字+保管期限代号+目录顺序号"。

（1）大类代字。

例如，根据《广东省机关档案分类办法》的相关规定，一个全宗内的档案原则上分为七大类。分类后的档案，分别用英文字母按顺序编大类代字，如党政工团档案（即文书档案）的代字为"A"。

（2）保管期限代号。

永久保管为"1"，30年保管期限为"2"，10年保管期限为"3"。

（3）目录顺序号。

即按年度（或若干年）给目录编上顺序号。每本目录内的案卷号都应是从1开始的连续自然数。

> **例 2-3** "小流水"目录号如下：
> 2019 年——A1·1　　A2·1　　A3·1
> 2020 年——A1·2　　A2·2　　A3·2
> 2021 年——A1·3　　A2·3　　A3·3
> 　　　　　　……　　　……　　　……
>
> **例 2-4** "大流水"目录号如下：
> 2004—2009 年——A1·1　　A2·1　　A3·1
> 2010—2015 年——A1·2　　A2·2　　A3·2
> 2016—2021 年——A1·3　　A2·3　　A3·3
> 　　　　　　　　……　　　……　　　……

16. 编制档号

档号即每份具体的档案的代号。档号由 4 个层次的号码共同组成，即"全宗号+目录号+案卷号+页号(件号)"。

二、单件归档

(一) 单件归档的指导思想和基本方法

立卷的整理方法形成并适用于手工管理时代。其实质是对文件实行案卷级管理。案卷既是档案的基本管理单位，也是档案管理理论的重要基础。但是，在计算机管理环境下，立卷就没有多大必要，因为没有案卷也能查到文件。

本着"简化整理，深化检索，提高效率，方便利用"的指导思想，2015 年国家档案局颁布了《归档文件整理规则》(DA/T 22—2015)，提出了以自然件为归档单位，逐件整理归档的归档方法。

为了方便检索和有效提供利用，单件归档的前提是使用电子计算机和国家档案局推荐的优秀的档案管理软件。单件归档的适用范围，目前原则上仅用于文书档案，其他门类的档案仍按原方法整理。文书档案中原已立卷的也不需要按新方法重新整理。

单件归档的基本方法是顺其自然，单件归档。即顺应文件形成时的本来状况，以自然件为归档单位，逐件整理归档。

(二) 单件归档的优点与缺点

相对于立卷整理方法中的案卷级管理，单件归档的整理方法形成并适用于计算机管理时代，实质上是从案卷级管理深入到了文件级管理，在实现文件条目计算机管理(必须可以提供多途径、多方式、全方位的检索)的基础上，还可以更进一步实现全文管理，从而为文档一体化管理提供了有利条件。

单件归档的优点是：适应办公自动化、文档一体化趋势；化整为零，可以减少文件积压；减少了工作量，如免去了组卷、打页号、拟写案卷标题、写卷皮、编案卷目录、编目录号等环节，提高了效率；便于利用和保密；便于档案馆提高进馆质量，减少重复件。

单件归档也有一些缺点，主要表现在：对计算机的依赖性很大，必须注意数据的安全；文件易散失。

(三)单件归档的整理方法

1. 收集

收集的要求是齐全、完整,收集范围是收文、发文和内部文件。

2. 区分年度

单件归档原则上按形成年度归档,所以要区分年度。一系列内容有联系的文件,应尽可能待文件处理完毕后将相关文件集中在同一年度归档。时间跨度特别长的,可以分别在形成的当年即行归档。

3. 分类

根据《归档文件整理规则》(DA/T 22—2015)规定,立档单位应对归档文件进行科学分类,同一全宗应保持分类方案的一致性和稳定性。归档文件一般采用年度—机构(问题)—保管期限、年度—保管期限—机构(问题)等方法进行三级分类。

(1) 按年度分类。

将文件按其形成年度分类。跨年度一般应以文件签发日期为准。对于计划、总结、预算、统计报表、表彰先进及法规性文件等内容涉及不同年度的文件,统一按文件签发日期判定所属年度。跨年度形成的会议文件归入闭幕年。跨年度办理的文件归入办结年。当形成年度无法考证时,年度为其归档年度,并在附注项加以说明。

(2) 按机构(问题)分类。

将文件按其形成或承办机构(问题)分类。机构分类法与问题分类法应选择其一适用,不能同时采用。采用机构分类的,应根据文件形成或承办机构对归档文件进行分类,涉及多部门形成的归档文件,归入文件主办部门。采用问题分类的,应按照文件内容所反映的问题对归档文件进行分类。

(3) 按保管期限分类。

将文件按划定的保管期限分类。

规模较小或公文办理程序不适于按机构(问题)分类的立档单位,可以采取年度—保管期限等方法进行两级分类。

4. 文件排序

档案工作人员先将归档文件材料按3个保管期限分开,不同的期限再分别排序。在同一期限内,原则上按时间先后排序即可。

为了便于归档文件的集中调阅和特殊情况下的手工检索,一般要将同一保管期限的文件材料按照"机构—时间"先后排列,要尽可能将关系密切(如同一次活动、同一项工作、同一个会议形成)的文件排列在一起,尽可能按照职能、问题、关系、责任者、文号等特征有规律地进行排列。同一文件的不同稿本,正本在前,定稿在后;不同文字的文本,原文本在前,译文本在后。档案工作人员要使文件实体排列尽可能有规律,以备特殊情况下的不时之需。

5. 组件

归档文件一般以每份文件为一件。正文、附件为一件;文件正本与定稿(包括法律法规等重要文件的历次修改稿)为一件;转发文与被转发文为一件;原件与复制件为一件;正本与翻译本为一件;中文本与外文本为一件;报表、名册、图册等一册(本)为一件(作为文件附件时除外);简报、周报等材料一期为一件;会议纪要、会议记录一般一次会议为一件,会议记录一年一本的,一本为一件;来文与复文(请示与批复、报告与批示、函与复函等)一般独立成件,也可为一件。有文件处理单或发文稿纸的,文件处理单或发文稿纸与相关文件为一件。

归档文件排序时,正文在前,附件在后;正本在前,定稿在后;转发文在前,被转发文在后;原件在前,复制件在后;不同文字的文本,无特殊规定的,汉文文本在前,少数民族文字文本在后;中文本在前,外文本在后;来文与复文作为一件时,复文在前,来文在后。有文件处理单或发文稿纸的,文件处理单在前,收文在后;正本在前,发文稿纸和定稿在后。

6. 编页

纸质归档文件一般应以件为单位编制页码。页码应逐页编制,宜分别标注在文件正面右上角或背面左上角的空白位置。

如果文件材料已印制成册并编有页码,拟编制页码与文件原有页码相同的,可以保持原有页码不变。

7. 编档号

归档文件应依分类方案和排列顺序编写档号。档号编制应遵循唯一性、合理性、稳定性、扩充性、简单性原则。档号的结构宜为:全宗号-档案门类代码·年度-保管期限-机构(问题)代码-件号。其中,上、下位代码之间用"-"连接,同一级代码之间用"·"隔开。如"Z109-WS·2021-Y-BGS-0001"。具体来说,档号应按照以下要求进行编制:

(1) 全宗号:档案馆给立档单位编制的代号,用4位数字或者字母与数字的结合标识,按照 DA/T 13—1994 编制。

(2) 档案门类代码·年度:归档文件档案门类代码由"文书"2位汉语拼音首字母"WS"标识。年度为文件形成年度,以4位阿拉伯数字标注公元纪年,如"2021"。

(3) 保管期限:保管期限分为永久、定期30年、定期10年,分别以代码"Y""D30""D10"标识。

(4) 机构(问题)代码:机构(问题)代码采用3位汉语拼音字母或阿拉伯数字标识,如办公室代码"BGS"等。归档文件未按照机构(问题)分类的,应省略机构(问题)代码。

(5) 件号:件号是单件归档文件在分类方案最低一级类目内的排列顺序号,用4位阿拉伯数字标识,不足4位的,前面用"0"补足,如"0026"。

档案工作人员应在归档文件首页上端的空白位置加盖归档章并填写相关内容。电子文件可以由系统生成归档章样式或以条形码等其他形式在归档文件上进行标识。

归档章应将档号的组成部分,即全宗号、年度、保管期限、件号,以及页数作为必备项,机构(问题)可以作为选择项(参见表2-1)。归档章中全宗号、年度、保管期限、件号、机构(问题)按照档号编制规则进行编制,页数用阿拉伯数字标识(参见表2-2)。为便于识记,归档章保管期限也可以使用"永久""30年""10年"简称标识,机构(问题)也可以用"办公室"等规范化简称标识(参见表2-3)。

表 2-1 归档章式样

(全宗号)	(年度)	(件号)
*(机构或问题)	(保管期限)	(页数)

注:标有"*"号的为选择项。

表 2-2　归档章示例 1

Z109	2021	1
BGS	Y	45

表 2-3　归档章示例 2

Z109	2021	1
办公室	永久	45

8. 归档文件目录

归档文件应依据档号顺序编制归档文件目录。编目应准确、详细，便于检索。同时，归档文件应逐件编目。来文与复文作为一件时，对复文的编目应体现来文内容。归档文件目录设置序号、档号、文号、责任者、题名、日期、密级、页数、备注等项目。其具体填写规则如下：

(1) 序号：填写归档文件顺序号。

(2) 档号：档号按照档号编制规则进行编制。

(3) 文号：文件的发文字号。没有文号的，不用标识。

(4) 责任者：制发文件的组织或个人，即文件的发文机关或署名者。

(5) 题名：文件标题。没有标题、标题不规范，或者标题不能反映文件主要内容、不方便检索的，应全部或部分自拟标题，自拟内容外加方括号"[　]"。

(6) 日期：文件的形成时间，以国际标准日期表示法标注年月日，如 20210909。

(7) 密级：文件密级按文件实际标注情况填写。没有密级的，不用标识。

(8) 页数：每一件归档文件的页面总数。文件中有图文的页面为一页。

(9) 备注：注释文件需说明的情况。

9. 装订

归档文件一般以件为单位装订。归档文件装订应牢固、安全、简便，做到文件不损页、不倒页、不压字，装订后文件平整，有利于归档文件的保护和管理。装订应尽量减少对归档文件本身的影响，原装订方式符合要求的，应维持不变。

档案工作人员应根据归档文件保管期限确定装订方式，装订材料与保管期限要求相匹配。为便于管理，相同期限的归档文件装订方式应尽量保持一致，不同期限的装订方式应相对统一。其具体装订规则如下：

(1) 用于装订的材料，不能包含或产生可能损害归档文件的物质。不使用回形针、大头针、燕尾夹、热熔胶、办公胶水、装订夹条、塑料封等装订材料进行装订。

(2) 永久保管的归档文件，宜采取线装法装订。页数较少的，使用直角装订或缝纫机轧边装订，文件较厚的，使用"三孔一线"装订。永久保管的归档文件，使用不锈钢订书钉或浆糊装订的，装订材料应满足归档文件长期保存的需要。

(3) 永久保管的归档文件，不使用不锈钢夹或封套装订。

定期保管的、需要向综合档案馆移交的归档文件，装订方式可以按照上面(2)、(3)执行。定期保管的、不需要向综合档案馆移交的归档文件，装订方式可以按照上面(2)执行，也可以使用不锈钢夹或封套装订。

10. 装盒

档案工作人员需要将归档文件按顺序装入档案盒,并填写档案盒盒脊及备考表项目。不同年度、机构(问题)、保管期限的归档文件不能装入同一个档案盒。

档案盒应根据摆放方式的不同,在盒脊或底边设置全宗号、年度、保管期限、起止件号、盒号等必备项,并可设置机构(问题)等选择项。其中,起止件号填写盒内第一件文件和最后一件文件的件号,起件号填写在上格,止件号填写在下格;盒号即档案盒的排列顺序号,按进馆要求在档案盒盒脊或底边编制。

11. 备考表

备考表置于盒内文件之后,项目包括盒内文件情况说明、整理人、整理日期、检查人、检查日期。其具体填写规则如下:

(1) 盒内文件情况说明:填写盒内文件缺损、修改、补充、移出、销毁等情况。

(2) 整理人:负责整理归档文件的人员签名或签章。

(3) 整理日期:归档文件整理完成日期。

(4) 检查人:负责检查归档文件整理质量的人员签名或签章。

(5) 检查日期:归档文件检查完毕的日期。

12. 排架

归档文件整理完毕装盒后,上架排列方法应与本单位归档文件分类方案一致,排架方法应避免频繁倒架。其具体规则如下:

(1) 归档文件按年度—机构(问题)—保管期限分类的,库房排架时,每年形成的档案按机构(问题)序列依次上架,便于实体管理。

(2) 归档文件按年度—保管期限—机构(问题)分类的,库房排架时,每年形成的档案按保管期限依次上架,便于档案移交进馆。

实训练习

【实训练习一】

立卷整理

教师请学生将下列收文登记表中的文件按照立卷整理的要求进行整理,把文件变成档案,并在整理的过程中体会文件接收和档案整理的区别。

××收文登记表

序号	收文日期	文号	题名	责任者	成文日期	备注
1	2022.3.11		关于我院一女生落入传销窝点情况的通报	保卫处	2022.03.10	
2	2022.3.11	××保字〔2022〕9号	关于学生公寓8栋521房间阳台发生火险的情况通报	保卫处	2022.03.11	
3	2022.3.16	××保字〔2022〕10号	关于开展"拒绝传销 净化校园"系列活动的通知	保卫处	2022.03.15	
4	2022.3.17		通报	保卫处	2022.03.16	附件2缺失

续表

序号	收文日期	文号	题名	责任者	成文日期	备注
5	2022.3.18		关于学生第五食堂安全抽检的情况通报	保卫处、后勤集团	2022.03.17	
6	2022.3.22	××院字〔2022〕25号	关于深入开展"拒绝传销　净化校园"系列活动的通知	××学院	2022.03.22	

1. 实训准备

（1）学生准备。学生提前准备好立卷整理的相关操作规定、黑色签字笔。

（2）教师准备。教师提前准备好实训材料、打码机（自动打码机、数字组合打码器）、打孔机、针、棉线等。

2. 实训材料的选取

为了能够取得良好的实训效果，教师提供的实训材料一定要具有代表性，最好能够涵盖多个知识点。具体到立卷整理，教师选取的实训材料应该具有以下几个特点：

（1）实训材料属于同一大类问题，比如行政、人事等，同时又能够涉及两个或者多个小问题。

（2）实训材料中应包括部分标题不能完全概括材料内容的文件，如标题只有"通知""决定""意见"等字样。

（3）实训材料中应包括有两个或者多个责任者的文件。

（4）实训材料中应包括有些有文号、有些没有文号的文件。

（5）实训材料中应包括含有附件或者文件处理单的文件。

（6）实训材料中应包括附件缺失等内容不完整的文件。

（7）实训材料中应包括责任者和文件印发部门不一致的文件。

3. 实训过程中操作选项的规定

在实训过程中，为了方便学生进行操作，也为了教师后期能够快速准确地登记学生成绩，教师可以对实训材料做出一些具体的规定：

（1）保管期限。根据实训材料的内容，可以将其保管期限规定为10年。

（2）目录顺序号。建议以班级号为目录顺序号。

（3）案卷号。建议以"小组号+文件顺序号"为案卷号。

（4）立卷人、检查人。为了方便教师登记成绩，建议立卷人、检查人的填写格式为参加实训的学生的学号最后两位数+姓名。

（5）立卷时间。建议立卷时间为正常归档年度。

4. 卷内文件目录的生成

卷内文件目录

顺序号	文号	责任者	题名	日期	页号	备注
1		保卫处	关于我院一女生落入传销窝点情况的通报	2022.03.10	1	
2	××保字〔2022〕10号	保卫处	关于开展"拒绝传销　净化校园"系列活动的通知	2022.03.15	2	

续表

顺序号	文号	责任者	题名	日期	页号	备注
3	××院字〔2022〕25号	××学院	关于深入开展"拒绝传销 净化校园"活动的通知	2022.03.22	6	
4	××保字〔2022〕9号	保卫处	关于学生公寓8栋521房间阳台发生火险的情况通报	2022.03.11	9	
5		保卫处	通报[关于学生宿舍安全检查情况的通报]	2022.03.16	11	附件2缺失
6		保卫处/后勤集团	关于学生第五食堂安全抽检的情况通报	2022.03.17	14—15	

5. 总结文件接收登记和文书档案立卷整理的不同

在进行整理的过程中,学生会发现文件接收登记和文书档案立卷整理有本质上的不同:文件接收登记是秘书人员按照收文时间来进行的。而文书档案立卷整理则是按照文件的内容来进行的,整理者需要将材料按照问题进行分类,将同一问题的材料先放在一起,然后按照内容的先后顺序将同一问题的所有材料进行排列,以确保材料之间的逻辑性。

【实训练习二】

单件整理

教师请学生将下列收文登记表中的文件按照单件整理的要求进行整理,把文件变成档案,并在整理的过程中体会文件接收和单件整理的区别。

××收文登记表

序号	收文日期	文号	题名	责任者	成文日期	备注
1	2022.3.11		关于我院一女生落入传销窝点情况的通报	保卫处	2022.03.10	
2	2022.3.11	××保字〔2022〕9号	关于学生公寓8栋521房间阳台发生火险的情况通报	保卫处	2022.03.11	
3	2022.3.16	××保字〔2022〕10号	关于开展"拒绝传销 净化校园"系列活动的通知	保卫处	2022.03.15	
4	2022.3.17		通报	保卫处	2022.03.16	附件2缺失
5	2022.3.18		关于学生第五食堂安全抽检的情况通报	保卫处、后勤集团	2022.03.17	
6	2022.3.22	××院字〔2022〕25号	关于深入开展"拒绝传销 净化校园"活动的通知	××学院	2022.03.22	

1. 实训准备

(1)学生准备。学生提前准备好单件整理的相关操作规定、黑色签字笔。

(2)教师准备。教师提前准备好实训材料、打码机(自动打码机、数字组合打码器)、打孔机、针、棉线等。

2. 实训材料的选取

为了能够取得良好的实训效果,教师提供的实训材料一定要具有代表性,最好能够涵盖

多个知识点,具体到单件整理,实训材料应该具有以下几个特点:

(1) 实训材料最好能涉及两个或者多个小问题。

(2) 实训材料中应包括部分标题不能完全概括材料内容的文件,如标题只有"通知""决定""意见"等字样。

(3) 实训材料中应包括有两个或者多个责任者的文件。

(4) 实训材料中应包括有些有文号、有些没有文号的文件。

(5) 实训材料中应包括含有附件或者文件处理单的文件。

(6) 实训材料中应包括附件缺失或内容不完整的文件。

(7) 实训材料中应包括责任者和印发部门不一致的文件。

(8) 实训材料中应包括少数右上方有领导人签署意见的文件。

3. 实训过程中操作选项的规定

在实训过程中,为了方便学生进行操作,也为了教师后期能够快速、准确地登记学生的成绩,教师可以对实训材料做出一些具体的规定。

(1) 身份。学生以保卫处办公室文员的身份进行归档。

(2) 保管期限。根据实训材料的内容,教师可以将保管期限规定为10年。

(3) 实训人员。建议在归档文件目录的左上方标明参加实训的学生的姓名,格式可以为"学号最后两位数+学生的姓名"。

4. 归档文件目录的生成

归档文件目录

序号	档号	文号	责任者	题名	日期	页数	备注
1	WS·2022-D10-BGS-0001		保卫处	关于我院一女生落入传销窝点情况的通报	2022.03.10	2	
2	WS·2022-D10-BGS-0002	××保字〔2022〕9号	保卫处	关于学生公寓8栋521房间阳台发生火险的情况通报	2022.03.11	2	
3	WS·2022-D10-BGS-0003	××保字〔2022〕10号	保卫处	关于开展"拒绝传销 净化校园"系列活动的通知	2022.03.15	4	
4	WS·2022-D10-BGS-0004		保卫处	通报[关于学生宿舍安全检查情况的通报]	2022.03.16	3	附件2缺失
5	WS·2022-D10-BGS-0005		保卫处/后勤集团	关于学生第五食堂安全抽检的情况通报	2022.03.17	2	
6	WS·2022-D10-BGS-0006	××院字〔2022〕25号	××学院	关于深入开展"拒绝传销 净化校园"活动的通知	2022.03.22	3	

5. 总结文件接收登记和文书档案单件整理的不同

在进行整理的过程中,学生会发现文件接收登记和文书档案单件整理有本质上的不同:文件接收登记是按照收文时间来进行的,而文书档案单件整理则是按照文件的成文日期来排序的。当然,如果整理者希望利用者可以更方便地进行查阅,那么可以先将材料按照问题来进行分类,将同一问题的材料先放在一起,然后按照成文日期的先后顺序将同一问题的所有材料进行排列,以确保材料之间的逻辑性。

任务四 文书档案的鉴定与移交

相关知识

文书档案的鉴定是指档案工作人员对档案保存价值的鉴定，也就是全面考察档案对本单位和社会的现实作用与历史作用，决定档案的存毁，确保档案的质量。

文书档案鉴定的基本内容包括：

(1) 制定鉴定的原则与标准(归档与不归档范围和档案保管期限表)。

(2) 对具有保存价值的档案划分保管期限。

(3) 对保管期限已满，确定已失去保管价值的档案进行销毁。

(4) 围绕上述鉴定所开展的一系列组织工作等。

归纳起来，文书档案的鉴定主要包括两个方面：一方面是确定哪些档案应该保存，保存多长时间；另一方面是确定哪些档案不予保存，进行销毁。

一、文书档案鉴定工作概述

(一) 文书档案鉴定的原则

文书档案鉴定的原则是指档案工作人员从国家和人民的整体利益出发，用全面的观点、历史的观点、发展的观点、效益的观点，确定档案的价值。

从国家和人民的整体利益出发判断档案的价值既是文书档案鉴定工作总的指导思想，也是评价档案保存价值的基本标准。档案是整个国家和人民的历史文化财富，是整个社会的财富，其保管、利用关系到各方面的利益。档案工作人员进行文书档案鉴定不能只站在个别单位的角度决定其是否保存或保存多久，而是要站在国家和人民整体利益或是整个社会的角度来判断其价值。全面的观点、历史的观点、发展的观点、效益的观点是对这一总的指导思想的进一步阐述。

1. 全面的观点

全面的观点具有以下三个方面的含义：

一是全面地分析档案各方面的特征，从档案的来源、内容、时间、文本、外形等方面综合判断其价值。

二是全面地把握被鉴定档案与其他档案之间的联系，如本单位的各个内设机构之间、各种问题之间、本单位与其他单位之间具有的联系。

三是全面地预测社会对档案利用的需求。利用需求是多种多样的，如行政的、业务的、技术的、生产的、研究的等，档案工作人员只有在鉴定时对各种需求进行全面的分析和考察，才能相对准确地对档案的价值做出判断。档案工作人员不能孤立、简单地断定档案的保存价值。

2. 历史的观点

历史的观点要求档案工作人员把档案放在它所形成的历史条件下去分析它的内容与形式，离开当时的历史条件判断档案的价值是不准确的。因为档案是历史的记录，将历史的进程以档案的形式记录下来,因此从某种意义上来说,保存了档案便保存了历史。

3. 发展的观点

社会是不断发展变化的,因此在进行鉴定时档案工作人员要注意用发展的观点来判断档案的价值,预测档案未来的作用。随着社会的发展和变化,人们利用档案的因素也会随之发生变化,现在有用的档案,随着时间的推移,将来可能会没有用处;而现在尚未用上的档案,将来可能会有用处。因此,鉴定时档案工作人员一定要对档案的利用需求进行预测,既要看到档案当前的作用,也要看到档案未来的作用,只有这样对档案价值的鉴定才能相对准确。

4. 效益的观点

效益的观点即档案工作人员在分析档案的价值时要考虑收益与付出之比,只有当档案发挥的作用超过因保存档案所付出的代价时才能判定其具有保存价值。任何一个国家、一个社会所能提供的档案保存能力都是有限的,人力、物力、财力等因素必然会直接制约档案保存的质量和数量。因此,档案工作人员在鉴定工作中应摒弃不计成本、多多益善的观点,效益的观点不是可以量化的概念,只是一种指导思想和观念。

全面的观点、历史的观点、发展的观点、效益的观点之间是辩证统一的关系,档案工作人员在鉴定时应力求兼顾,只有这样才能充分认识和估计档案的作用,判定档案的价值。

(二)鉴定档案价值的方法

档案的保存价值有两个决定性因素:档案自身的特点和社会利用需求。鉴定档案价值的方法就是对这两个方面的情况进行综合的分析、判断。

1. 分析档案自身的特点

档案自身的特点包括档案的来源、内容、名称、形成时间、文本和外形特征等。

(1)分析档案的来源。

档案的来源是指档案的形成者。通常的情况是,对于档案馆来说,在本地区具有重要影响的单位或著名人物形成的档案价值就大,基层单位和一般人物形成的档案价值相对较小。对于各单位而言,本单位形成的档案价值大于外单位发来的档案价值,有隶属关系的单位来文价值比非隶属关系的单位来文价值大,针对本单位主管业务的、需要贯彻执行的文件比非本单位主管业务、参考性的文件价值要高。对于本单位内部来说,本单位的领导人、决策机构、综合性办公机构、主要业务机构、职能机构、人事机构、外事机构制发的文件,其价值大于一般行政事务机构、后勤机构和辅助机构制发的文件。

(2)分析档案的内容。

档案的内容是决定档案价值的最基本因素,因为人们利用档案主要是利用其内容。档案工作人员分析档案的内容时主要从以下三个方面来考虑:

① 从重要性上考虑。

一般来说,反映党的方针政策、重大事件、主要业务活动的档案比反映一般性、事务性活动的档案重要,反映本单位主要职能活动、中心工作和基本情况的档案比反映非主要职能活动、日常工作和一般情况的档案重要,反映典型性问题的档案比反映一般性问题的档案重要。

② 从独特性上考虑。

档案室应注意保存记述本单位特殊事件、特殊产品、特殊人物、特殊成果和某些特殊传统的档案，以及反映本单位改革、发展过程中具有开创性意义的新人、新事、新政策、新做法的档案。

综合档案馆应注意选择和保存反映本地区政治、经济、历史、文化、地理、民俗等方面特色的档案。

专业档案馆应注意保存反映本系统行业特色的档案。

③ 从时效性上考虑。

文件有效期的长短对档案的价值具有较大的影响，有些文件因现行效用的消失而改变了档案价值的形态。例如，方针政策性、法规性、综合计划性文件在失去效用后，其价值将由行政价值转变为科学研究价值；而合同等法权方面的文件通常在有效期和法律规定的起诉期内十分重要，超过此期限后便降低以致失去保存价值。当然，其中一些具有科学、历史研究价值的文件仍可划为永久保存。

（3）分析档案的名称。

文件的不同名称具有特定的性能和用途，因而可以在一定程度上反映文件的价值。一般来说，决定、决议、命令（令）、条例、纪要、报告等往往用于反映方针政策、重大事件和主要业务活动，具有权威性和重要性，价值较高；而通知、简报、来往函件等往往用于处理一般事务，价值较低。

（4）分析档案的形成时间。

一般来说，档案形成的时间离现在越远，保留下来的越少，也就显得越珍贵。也正因如此，各个档案馆和一些档案室所保存的明清以前的档案、明清档案、民国档案和革命历史档案一般都不准销毁。此外，文件的形成时间是历史的标志，在任何重要历史时期形成的文件都具有特殊的保存价值。

（5）分析档案的文本。

同一份文件在撰稿、印制过程中形成了各种稿本，不同稿本的文件在行政效能、凭证作用等方面是有区别的，因此其价值也不同。正本具有标准的格式，有文件制发者的印章或负责人的签字，是工作的依据，具有法定的效能和凭证作用，其价值也大。而副本、草稿、草案的价值较小，只有法规性、重要性文件的草稿才归档，作为历史记录进行保存，一般性文件的草稿不归档。

（6）分析档案的外形特征。

文件的制成材料、记录方式、笔迹、图案等外形特征也在一定程度上也会影响其保存价值。如有些文件因其载体古老、珍稀而具有文物价值，有些文件因有名人题词、批注、签字而具有艺术价值、珍藏价值等。

2. 分析档案的社会利用需求

档案的社会利用需求主要包括社会的需求方向、社会的需求面、社会的需求时间等。

（1）分析社会的需求方向。

在鉴定档案价值时，档案工作人员不仅要对档案自身的有关项目进行分析，而且还要对社会各方面利用者对档案的需求进行分析。只有档案工作人员真正地知道利用者需要什么，才能准确地判断档案对于他们的价值。社会的需求方向是指利用者需要哪些内容、哪些类型的档案的趋向性。不同历史时期、不同社会群体、不同利用目的的利用者所需要的档案内容也不同,因此,档案工作人员应站在社会总需求的高度,对公民个人和各个社会组织等各方面的需求进行分析。如有些档案部门提高了专门档案的收集比例,也有些档案部门在保存"宏观"档案的同时,抽样保存了一些具有典型性、代表性的"微观"档案,受到了利用者的欢迎。为了把握社会的需求方向,档案工作人员要加强对现有档案利用情况的统计和研究,总结经验,摸索规律,开展预测,尽可能使选留保存的档案满足社会各方面的需求。

(2) 分析社会的需求面。

社会的需求面是指需要利用某份档案的个人和社会组织的广泛性。具有长久保存价值的档案是全社会的历史文化财富,应以一定的社会需求为前提,因此,档案工作人员在决定档案的取舍及确定档案的保管期限时,要避免片面地以个别需求为鉴定标准,而要考察每份文件的社会意义。那些在失去现行效用之后,不仅对本单位具有查证、参考意义,而且还可以作为其他方面的工作人员、研究人员工作参考和研究素材的档案,就具有较大的社会意义,从而具有较高的价值。

(3) 分析社会的需求时间。

社会的需求时间是指利用者需要利用某份档案的长久性。利用时间长,鉴定保存的时间就长;利用时间短,鉴定保存的时间就短。因此,档案工作人员必须研究利用者对各种档案的需求时间有多长,并据此决定档案的保管期限。有些文件在形成时具有重要作用,但在失去现行效用后,人们就不再需要它,故其保管期限就比较短。也有些文件在失去现行效用后,在相当长的时间内还具有查证、参考的价值,甚至时间越长就越珍贵。

(三) 文书档案鉴定的作用

1. 鉴定工作为确定档案保管、保护条件提供了依据

通过鉴定,档案工作人员区分了档案价值的大小,从而既为及时移出已失去保存价值的档案,不占用有限的档案保管空间提供了依据,也为对珍贵档案实行重点保护提供了依据,尤其是对一些经费或办公用房较为紧张的单位来说,其作用更加明显。如果档案工作人员不进行鉴定,让已失去保存价值的档案占用大量的存储空间,妨碍档案保管条件的改善,则必然会造成人力、物力、财力的浪费。

2. 鉴定工作是应对突发事件的必备措施

突发事件主要是指水灾、火灾、地震、战争、爆炸等天灾人祸。这些天灾人祸的降临往往是人们难以预料的,所以档案部门应提早做好预防工作。预防工作中最重要的一条便是档案工作人员要及时做好鉴定工作,因为只有经过鉴定,有意识地将珍贵的档案保存在专柜中,一旦发生突发事件,才能在最短的时间内进行抢救或保护。

3. 鉴定工作使档案更加精练,便于开发、利用

通过鉴定,档案的价值得到充分体现,档案保管者便可以根据档案的不同价值对其进行开发、利用。例如,价值大的档案在社会上的影响也大,档案工作人员对这些档案进行重点开发,档案的作用就能得到充分的发挥。如果未经鉴定,那么有价值的、珍贵的档案湮没于大量已失去价值的档案之中,不易被人发现,档案的价值便不能充分发挥。

二、文书档案鉴定的四个阶段

文书档案鉴定是贯穿于档案工作始终的一项工作,涉及四个阶段,且不同的阶段有不同的鉴定内容与鉴定要求。

(一) 文件收集归档阶段的鉴定工作

文件收集归档阶段的鉴定工作的具体内容是判断文件是否归档保存,其依据是本单位的归档范围;鉴定的方法是以审阅文件的内容为主,兼顾文件的其他特征;鉴定的要求是确保归档文件的齐全、完整,不漏掉有保存价值的档案,也不将没有保存价值的文件收集归档。在此过程中,档案工作人员要注意宜宽不宜窄。

在鉴定时,档案工作人员应注意文件是否为正本与定稿、是否为原件。一般是保存正本和定稿,其他的文本和草稿就不需归档。鉴定文件是否为原件是因为原件比复制件的保存价值大。特别要注意的是那些未采取发文形式的会议记录、调查研究报告等材料,对这些材料的鉴定主要是看印鉴和领导人签署的意见。

(二) 文书档案整理阶段的鉴定工作

收集归档阶段的鉴定工作是判断文件的保存价值,而整理阶段的鉴定工作则是区分文件保存价值的等级,划分保管期限,以便按价值归档。这个阶段的鉴定要根据鉴定工作的原则与方法,对归档的文件逐一细致地进行全面鉴定,使档案符合齐全、完整、系统、科学的要求。

(三) 档案室的鉴定工作

档案一经整理、编目后,就要移交档案室保存。档案保存在档案室一段时间后,再移交有关的档案馆。档案室的鉴定工作包括以下两个方面的内容:

1. 移交确认

即档案工作人员在档案移交给档案馆前做一次全面的鉴定。这主要是检查整理时鉴定和划分的保管期限是否准确。另外,档案在档案室保存了十几年后,客观情况发生了变化,当时在整理鉴定时看不准的问题,由于时间的推移,现在也许变成很容易看清楚的问题,所以据此调整进馆界限是必要的。

2. 销毁确认

即档案工作人员对不进馆保存的档案在销毁前进行一次全面的鉴定,把那些确无保存价值的档案剔除并销毁。

(四) 档案馆的鉴定工作

保存价值长的档案最后是要移交档案馆保存的。档案馆保存的档案除一些会自行毁坏以外,剔除、销毁没有保存价值的档案也是去粗存精的一种好办法。当然,鉴定的目的并不是为了销毁档案,而是使那些珍贵的档案不至于被大量的没有利用价值的档案所湮没。因此,档案鉴定工作应定期进行,并且不能间断。

需要注意的是,按全宗进行鉴定,档案的保管期限越长,其数量应越少、质量应越高。档案工作人员对保管期限长的档案进行鉴定时,应考虑一个地区各全宗之间的联系,鉴定后保存下来的各全宗的档案应能反映该地区的历史面貌。在鉴定时,档案工作人员要多从历史的角度去考虑档案的保存价值。保存在档案馆的档案,现行作用也有,但主要的作用是供历史研究。对革命历史档案和旧政权档案的鉴定应适当放宽尺度,因为革命历史档案产生于战争年代,能保存下来已实属不易,因此,档案工作人员一经发现革命历史档案就应鉴定其价值,保管期限从长处理。旧政权档案也是这样,因为其形成的时代久远,大部分档案都已在时间的流逝中损毁了,只有很少的一部分保存下来,有些档案就其内容来说并不那么重要,但它毕竟是当时形成的第一手材料,反映的是当时的情况,其保管期限也应从长(如明清档案不准销毁)。

三、档案保管期限表和保管期限的划分

(一) 档案保管期限表

档案保管期限表是指档案工作人员用表册的形式,列举档案的来源、内容和形式,并指明其保管期限的一种指导性、标准性文件。它是档案室、档案馆鉴定档案价值,确定档案保管期限的依据。

档案保管期限表统一了档案鉴定的标准,可以在一定程度上避免个人认识的局限性和片面性,提高鉴定工作的质量和效率。档案工作人员既可以依据档案保管期限表将具有不同保存价值的文件组成不同的案卷,又可以依据档案保管期限表对归档、移交和销毁的档案进行鉴定、复审等。档案保管期限表常见的类型如下:

1. 通用档案保管期限表

通用档案保管期限表是由国家档案行政管理机关编制的具有普遍的、宏观的指导意义的文件,也是全国各机关、团体、企业事业单位制定本系统、本单位档案保管期限表的依据。目前使用的《文书档案保管期限表》是国家档案局 2006 年发布的《机关文件材料归档范围和文书档案保管期限规定》中规定的。各系统、各机关结合本系统、本单位的工作实际制定的具有针对性、操作性的《文书档案保管期限表》,应与国家档案局的文件精神保持一致,尤其在确定档案保管期限时,只能将原有的期限延长,不能缩短。

2. 同系统单位档案保管期限表

同系统单位档案保管期限表由某一系统的领导或业务指导机关编制,是指导本系统各单位划分档案保管期限的依据与标准。这种类型的档案保管期限表必须经过本单位的领导人批准后执行,并报国家档案局备案,同时还要抄送各省档案局。如最高人民法院发布的《最高人民法院文书档案保管期限表》。

3. 同类型单位档案保管期限表

同类型单位档案保管期限表由各档案行政管理部门或主管领导单位编制,是同类型的单位划分档案保管期限的依据与标准。如《珠海市学校档案保管期限表》便属于这一类型。

4. 本单位档案保管期限表

本单位档案保管期限表是各单位依据通用的或本系统的,或同类型的档案保管期限表,结合本单位的工作实际编制的,是供本单位划分档案保管期限的标准性文件。这种类型的档案保管期限表应经本单位领导人的批准后执行,并报上级主管单位或同级档案行政管理部门备案。

(二) 文书档案保管期限的划分

保管期限是档案室或档案馆根据档案鉴定标准,对每个案卷或文件所确定的保存年限。根据《机关文件材料归档范围和文书档案保管期限规定》,机关文书档案的保管期限定为永久、定期两种,定期一般分为 30 年、10 年。

1. 永久保管的文书档案

永久保管的文书档案主要是指反映本单位主要职能活动和基本历史面貌的,对本单位、

本地区和国家的建设及历史研究具有长远利用价值的档案。

永久保管的文书档案主要包括：

（1）本机关制定的法规政策性文件材料。

（2）本机关召开重要会议、举办重大活动等形成的主要文件材料。

（3）本机关职能活动中形成的重要业务文件材料。

（4）本机关关于重要问题的请示与上级机关的批复、批示，重要的报告、总结、综合统计报表等。

（5）本机关机构演变、人事任免等文件材料。

（6）本机关房屋买卖、土地征用，重要的合同协议、资产登记等凭证性文件材料。

（7）上级机关制发的属于本机关主管业务的重要文件材料。

（8）同级机关、下级机关关于重要业务问题的来函、请示与本机关的复函、批复等文件材料。

2．定期保管的文书档案

定期保管的文书档案主要是指反映本单位的一般工作活动，在一定时间内对本单位工作具有查考利用价值的文件材料。

定期保管的文书档案主要包括：

（1）本机关职能活动中形成的一般性业务文件材料。

（2）本机关召开会议、举办活动等形成的一般性文件材料。

（3）本机关人事管理工作形成的一般性文件材料。

（4）本机关一般性事务管理文件材料。

（5）本机关关于一般性问题的请示与上级机关的批复、批示，一般性工作报告、总结、统计报表等。

（6）上级机关制发的属于本机关主管业务的一般性文件材料。

（7）上级机关和同级机关制发的非本机关主管业务但要贯彻执行的文件材料。

（8）同级机关、下级机关关于一般性业务问题的来函、请示与本机关的复函、批复等文件材料。

（9）下级机关报送的年度或年度以上计划、总结、统计、重要专题报告等文件材料。

（三）文书档案保管期限表

（1）本级党的代表大会、人民代表大会、政治协商会议，工会、共青团、妇联代表大会的文件材料。

① 请示、批复、通知、名单、议程、报告、领导人讲话、选举结果、讨论通过的文件、决议、纪要、公报、主席团会议记录等文件材料——永久。

② 大会发言，人大代表建议和意见、人大议案及答复，政协委员提案及办理结果，简报，快报——永久。

③ 重要的贺信、贺电，筹备工作、选举过程中形成的文件，小组会议记录、会议服务机构的计划、总结等文件材料——30年。

④ 讨论未通过的文件——10年。

（2）本级党委、人民代表大会、政治协商会议、纪律检查委员会、共青团、工会、妇联的常委会、执委会、主席团、全体委员会议，政府常务会、办公会议的文件材料。

① 公报、决议、决定、记录、纪要、议程、领导人讲话、讨论通过的文件,参加人员名册——永久。
② 讨论未通过的文件——10年。
(3) 本机关党组(或实行党委制的党委)会议和行政办公会的纪要、会议记录——永久。
(4) 本机关召开工作会议、专题会议的文件材料。
① 请示、批复、通知、名单、日程、报告、讲话、总结、决议、决定、纪要——永久。
② 典型材料、代表发言材料、交流材料、简报——30年。
(5) 机关联合召开会议的文件材料。
① 本机关为主办的：请示、批复、通知、名单、日程、报告、讲话、总结、决议、决定、纪要——永久。
② 本机关为协办的：
a. 请示、批复、通知、名单、日程、报告、讲话、总结、决议、纪要的复制件或副本——30年；
b. 典型材料、代表发言材料、交流材料、简报的复制件或副本——10年。
(6) 本机关承办国际性会议、大型展览会、博览会的文件材料。
① 请示、批复、申办和筹办组委会主要活动安排、议程、名单、主报告(原文及译文)、辅助报告(原文及译文)、上级领导人贺词、题词、讲话,会徽设计——永久。
② 代表发言材料、交流材料、简报、新闻报道——30年。
③ 委员会、分会会议和学术会的讨论记录,会议代表登记表、接待安排——10年。
(7) 上级机关、上级领导检查、视察本地区、本机关工作时形成的文件材料。
① 重要的——永久。
② 一般的——30年。
③ 本地区、本机关工作汇报材料——30年。
(8) 本机关业务文件材料。
① 本机关制定的方针政策性、法规性、普发性业务文件,中长期规划、纲要等文件材料——永久。
② 本机关的请示与上级机关的批复、批示：
a. 重要业务问题的——永久；
b. 一般业务问题的——30年。
③ 同级机关、下级机关的来函、请示与本机关的复函、批复等文件材料：
a. 重要业务问题的——永久；
b. 一般业务问题的——30年。
④ 本机关代上级机关起草并被采用的重要法规性文件、专项业务文件的最后草稿——30年。
⑤ 机关联合行文的文件材料。
a. 本机关为主办的：
- 重要业务问题的——永久；
- 一般业务问题的——30年。
b. 本机关为协办的：
- 重要业务问题的——30年；

- 一般业务问题的——10年。

⑥ 本机关编辑、编写的文件材料：

a. 大事记、组织沿革等——永久；

b. 简报、情况反映、工作信息等——10年。

⑦ 行政管理、执法活动中形成的文件材料。

a. 行政管理工作制度、程序、规定等文件材料——永久。

b. 执法检查情况汇总、通报，整改通知等——永久。

c. 行政管理工作中形成的审批、审查、核准等文件材料：

- 固定资产投资、科技计划等项目的审批(核准)、管理、验收(评估)等文件材料——永久；

- 不动产、自然资源的所有权、使用权确认的文件材料——永久；

- 20年(含)以上有效或未注明有效期的许可证、执照、资质证、资格证等的审批、管理文件材料——永久；

- 20年以下有效的许可证、执照、资质证、资格证等的审批、管理文件材料——30年。

d. 行政处罚、处分、复议、国家赔偿等工作中形成的文件材料：

- 重要的——永久；

- 一般的——30年。

⑧ 计划、总结、统计、调研等方面的文件材料：

a. 年度和年度以上的计划、总结、统计材料——永久；

b. 年度以下的计划、总结、统计材料——10年；

c. 重要职能活动的总结、重要专题的调研材料——永久；

d. 一般活动的总结、一般问题的调研材料——10年。

⑨ 出国或出境访问考察、参加国际会议，接待来访等外事活动形成的文件材料：

a. 发表的公报，签订的协议、协定、备忘录，重要的会谈记录、纪要等——永久；

b. 出国审批手续、执行日程、考察报告、一般性会谈记录等——30年。

(9) 本机关机构编制、干部人事、党、团、纪检、工会、保卫、信访工作文件材料。

① 机构设置、机构撤并、名称更改、组织简则、人员编制、印信启用和作废等文件材料——永久。

② 人事工作制度、规定、办法等文件——30年。

③ 人事任免文件——永久。

④ 先进单位、劳动模范、先进工作者的文件材料：

a. 受县级(含)以上表彰、奖励的——永久；

b. 受县级以下表彰、奖励的——30年。

⑤ 对本机关有关人员的处分材料：

a. 受到警告(不含)以上处分的——永久；

b. 受到警告处分的——30年。

⑥ 职工录用、转正、聘任、调资、定级、停薪留职、辞职、离退休、死亡、抚恤等文件材料——永久。

⑦ 人事考核、职称评审工作文件材料——永久。

⑧ 职工调动工作的行政、工资、党团组织关系的介绍信及存根——永久。

⑨ 职工名册——永久。

⑩ 党、团、工会工作活动中形成的文件材料：

a. 工作报告、总结，换届选举结果——永久；

b. 重要专项活动的报告、总结等——永久；

c. 党团员、工会会员名册，批准加入党团、工会组织的文件材料——永久；

d. 情况反映、工作简报——10 年。

⑪ 纪检、监察工作中形成的综合性报告、调查材料：

a. 重要的——永久；

b. 一般的——30 年。

⑫ 保卫部门的安全检查、调查记录——10 年。

⑬ 本机关处理人民来信来访的文件材料：

a. 有领导重要批示和处理结果的——永久；

b. 其他有处理结果的——30 年。

（10）本机关事务管理文件材料。

① 房产、土地所有权和使用权的文件材料——永久。

② 与有关单位签订的合同、协定、协议、议定书等文件材料：

a. 重要的——永久；

b. 一般的——10 年。

③ 接待工作的计划、方案。

a. 重要的——30 年；

b. 一般的——10 年。

④ 机关财务预算——30 年。

⑤ 机关物资（办公设备及用品、机动车等）采购计划、审批手续、招标投标、购置等文件材料，机动车调拨、保险、事故、转让等文件材料——30 年。

⑥ 国有资产管理（登记、统计、核查清算、交接等）文件材料：

a. 重要的——永久；

b. 一般的——10 年。

⑦ 职工承租、购置本单位住房的合同、协议和有关手续——永久。

⑧ 职工住房分配、出售的规定、方案、细则，职工住房情况统计、调查表、职工住房申请——30 年。

（11）上级机关制发的文件材料。

① 上级机关制发的属于本机关主管业务的文件材料：

a. 重要的——永久；

b. 一般的——10 年。

② 上级机关制发的非本机关主管业务但要贯彻执行的文件材料——10 年。

③ 上级机关制发的关于本机关机构设置、领导人任免、人员编制等文件材料——永久。

（12）同级机关制发的非本机关主管业务但要贯彻执行的文件材料——10 年。

（13）下级机关报送的文件材料。

① 重大问题的专题报告——30 年。

② 年度和年度以上的计划、总结、统计材料——10年。

四、鉴定工作的组织与制度

为了保证档案鉴定工作的质量和防止破坏档案,使档案的鉴定和销毁工作有组织、有监督地进行,档案部门应成立档案鉴定工作领导小组,建立、健全档案鉴定工作制度,从而保证档案鉴定工作的顺利进行。

（一）档案鉴定工作的组织领导

档案鉴定工作必须有组织、有领导地进行,因此,档案部门要成立档案鉴定工作领导小组——鉴定小组或鉴定委员会。该领导小组一般由档案馆馆长、馆内有关业务人员、同级档案行政管理部门的代表组成,也可以临时邀请与被鉴定档案有关的单位负责人(或代表)参加。鉴定小组或鉴定委员会的任务是：(1)指导、监督档案馆(室)的档案鉴定工作；(2)讨论、审查档案销毁清册和准备销毁档案内容的分析报告,必要时还必须直接审查或抽查有关档案；(3)对档案的存毁做出决定,并报请有关领导批准；(4)鉴定工作结束后提出鉴定工作报告。

（二）建立健全档案鉴定工作制度

为了保障档案鉴定工作能够按规范有秩序地进行,档案部门都应建立相应的档案鉴定工作制度。档案鉴定工作制度应包括归档范围、保管期限、销毁制度等。在制定制度之前,档案工作人员应认真、细致地进行调查研究,全面把握适用单位的任务、职能、地位、内部组织机构、业务分工、文书处理方式、各个时期的中心工作及其重大事件等一般情况,以及文件的内容、种类、用途、数量、以往的利用情况等文件的形成情况。档案鉴定工作制度起草后,档案部门还要征求有关部门的意见,甚至在局部范围内试行该制度,并总结经验。档案鉴定工作制度形成定稿后须经发布机关领导人的审查批准,并报送同级档案行政管理机关和上级主管领导机关备案。档案鉴定工作制度发布后,经过若干年的运行,客观环境与人们的主观认识都有所变化,必要时应对其进行修改和完善。

（三）销毁程序与销毁方法

本单位领导人要审查、批准应销毁的档案。因此,档案部门必须填写档案销毁清册,作为日后档案销毁情况的凭据。档案销毁清册的项目包括：(1)序号；(2)案卷或文件题名；(3)年代；(4)目录号；(5)卷号或文号；(6)卷内文件页(件)数；(7)原期限；(8)销毁原因；(9)备注。档案销毁清册除登记准备销毁的档案外,还应标明档案部门的名称、全宗名称和编制日期,并由档案部门的负责人签名盖章。档案销毁清册必须按照全宗分别编制。

为了便于领导人或主管领导机关了解必要的情况,审查、批准档案销毁清册,档案部门在送审档案销毁清册的同时还必须附上一份立档单位和全宗的简要说明,内容包括：(1)立档单位和全宗的历史概况；(2)档案所属年代及其保管期限；(3)销毁档案的数量及其内容(可粗略分类介绍)；(4)鉴定的概况和销毁档案的主要理由等。

（四）监销

档案销毁清册被批准前,准备销毁的档案应单独系统保管,以便审批时检查。档案销毁清册经批准后,需要销毁的档案一般送造纸厂作为原料。档案部门离造纸厂远或被销毁的档案特别机密时,档案部门可以自行焚毁。为了保守党和国家的机密,严禁将应销毁的档案作其他用途,更不准出卖。无论采用什么方法销毁档案,档案部门均应指派2人以上监销。监销人要在档案销毁清册上注明"已销毁"字样和销毁日期并签字。为了防止错毁,对已批准销毁的档案除特殊情况外,一般均应缓期执行,暂时保存一段时间,到适当的时候确认已无利用价值时再行销毁。

五、档案的移交

(一)档案的移交过程

档案的移交有两个过程：一是各级机关、企业事业单位的文件形成部门应将本部门形成的档案移交给本单位的档案室保管；二是各级机关、企业事业单位应将整理好的档案移交给当地综合档案馆保管。

《档案法》第十四条第一款规定："应当归档的材料,按照国家有关规定定期向本单位档案机构或者档案工作人员移交,集中管理,任何个人不得拒绝归档或者据为己有。"各单位的文件形成部门应按照国家的法律规定向本单位的档案室移交档案,移交周期一般是一年一次。

(二)档案移交的范围和方式

1. 档案移交的范围

《档案法实施办法》第十三条的规定："机关、团体、企业事业单位和其他组织,应当按照国家档案局关于档案移交的规定,定期向有关的国家档案馆移交档案。属于中央级和省级、设区的市级国家档案馆接收范围的档案,立档单位应当自档案形成之日起满20年即向有关的国家档案馆移交；属于县级国家档案馆接收范围的档案,立档单位应当自档案形成之日起满10年即向有关的县级国家档案馆移交。经同级档案行政管理部门检查和同意,专业性较强或者需要保密的档案,可以延长向有关档案馆移交的期限；已撤销单位的档案或者由于保管条件恶劣可能导致不安全或者严重损毁的档案,可以提前向有关档案馆移交。"

2. 档案移交的方式

档案移交的方式分为逐年移交和定期移交。逐年移交是指档案室每年将保存期满(10年或15年)的档案向档案馆移交。定期移交是指档案室每隔一定的年限向档案馆移交保存期满的档案。

(三)档案移交的要求

1. 档案齐全、完整

各部门移交到档案室的归档文件或档案应保证齐全、完整。档案室在接收时,应按照本单位制定的《文件材料归档与不归档范围》的有关规定,注意检查归档文件或档案的质量,如检查归档文件的定稿与正本、主件与附件、请示与批复、文件处理单、归档文件的印章、账外文件等是否齐全完整,检查保管期限划分是否准确,所存档案是否反映了本单位的基本历史面貌和主要工作职能等。对于不符合归档要求的,档案室应责成有关部门和人员整改。

2. 档案经过系统的整理

移交到档案馆的档案必须经过整理、鉴定,档案馆不接收未经整理的档案进馆。撤销机关应责成专人清理档案,整理后移交。档案馆应按照接收进馆范围的有关规定检查移交的档案是否齐全完整,保管期限是否划分准确,是否反映了该单位的基本历史面貌和主要职能等。对于不符合进馆要求的档案,档案馆应拒绝接收,并责成有关单位整改。

3. 有档案目录

档案部门移交档案时必须有一式两份的纸质档案目录,已使用档案管理软件的单位还应将计算机数据一并移交,并保证其能正常检索。

4. 其他的检索工具和参考资料齐全

移交档案时,档案部门应将档案室编制的其他检索工具和有助于了解有关该全宗历史的各种参考资料一起移交。

5. 交接手续完备

档案的移交与接收之间一定要有交接手续,按规定编制移交清册,而且交接的双方要签字。档案室应将移交手续归入全宗卷保存,档案馆也应将移交手续放入专卷保管。

实训练习

1. 实训材料

教师事先准备好若干份文件。

2. 实训内容

学生熟悉文件的鉴定标准,掌握文件的鉴定方法。

3. 实训方式

(1)教师将全班学生分成若干个小组,每个小组发10份文件。

(2)每组学生在规定的时间里,按照档案鉴定标准,对10份文件进行价值鉴定,并根据鉴定结果分别标出文件的保管期限。

(3)每个小组派人在课堂上汇报鉴定结果,并说明理由。

4. 教师评判

教师根据每个小组对文件的鉴定情况进行评分,并做出点评。

模块三　科技档案的管理

> 科技档案是在科学技术活动中形成的各种科技文件,是国家档案的重要组成部分,对国家的经济建设和社会发展有着举足轻重的作用。科技档案是生产建设、科学研究等工作的产物,种类繁多,内容丰富,分布广泛,因此,档案工作人员掌握科技档案的管理方法有着重要的现实意义。

知识目标

1. 了解科技档案的定义、内涵和种类。
2. 熟悉科技档案的构成。
3. 掌握科技档案分类的基本理论。

技能目标

1. 能够准确地对科技档案进行分类。
2. 能够完成科技档案的编目。
3. 能够完成科技档案的组卷。

案例导入

按照B公司的要求,每个部门每年都要把上一年的档案交到B公司的档案室集中保存。技术部今年交来的档案中除少量的公司文件外,大部分都是各种技术图纸和技术资料。小赵按照内容、时间将这些技术图纸和技术资料分成几个案卷,老徐看到后赶紧制止了他:"这些档案属于科技档案,不能把它们和文书档案放在一起,它们的整理方法也不一样。"

小赵不好意思地说:"我就说这些图纸和资料有的大、有的小,厚薄也不一样,还真不好装在一起。"

老徐说:"科技档案是档案中非常重要的组成部分,它有很多具体的种类,像我们这样的大公司,基建档案、科研档案、产品档案、设备仪器档案等科技档案每种都不少,这些档案从内容到形式都不相同,每年都要进行专门的整理。"

小赵继续说:"但是,我是学文科的,有些图纸我看都看不明白呢。"

老徐挑选了B公司的几种常见的科技档案,并一一向小赵介绍了它们的类型、特点及整理分类的方法。

小赵听完后非常感慨地说:"想不到科技档案的整理完全是另外一个领域,我原来以为您教我的那几招已经足够了呢,现在看来我得从学会看图纸开始。"

科技档案是科学技术档案的简称,它是国家档案的重要组成部分,是涉及技术类档案的总和,由不同的种类构成。

任务一　认识科技档案

相关知识

一、科技档案的定义

科学技术档案(以下简称科技档案)在不同的时期有不同的定义,其定义方式随着档案理论的发展、档案内容的变化和记录形式的扩展而发生改变,在学术上有多种不同的阐述。而在国家的档案法规、标准中,科技档案先后有过四种不同的表述,分别载于《科学技术档案工作条例》和《科学技术档案案卷构成的一般要求》(GB/T 11822—2008)中。

（一）第一次定义

1980年12月9日国务院批准,12月27日国家经济委员会、国家基本建设委员会、国家科学技术委员会、国家档案局发布的《科学技术档案工作条例》第二条规定:"科技档案是指在自然科学研究、生产技术、基本建设等活动中形成的应当归档保存的图纸、图表、文字材料、计算材料、照片、影片、录像、录音带等科技文件材料。"

从以上的定义我们可以得出"科技档案是科技文件材料"的结论,体现了科技档案与科技文件材料的必然联系和相互转化的关系。

科技文件材料是记录和反映科技活动的文字、图表、声像等技术文件的总称,是在科技活动中按照一定的程序和要求直接形成的具有特定体式的、现行的原始记录。科技文件材料具有以下五个方面的特征:

(1) 科技文件材料是以文字、数字、线条、符号、声像、电磁信号等形式表达的一种工具。

(2) 科技文件材料是在科研、生产、建设等科技活动过程中形成的真实记录,是人们的科技思想和科技活动的真实反映。

(3) 科技文件材料是在科技活动中正在形成和使用的、尚未归档的文件材料。

(4) 科技文件材料是图样材料、文字材料、表格计算材料、技术照片、缩微胶片、计算机数据、录音录像等特殊载体材料的综合性统称。

(5) 科技文件材料基本是按照国家的专业技术标准、规范编制、制作而形成的。

（二）第二次定义

1989年,在国家档案局颁布的《科学技术档案案卷构成的一般要求》(GB/T 11822—89)中,科技档案是指在科学技术活动中直接形成的应当归档并具有保存价值的文字、图表、声像等不同形式的历史记录。

（三）第三次定义

2000年,国家档案局对《科学技术档案案卷构成的一般要求》(GB/T 11822—89)进行了第一次修订,发布了《科学技术档案案卷构成的一般要求》(GB/T 11822—2000)。新修订的标准中对科技档案的定义修改为:企事业单位和国家机构、社会组织及个人从事生产、科研、基建及管理活动形成的对国家和社会具有保存价值的应当归档保存的科技文件材料。

（四）第四次定义

2008年,国家档案局对《科学技术档案案卷构成的一般要求》(GB/T 11822—2000)进行了第二次修订,发布了《科学技术档案案卷构成的一般要求》(GB/T 11822—2008)。新标准中对科技档案的定义阐述为:国家机构、社会组织以及个人从事各项社会活动形成的,对国家、社会、本单位和个人具有保存价值的,应当归档保存的科技文件。

这四次定义是对科技档案在不同阶段的认识上的阐述,各有突出的重点:第二次定义重点明确科技档案产生的领域为科学技术活动领域;第三次定义重点明确了科技档案产生的主体,同时将科技活动中形成的管理性文件列为科技档案;第四次定义进一步对科技档案产生的主体进行了调整。这些都是随着档案工作理论的逐步发展、成熟,对科技档案研究和认识的逐步深入以及实际情况的改变而进行的调整。但是,无论文字上如何表述,科技档案的产生都离不开科技活动。

二、科技档案的内涵

科技档案的定义揭示了科技档案产生的领域、来源、分布范围等方面的内涵。

(一) 科技档案产生的领域

科技档案是在记述和反映人们的科技活动中形成的档案,主要是在科研、生产、建设等活动中产生的,这是科技档案的主要特征。这一定义同时也指明了科技档案产生的领域、内容和来源,表明了科技档案与其他档案的区别。

科技档案主要产生于工厂、矿山、设计院、科研院所、高等学校及地质、测绘、水文、气象、航天等部门;工业、交通、能源、建设和军事主管机关产生数量较多的科技档案;农业方面产生农业科技档案。总而言之,凡是有科技活动的地方就会产生科技档案;部分机关、企业事业单位有少量的基建、设备等科技档案。

(二) 科技档案的来源

从图 3-1 中我们可以看出,科技档案主要来源于三个部分,即科技文件材料、文书文件材料和科技资料。

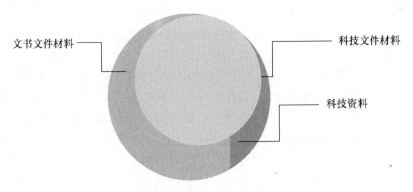

图 3-1 科技档案的来源

1. 科技档案主要来源于科技文件材料的归档

当一项科技活动结束后,其形成的科技文件材料就必须交由单位档案机构管理,这样就存在档案移交归档这个工作,也是科技文件材料向科技档案转化的环节。在这个环节中,科技业务部门对科技文件材料要进行鉴别、挑选,将不具备保存价值的或者多余的部分剔除,将能够全面、系统、真实地反映事物本质的部分保留下来,转化为科技档案。科技文件材料通过归档这个环节实现了向科技档案的转化。

科技文件材料和科技档案既有联系又有区别。两者的联系在于：科技文件材料和科技档案的基本内容相同；科技文件材料是构成科技档案的基本要素，科技档案是科技文件材料的归宿。两者的区别在于：科技文件材料和科技档案的外延不同；科技档案是由具有保存价值的、应该归档保存的那部分科技文件材料转化而来的，且科技档案并不完全由科技文件材料构成。

2. 科技档案部分来源于具有文书性质的文件材料归档

此处具有文书性质的文件材料特指由政府主管部门制发的，与科技活动密切相关的各种"红头"文件。这些"红头"文件以政府公文的形式出现，在文件形成机关，这些文件归入单位的文书档案，但由于这些文件中有一部分属于政府对科技项目活动的批准文件，是科技项目合法活动的重要依据性材料，与项目档案密不可分，因此这部分具有文书性质的文件材料也成为科技档案的重要组成部分。

正确地划分文书档案与科技档案的归属是检验一个单位的档案业务基础工作是否符合国家标准的重要尺度，对于开展档案管理规范化建设具有重要意义。正确地划分文书档案与科技档案，可以科学地解决一个单位各项活动所形成的档案的归属问题，可以明确哪些文件材料应该归入科技档案，哪些文件材料应该归入文书档案，便于系统地保管和查找利用。

3. 科技档案少量来源于科技资料的转化

科技档案的主要部分是由科技活动自身产生的，由直接记述和反映科技活动（科研、生产、基建）的材料转化。但是，在科技活动中，少量的技术资料往往可以借鉴一些成熟的、具有标准化性质的科技资料，这些科技资料有可能是为了某项科技活动参考的目的而收集或购买的，虽然它不是由科技活动自身产生的，不直接记述和反映本单位科技活动的状况，但却有可能被借鉴、采纳而最终成为某项科技活动的一个组成部分，因此这部分科技资料就转化为科技档案。

有可能转化为科技档案的科技资料如下：

（1）地质、水文、气象等科技资料。

地质、水文、气象等科技资料是基本建设和某些科研的重要参考资料。在基本建设和特定的科研活动中，需要借鉴、参考特定地区相关的地质、水文、气象等科技资料，而这些科技资料通常保存在某些专业部门，需要通过购买的方式获得。由于这些科技资料与科技活动密切相关，故应纳入科技档案管理，而非作为科技资料管理。如工程项目中的基建档案，在进行基建活动的前期，建设单位需了解地形、地貌、地质（或者水文地质、气象、地震）情况而向有关部门购买了这方面的资料，在工程完工后，这部分资料应作为该工程基建档案的一个重要部分而归档。

（2）外购设备的随机文件。

这些科技资料是设备安装、使用、维修、管理的依据，应列为本单位的科技档案（设备档案），而非设备资料，否则容易造成设备档案的丢失。

（三）科技档案的分布范围

科技档案主要分布于企业、科技事业单位，这些单位的档案以科技档案为主，但文书档案和其他类别的档案也较多。对于文书档案，由于企业、科技事业单位的情况复杂，类型较多，规模大小不同，因此，企业"文书档案"又有不同的称呼。对于国有大型工矿等生产型企业，国家档案局在《工业企业档案分类试行规则》（以下简称《分类规则》）中将工业企业的文书档案分成党群工作、行政管理、经营管理和生产技术管理四个类别,不再出现"文书档案"的概念。而非生产型企业(或小型企业)和科技事业单位的档案一般合并称为"企业管理类"档案。

党政机关、文化事业单位的档案虽然以文书档案为主,但也会形成基建档案、设备档案等科技档案的类别。

三、如何区分科技档案和文书档案

在习惯上,人们一般将文书档案和科技档案并列相称,但实质上它们是有较大的区别的。文书档案既是档案范畴中的一大门类,又具有特指性质和实质的内涵;科技档案则是一种概念,不具有特指性质,而是由反映技术方面的不同种类的档案组合而成。理解它们之间的差异,有利于各具体单位的档案工作人员更好地把握单位档案的实体分类。档案工作人员在编制本单位的档案分类大纲和编号方案时,文书档案应与科技档案中的实际类别排列在同一个层次上,如文书档案、基建档案、产品档案等。

区分科技档案和文书档案是一个单位在档案整理过程中经常会遇到的业务问题。按照《科学技术档案案卷构成的一般要求》(GB/T 11822—2008),科技档案必须遵循成套性原则,做到齐全、完整、准确、系统。因此,档案工作人员准确地划分文件材料的归属成为一个重要的业务规范问题。档案工作人员一般可以从两个方面来判断文件材料的归属,准确划分科技档案和文书档案。

(一) 从文件材料的内容方面判断

科技档案和文书档案的不同主要体现在内容上,因此,档案工作人员首先要分析、研究文件材料的内容。档案工作人员应重点掌握以政府或者政府部门"红头文件"形式出现的某些文件的归属问题。

一般情况下,政府或者政府部门以"文号"形式形成的文件,在文件形成部门应归入文书档案。而在特殊情况下,某些"红头文件"与科技活动有关,则不能将其归入文书档案,而应归入科技档案。下列情况应作为科技档案管理:

(1) 以文件形式下发的科研课题计划任务书,作为课题的依据性文件;课题成果申报获奖批准书,应归入科技档案中的科研档案类,与课题研究过程中形成的其他文件材料一起立卷归档。

(2) 以文件形式下发的有关基建活动的文件,作为基建项目的依据性文件,应归入科技档案中的基建档案类(这类文件主要有工程项目的立项报告、各级政府的批准文件或有关主管部门的批准文件);有关该项目的基建经费的下拨计划;环保、消防、卫生、审计、统计等部门关于该项目的审批或者验收文件等,应与该项目形成的其他文件材料一起立卷归档,而不能划归文书档案。

(3) 设备引进的申报和批准文件,应归入科技档案中的设备档案类。

(4) 与产品开发、研究、申报等有关的批准文件和获奖文件等,应归入科技档案中的产品档案类。

(二) 根据单位性质具体区分

一般来说,党政机关产生的主要是文书档案,科技档案的数量不多。若有形成的,只有少量的基建档案和设备档案。若形成的基建档案的数量非常少,则可以按照成套性的要求整理后,归入文书档案管理;若基建档案的数量较多,则可以设置"基建档案"专门类别来管理,且某些与基建项目有关的文书材料同时归入基建档案。

以科研、生产、建设为主营业务的企业事业单位产生的主要是科技文件。因此,本单位的科研、生产、建设和业务管理工作中形成的文件材料,包括上级机关下达和本单位上报的科研、生产、建设的计划、批复、办法及本单位其他管理性文件等,均作为本单位的科技档案保存。

对于企业事业单位而言,技术性机构的文件材料技术性较强,可以侧重归入科技档案,某些不易区分的文件材料一般可以划为科技档案。

以商贸、旅游、服务为主营业务的企业,可以参照机关档案种类的设置和文件材料的归类方法来准确划分本单位产生的文件材料的归属。

四、科技档案的种类

科技档案是一个总体概念,从不同的角度可以分为不同的种类。从科技档案的概念外延扩展的角度,它又可以细分为多种实体档案种类。

(一) 原始型科技档案、传统型科技档案和现代型科技档案

按载体形式,科技档案可以分为原始型科技档案、传统型科技档案和现代型科技档案。

1. 原始型科技档案

在纸张发明之前存在的,以龟甲、兽皮、石头、青铜、泥板、竹木、缣帛等为记录载体材料,其中涉及科技方面的内容,可以称为原始型科技档案。但这类档案现今可见的微乎其微。

2. 传统型科技档案

以纸张为记录载体材料的科技档案一般称为传统型科技档案,也称纸质科技档案。这类科技档案的数量庞大,占绝对优势。

3. 现代型科技档案

与传统型科技档案相比而言,以感光材料、磁性材料等新型材料为记录载体材料的科技档案称为现代型科技档案。这种科技档案将大幅度增加。

(二) 科学技术研究档案、工业生产技术档案、农业生产技术档案、基本建设档案、设备仪器档案和专门技术档案

按内容性质划分,科技档案可以分为科学技术研究档案、工业生产技术档案、农业生产技术档案、基本建设档案、设备仪器档案和专门技术档案等。但是,在实际工作中,科技档案常见的类别有四种,类别名称分别设置为科研档案、产品档案、基建档案、设备仪器档案。

1. 科研档案

科学技术研究档案简称科研档案,是指在科学技术研究过程和科研管理工作中形成的档案。它是在自然科学技术研究活动中形成的,按其性质一般划分为基础科学研究、技术科学研究和应用科学研究三种类型。无论哪一种类型的科研活动,都要经过研究准备阶段、研究试验阶段、总结鉴定验收阶段和推广应用阶段。一些高水平的研究课题还可以申报成果奖励。

2. 产品档案

产品档案是指在产品设计、研制和制造活动中形成的档案。工业产品的开发程序一般

分为调查计划阶段、先行开发阶段、设计研制阶段、生产准备阶段和正式生产阶段五个阶段。此外还有产品获奖阶段。

3. 基建档案

基本建设档案简称基建档案，是指在各种建筑物、构筑物、地上地下管线等建设项目的勘察、设计、施工、管理和维护活动中形成的档案。其具体指建设项目从酝酿、决策到建成投产（使用）的全过程中形成的、应当归档保存的文件材料，包括基本建设项目的提出、调研、可行性研究、评估、决策、计划、勘测、设计、施工、调试、生产准备、竣工、试生产（使用）等工作活动中形成的文字材料、图纸、计算材料、声像材料等形式与载体的文件材料。

4. 设备仪器档案

设备仪器档案是指在固定资产购置、验收及其管理活动中形成的档案。设备按其构造和使用形式分为两种：一种是同土建工程连在一起的设备，其档案列入基建档案；另一种是可以移动的机动设备和仪器仪表，其档案列入设备仪器档案。

(三) 气象档案、天文档案、水文档案、地质档案、测绘档案、地震档案、环保档案和医疗卫生档案

按所属领域，科技档案可以分为气象档案、天文档案、水文档案、地质档案、测绘档案、地震档案、环保档案和医疗卫生档案。

1. 气象档案

气象档案是指在气象观测、气象预报和气象业务技术管理活动中形成的档案。它主要产生于各级气象管理和技术部门。

气象档案主要有气象记录档案、气象业务技术和服务档案、气象业务技术管理档案等。气象档案是我国现有科技档案中规范化程度较高的档案种类，不仅完整性、准确性程度较高，而且各种文件材料的用纸、规格、式样和内容标准化的程度也高。

2. 天文档案

天文档案是指在天文观测、研究活动中形成的档案。它主要产生于各级天文台、观测站。

天文档案包括三个部分的内容：一是天文观测活动中形成的各种原始记录、图表和照片，二是根据原始记录综合分析整理的各种报表和预测，三是观测规范和仪器设备的常数记载材料。

3. 水文档案

水文档案是指在水文观测、预报活动中形成的档案。它主要产生于江河湖泊、海洋水文观测站等。

水文档案包括水文观测、水情预报、水文计算、水质分析等种类，其主要内容包括观测记录、水文采样记录和分析原始材料、水文报表、水文图样等。

4. 地质档案

地质档案是指在地质工作活动中形成的档案，主要是相关的地质部门在地质调查、地质勘探等活动中形成的记录和成果。它主要产生于各种地质调查、矿产资源勘探、工程建设等企业事业单位。

由于涉及地质专业工作的科技活动很多,因此地质档案的内容相对复杂,按其专业性质划分,包括地质调查和普查、矿产地质、工程地质、水文地质等档案种类。地质档案主要包括各种有关文件材料的底图、底稿、原图、调查勘探原始记录材料,以及中间成果和最终成果材料等。

5. 测绘档案

测绘档案是指在大地测量和地图绘制活动中形成的档案。测绘档案也比较复杂,按不同的使用性质划分,测绘档案分为基本测绘、专业测绘、特种测绘等档案种类。测绘档案的内容主要包括各种照片、原始记录、地图、地形图、线路图、成果表、计算书、技术总结等。在航拍测绘中还形成了摄影底片、鉴定表、索引图。

6. 地震档案

地震档案是指在地震监测、地震分析研究和地震预报活动中形成的档案。它主要产生于地震部门。地震档案包括地震监测和地震分析预报两种档案,其内容主要包括地震地质、基础探测、地壳形变、前兆裂变、监视预报等记录、图表、计算材料和文字报告等。

7. 环保档案

环保档案是环境保护档案的简称,是指在环境管理、环境监测活动中形成的档案。它主要产生于环境保护专业部门和工矿企业。环保档案包括环境管理、环境监测等档案种类,主要内容有各种管理性文件材料、环境污染调查材料、化验分析材料、治理污染材料、环境监测材料和环境评价材料等。

8. 医疗卫生档案

医疗卫生档案是指在各种疫病预防、治疗、护理和卫生监督活动中形成的档案。它的内容主要包括各种病案、临床经验总结、护理技术总结、流行病的调查与防治,以及在卫生监督活动中形成的各种原始记录、照片、报告等。

五、科技档案的特点

科技档案与科技文件具有共同的特点,即专业技术性、多样性、通用性、标准性、成套性等。

专业技术性、多样性、通用性、标准性特点主要体现在形成方面。由于科技档案绝大部分由科技文件归档而来,而科技文件基本是由技术部门按国家相关标准编制而成,自有其规范性要求,因而档案工作人员只需了解即可。

成套性特点既是科技档案形成的要求,同时也是档案部门管理科技档案的重要依据,需要档案工作人员重点掌握。

科技档案的成套性是指围绕一项独立的科技活动所形成的一整套科技档案是一个具有内在联系的、密不可分的整体,这个整体就是一套科技文件。科技活动通常是以一个独立的项目或某一特有的现象为对象进行的,如一个科研课题的研究、一项基建工程的建设、一种型号产品的研制和生产、一台设备的管理和使用等。伴随着一项独立的科技活动,必然会形成相关的文件材料,这些文件材料就构成了该项科技活动的材料整体。从形成到以后的管理、使用,这些文件材料都必须集中在一起,不能分散存放,否则将会影响管理和使用的效果。

成套性特点集中体现在科技档案的形成和内容构成两个方面,对于科技档案的实体管理起着重要的理论指导作用。如归档的完整率、科技档案的分类整理、移交或进馆及鉴定、保管、统计和开发利用,档案工作人员都需要考虑科技档案的成套性特点。

实训练习

1. 实训材料

教师提前准备好 40 份文件材料,这些文件材料包括党政机关公文 10 份、政府年度投资项目表 1 份;项目可行性研究报告 1 份、建设项目招投标书 1 份、征地红线图 1 张、项目建设图纸 10 张;产品工艺文件 2 份、产品使用说明书 1 份、产品图纸 1 套;设备操作手册 1 本、设备装箱单 2 张;科研项目申请书 1 份、科研项目研究报告 1 份;企业财务管理文件 2 份、企业内部管理制度汇编 1 本、企业员工名册 1 本、企业合同文本 2 份、企业领导任命书 1 份。

2. 实训内容

学生判断这些文件材料的归属。在本实训中,学生主要根据科技档案的定义和特点,将这些文件材料划分为科技档案和非科技档案。

3. 实训方式

教师将全班学生分成 4 个小组,由小组成员共同对这 40 份文件材料进行分析,得出最后的结果。4 个小组分析的结果全部交给教师。

4. 教师评判

教师针对 4 个小组的结果进行评判,并对存在的问题进行讲解。

任务二 科技档案的收集

相关知识

一、科技档案收集工作

科技档案的收集是指单位档案机构和科技专业档案馆按照一定的原则和规范,通过接收、征集等方式,将分散保存的科技文件和科技档案分别集中起来,实现集中统一管理的一项业务活动。

(一) 科技档案收集工作的内容

科技档案收集工作包括单位档案机构的收集工作和科技专业档案馆的收集工作,本书重点介绍单位档案室的收集工作,具体包括以下两项工作:

(1) 单位档案机构依据归档制度的规定,接收单位内部的科技业务部门形成的科技文件的归档。从相对应的角度来讲,就是单位内部的科技业务部门按照归档制度的要求将科技文件向单位档案机构移交。当一项科技活动结束或告一段落后,科技业务部门和有关科技人员按照工作程序和归档制度的规定,对科技文件进行系统整理后,向单位档案机构或档案工作人员移交归档。这是在正常情况下收集工作的收集形式和主要方法。

(2) 单位档案机构对漏归或者散存在科技人员个人手中的档案采取一定的方法进行收集。企业事业单位常常有零散的科技文件形成,这些零散的科技文件都具有保存价值,通过正常渠道无法收集,所以单位档案机构要随时收集这些零散形成的科技文件。

（二）归档与进馆的区别

归档是科技业务部门、生产部门向本单位档案机构移交科技文件（如果本来就是由档案机构承担科技文件积累和整理的单位,无须经过归档的阶段）。单位档案机构的收集工作主要是通过接收科技文件的归档来实现的。归档转变了科技文件的性质,使科技文件转变为科技档案。

进馆则是按行政区划和专业性质由科技档案的形成单位向各级、各类科技专业档案馆移交科技档案。如项目建设档案,建设单位在项目完工后需向项目所在地城市建设档案馆移交竣工档案。科技专业档案馆的收集工作是按照进馆制度,接收有关单位移交来的科技档案来实现的。进馆改变了科技档案的使用性质,使科技档案由主要为形成单位服务转变为为社会各界服务。

二、科技文件的归档

收集工作是一项由文件管理转入档案管理的承前启后的工作。科技档案主要来源于科技文件的归档,科技文件经过科技业务部门的收集、积累和初步整理后,按照一定的制度和要求,向单位档案机构移交归档,集中保存。因此,科技文件的归档既是单位档案机构需要重点把握的工作,也是科技档案管理的开端。科技文件的归档是在科技业务部门与档案部门之间进行的。

科技文件的归档必须严格遵章执行,而非随意地移交。随意地移交有可能导致出现归档材料不全,档案质量不高,归档部门责任不强、责任不明等现象。在现实工作中,由于归档环节把握不严而出现的问题不胜枚举,应引起基层档案部门的高度关注。

科技文件的归档是以归档制度为依据进行的,即单位档案机构依照归档制度接收科技文件归档。科技文件的归档制度是科技管理和科技档案管理的基本制度之一,其内容包括归档范围、归档时间、归档份数、归档要求和归档手续。

（一）归档范围

归档范围的作用是确定哪些科技文件应该归档。一般来说,每个行业、每个部门、每个企业在档案管理中都会制定归档范围,它是归档制度的主体和重要部分。各单位在制定本单位的归档范围时要注意以下三个方面：

（1）要掌握本单位的基本职能活动,将本单位基本职能活动中形成的科技文件作为归档范围的主体。

（2）要研究和分析本单位科技活动的范围,掌握本单位在科技活动中形成的科技文件的种类和成分,确定在归档范围中应当包括哪些方面的科技文件。

（3）正确划清科技文件与文书材料、科技资料的界限,以保证归档材料内容体系的完整性,不要把应当归档的科技文件归入文书材料、科技资料中。

归档范围与保管期限表是一个共同体,单位档案机构在编制归档范围的同时,应标明每种归档文件的保管期限。科技档案常见类型归档范围和保管期限表参见附录。

（二）归档时间

归档时间是指科技业务部门向单位档案机构移交科技文件的时间。

由于各行业、各部门的规定不同,所以科技文件的具体归档时间也不可能完全一样。正确的归档时间对加强科技文件的保护和维持科技业务部门的正常秩序有实际意义；归档时间过迟,科技文件长期散失在科技业务部门或个人的手中,容易散失、损毁,增加档案部门收集的难度；归档时间定得太早,会影响科技业务部门或人员的使用。因此,在实际工作中各单位可以采取随时归档和定期归档两种方式,具体情况具体执行。

1. 归档时间一般性指导原则

(1) 科技活动结束后归档。

一般来说,形成周期不太长的科研、生产、建设活动的科技文件适宜采用这种方式归档。例如,对于专业技术会议的文件材料,会议组织单位应在会议结束后及时整理归档。

(2) 按形成阶段归档。

周期过长的科技活动,其科技文件可以按形成阶段归档。例如,产品设计文件材料应在产品定型鉴定后及时整理归档,工艺文件材料应在正式投产后归档。

(3) 按项目的子项完成时间归档。

大型的设计项目、工程项目或研制项目(课题),不仅设计、施工、研制的周期较长,而且每个项目都由若干个子项、单项工程或若干个专题组成。这些"子项"作为整个工程或课题的组成部分,不仅相对独立,而且在进展上常常不平衡。为了保证工作的正常进行和科技档案的完整、系统,项目建设单位在一个子项或一个单项工程、一个专题结束后即可归档,待工程竣工后再全面整理归档。

(4) 按年度归档。

① 活动周期较长且按年度界限归档更合适的科技项目的文件材料,可以按年度归档,如农、林、牧、渔业等。

② 对某些自然现象的观测、观察活动中形成的科技文件,可以按年度归档,如气象观测、水文等活动。

③ 那些作为科技档案归档保存的管理性文件材料,可以按年度归档,如基建项目的批准文件等。

(5) 随时归档。

① 科技文件的复制部门同档案部门合一的单位,科技文件可以随时设计、随时归档、随时复制并发放。

② 机密性较强的科技文件,可以随时产生,随时归档。

③ 外来材料,如设备开箱随机文件,可以随时归档,然后再提供利用。

2. 按对应的科技档案种类具体实施归档时间

各单位对于常见的科技文件,可以按其转化后相对应的科技档案种类具体确定归档时间。

(1) 基建工程科技文件(归档后转化为基建档案)：由于基建工程的规模有大有小,因此,各单位可以根据工程规模的大小决定归档时间。规模大、周期长、子项工程多的,按子项工程完工时间归档,若干子项工程都完成归档后,则此项目归档工作全面完成；规模小或是单项工程,可以采用项目完工一次性归档(如一栋办公楼、一条道路或一座大桥、一个码头、一段堤坝等)；基建工程的设计文件、依据性文件和基础性文件,可以一次性归档。

(2) 工业产品、工艺等科技文件：在产品定型正式投产后归档,也可以分阶段归档。

(3) 设备、仪器方面的科技文件：随机文件在开箱后立即归档；设备、仪器安装调试材料在正常运行后归档。

(4) 科研课题的科技文件：在课题结束、成果鉴定后归档，研究周期长的可以按阶段归档。

(5) 设计、变更、修改、补充或设备维修的科技文件：随时归档。

(三) 归档份数

各单位在确定科技文件的归档份数时，应注意以下情况：

(1) 满足日常查找、利用的需要。

(2) 满足保护档案原件的需要。

(3) 满足报送专业档案馆的需要。

确定科技文件的归档份数应掌握以下四个原则：

(1) 一般情况下，科技文件归档一份，重要的或者使用频繁的可以增加归档的份数，专供日常借阅使用。如有多余的份数，可以由项目建设单位作为资料存查备用。

(2) 科研、产品档案，重要的、需永久保存的科技文件，归档两份。

(3) 设备档案，包括随机文件、安装调试文件材料，归档一份。

(4) 基建档案，归档两份以上，一份自存备用，另一份根据城市建设档案管理的有关规定移交城建档案馆保存。

(四) 归档要求

归档要求主要是指科技文件归档的质量要求。凡属于归档范围内的科技文件在移交归档前应符合下列要求：

(1) 归档的科技文件符合系统性、成套性的要求，必须收集齐全、完整。

(2) 归档的科技文件内在质量要高，文件材料的线条、字迹清晰，纸质优良，签署完毕，书写材料达到长久保存的要求，不能用铅笔、普通圆珠笔和复写纸书写；通过打印机输出文档的，必须使用经国家权威部门检测的耐久的打印耗材（耐久性墨水和碳粉）打印归档文件。

(3) 归档的科技文件应由归档单位技术负责人或主管领导审核签字。

(4) 几个单位协作完成的科技项目，主办单位应保存一套完整的科技档案，协作单位保存自己承担任务部分的科技档案，并将复制本送主办单位保存。

(5) 归档科技文件应经过系统整理和编目，材料分类科学，封面填写清楚，标题确切，文件材料排列有规律。

(五) 归档手续

科技文件归档时，必须履行交接手续，其内容包括以下两个方面：

(1) 归档部门对归档材料的基本情况要做简要说明，编制归档说明书。

(2) 必须办理必要的交接手续。归档的科技文件，必须编制移交目录或清单一式两份，移交时按清单清点交接清楚，交接双方签字，各存一份，以备查考。

三、档案室科技档案收集工作

一个单位的档案机构一般以档案室居多，以其他档案机构为名称的极少。因此，一个单位具体的档案工作以单位的档案室为依托来开展。科技文件归档的主体是科技业务部门，但为了保证文件材料的质量，单位的档案室应主导归档工作，加强对归档工作的监管。监管的方式体现在以下的收集措施上。

（一）对科技业务部门的指导与监督

单位的档案室应指导科技业务部门建立、健全科技文件归档制度，并对归档制度执行情况进行严格的监督、检查，把归档工作落实到人，明确部门归档责任制。

（二）抓住科技、生产、建设程序中的关键环节和关键阶段开展收集工作

（1）对于科研档案的收集，应抓住课题年度总结、成果鉴定阶段。

（2）对于机械产品档案的收集，应抓住样机鉴定和定型鉴定两个环节。

（3）对于工程设计档案的收集，应抓住初步设计完成和设计结束阶段。

（4）对于基建档案的收集，应抓住竣工验收阶段。

（5）对于设备档案，与工程连在一起的设备档案的收集应抓住竣工验收阶段；自制设备档案的收集则应按照机械产品档案方法收集。

（6）对于外购设备档案的收集，应抓住开箱验收和安装调试阶段。

（三）做好收集工作的"五个结合"

收集工作的"五个结合"即：（1）收集工作与一项科技活动的计划管理相结合；（2）接收科技文件归档与现场收集相结合；（3）随时收集与集中收集相结合；（4）对内收集与对外收集相结合；（5）对集体收集与对个人收集相结合。

（四）收集工作中的注意事项

（1）对于协作项目的科技文件，项目主持单位应主动抓好收集工作。

（2）抓住归档制度建立前的科技文件收集。由于这一阶段归档制度不健全，故前期形成的一些文件材料会分散保存在业务部门或个人的手中，如筹建处等。

（3）抓住企业事业单位机构调整、任务变动、科技人员变更或调动时做好收集工作。

四、科技专业档案馆的收集工作

科技专业档案馆的收集工作是指科技专业档案馆根据档案进馆范围，接收企业事业单位移交的科技档案。这项工作是在科技档案形成单位与科技专业档案馆之间进行的。

目前，我国档案馆的设置有四种类型，即国家综合性档案馆、专业档案馆、部门档案馆和企业事业单位档案馆。其中，后三种具有科技专业档案馆的性质。例如，城市建设档案馆，地质、水文、测绘档案馆等为专业档案馆；房地产档案馆为部门档案馆；此外还有大型企业设置的企业档案馆，企业设立企业档案馆必须报当地档案主管部门备案。

地方各级综合档案馆除收集、接收机关、事业单位的文书档案外，还接收本行政区域内的重大建设项目等科技档案以及撤销单位的科技档案。

部门档案馆和企业事业单位档案馆分别收集、接收本部门和本单位形成的科技档案。

实训练习

1. 实训材料

教师准备某企业的《×××公司文件材料归档范围和保管期限表》，并将其中的保管期限去掉。

2. 实训内容

学生熟悉《×××公司文件材料归档范围和保管期限表》的编制格式，重点训练划分文

件材料的保管期限。

3. 实训方式

教师将全班学生分成 4 个小组,每个小组的成员共同分析文件材料的保管期限,针对《×××公司文件材料归档范围和保管期限表》中列出的文件材料划定保管期限。4 个小组分析的结果全部交给教师。

4. 教师评判

由教师针对 4 个小组的分析结果进行评判,并对存在的问题进行讲解。

任务三　科技档案的整理

相关知识

一、科技档案整理工作的含义

科技档案的整理工作是指单位档案室按照一定的原则和方法,遵循国家档案业务标准,对科技档案进行系统整理和科学编目,按一定的分类集中、排列组成案卷,以便更好地保管科技档案。

档案整理是档案工作规范化建设最基础、最重要的业务环节,是各单位日常档案管理最主要的业务工作内容。整理工作必须严格遵循国家有关档案业务的标准、规范进行,无论是文书档案,还是科技档案或其他专业类型档案,档案工作人员务必按照国家和行业部门的标准、规范进行整理,这是必须坚持的原则。

(一)科技档案整理工作的内容

科技档案的整理工作包括两个方面的内容:科技档案的系统整理和科学编目。

1. 系统整理

系统整理是指档案工作人员对科技档案分门别类,有秩序地进行排列,使之条理化和系统化,从而反映科技档案的内在联系。系统整理的具体工作内容是分类、组卷、编号、排列。

2. 科学编目

科学编目是指档案工作人员通过一定的形式,按照一定的要求,正确固定科技档案系统整理成果。科学编目的具体内容是编制科技档案目录。

(二)科技档案整理工作的原则

科技档案整理工作的原则是遵循科技档案的自然形成规律,保持科技文件之间的有机联系,充分利用原有整理基础,便于科技档案的保管和利用。

科技档案整理工作的原则在科技档案整理过程中有很大的指导意义。从内容来看,在整理过程中,档案工作人员要遵循科技档案的自然形成规律,保持科技文件之间的有机联系,即根据其成套性特点保持成套完整。例如,一项基建工程应从立项、设计、施工、竣工使用等成套;一个课题应从选题到实验、鉴定、推广等成套。任何人为地把一组自然形成的成套的档案材料分散打乱后再任意拼凑的方法都是不科学的,也是不符合规范要求的。

考虑原有的整理基础,不是全部打乱原来的整理基础进行重新整理,而是尽量利用原来的整理基础来整理,从而减少工作量,提高管理效率。

从科技档案形成和运动的全过程来说,整理工作通过以下两个阶段来完成:

第一个阶段是在科技文件归档前,由科技文件的形成者在本单位档案部门的指导下所进行的整理。其主要内容是对归档文件材料的鉴别,将文件材料组成案卷,并对案卷进行基本的编目工作。

第二个阶段是在科技文件归档后,由科技档案部门(或本单位的档案室)独立进行的整理。其主要内容包括对已归档的科技档案案卷进行科学的分类、排列和编制科技档号。

二、科技档案整理工作的步骤

科技档案整理工作按照程序进行,可以获得事半功倍的效果。整理工作的开展必须在本单位编制了科学的、切合本单位实际的"档案分类大纲及编号方案"的前提下方可进行。因此,在整理工作开始之前,各单位必须完成本单位的"档案分类大纲及编号方案"。整理工作的一般步骤如下。

(一) 编制"档案分类大纲及编号方案"

"档案分类大纲和编号方案"要明确本单位档案的类别,包括大类(一级类目)、属类(二级类目、三级类目)及其相互之间的关系,绘出"档案分类大纲"图表。同时,大纲中应包含本单位所有档案的类别,包括文书档案、科技档案的基本类别及会计档案等各类档案。

(二) 区分档案的类别归属

按照本单位档案的归档范围,档案工作人员首先将档案分门别类地归入对应的大类;然后再将一个大类内的档案,遵循成套性的要求,按照项目(课题、基建项目、产品型号或种类、设备型号等)相对集中。

(三) 鉴别

档案工作人员对收集、积累的每一类别的文件材料按照归档范围进行鉴别,剔除不属于归档范围的文件以及重份文件。

(四) 对需归档保存的文件材料进行组卷

组卷的内容包括:(1)将零散文件组成独立案卷;(2)进行卷内文件材料排列;(3)编写页码;(4)编制卷内目录;(5)填写案卷的封面、封底。

(五) 编制科技档号

档案工作人员根据"档案分类大纲及编号方案"的规定,编制科技档号,并填写在封面的"档号"空格处。

(六) 案卷装订

档案工作人员按要求装订案卷,保护文件不受损坏和便于保管。科技档案案卷的装订要求与文书档案案卷的装订相同。

(七) 编制科技档案目录

科技档案目录是根据类别进行编制的,每一类科技档案编制一种目录——分类目录。

(八) 装盒

档案工作人员组卷完毕后需装入符合国家标准的科技档案盒。以一盒为一个案卷的

(如图纸卷),需在盒内放入卷内目录,填写档案盒的封面和背脊相关内容;一个盒内放入若干个案卷的,档案盒起包装作用,可以不填写档案盒的封面,但需填写背脊相关内容。

三、科技档案的分类

(一)科技档案的分类理论

1. 科技档案分类的含义

分类,就是人们根据对象的共同点和差异点将对象区分为不同种类的逻辑方法。分类的方法是比较,根据共同点将对象分成较大的类,再根据差异点把对象划分为较小的类,从而把对象区分为具有一定从属关系的不同等级的系统。

科技档案的分类,就是档案工作人员根据科技档案的性质、内容、特点和相互之间的联系,把科技档案划分成一定的类别,从而使全部科技档案成为一个具有一定从属关系(纵向)和平行关系(横向)的不同等级的系统。

科技档案的分类,是科技档案整理的第一步,是科技档案整理的核心内容。分类是否科学,既决定着科技档案整理的质量,也影响着科技档案的保管、鉴定、统计和利用工作。因此,科技档案的分类必须慎重进行。

2. 科技档案分类的基本要求

(1)科技档案的分类要符合档案形成专业和形成单位科技活动的性质特点。

专业不同、单位的类型不同,形成的科技档案种类、内容构成也不尽相同。例如,机械、化工、纺织、冶金等系统形成的科技档案差别较大;一个专业系统内部不同类型的单位之间,因为分工不同、科技活动不同,档案也存在较大的差异。因此,在进行分类时,档案工作人员必须针对科技档案形成的实际情况选择合适的分类方法。

(2)在一个单位内部或一个专业系统,同一层次的科技档案分类标准应当一致。

科技档案的分类是档案工作人员根据某种特性、特征或关系来划分类别的。由于科技档案存在多种特性和特征,如时间、内容、地域等特征,结构关系、工作程序、专业性质等联系,因此其分类标准是多种多样的。但是,在一个单位内部,同一层次之间只能采用一个分类标准。例如,某建筑设计院对于工程设计档案既可以采用按项目分类,也可以采用按专业分类,但是,在具体的分类中就应当或者按项目分类,或者按专业分类,而不能在同一层次上既有项目分类又有专业分类。交替使用分类标准将导致科技档案整理的混乱,故必须杜绝交叉分类。

(3)分类成果应当"固化"。

对于一个单位档案的分类,档案工作人员必须在确定类别前对本单位的全部档案(包括科技档案)进行准确、系统的研究,在划分类别后应当保持相对固定、稳定,不要随意更改,否则将造成严重后果,如增加重复劳动、增加营运成本、降低利用效率。

(二)科技档案的实体分类

科技档案实体分类的重点在于编制科技档案分类方案,即通过文字、数字、代号和图表来表现科技档案的类目体系及其纵向和横向的关系。这个分类方案可以使本单位科技档案的归属脉络清晰、一目了然,能掌握一个单位科技档案的基本情况。科技档案分类方案的编制应与本单位科技文件的分类方法协调一致。

1. 科技档案分类方案的编制规则

（1）科技档案分类方案的类目体系应具有包容性。

科技档案分类方案的类目体系应具有足够的容量，可以随着科技档案的增长而不断扩容。类目体系由大类和各级属类的类目组成，也就是说，各大类和各级属类构成了科技档案分类方案的类目体系。因此，科技档案分类方案应能包容全部内容，使每种科技档案、每份科技文件都能够在科技档案分类方案的类目体系中找到自己应有的位置。同时，科技档案分类方案还要预测本单位在一定时期内科技档案的发展情况。

（2）科技档案分类方案的类目体系应具有严整性。

科技档案分类方案的类目体系是由各大类和各级属类构成的分类系统，它体现出一种层次关系，表现在纵向和横向两个方面，纵向关系的展开和横向类目的排列应符合分类规则。

从纵向来讲，科技档案分类方案的类目体系表示大类及由其逐级展开的各级属类之间的从属关系，类似于总体和部分的关系。例如，科技档案的一个大类包含若干个较小的属类，一个较小的属类又包含更多更小的属类，依次类推。它表现为上位类与下位类的关系。凡是上位类，一定要能包含它所属的下位类；而凡是下位类，一定要是它的上位类的组成部分。科技档案分类方案中每一个纵向排列的各级类目构成了一个类目系列，简称"类系"。

从横向来讲，科技档案分类方案的类目体系表示各级同位类之间的关系，并用平行排列的方式表达同位类之间的并列关系。同位类既有大类之间的同位类，也有属类（包括各级属类）之间的同位类。需要注意的是，各同位类之间是互相排斥的关系，即同位类之间只能并列、平行，而不能交叉、重叠。同位类的类目构成"类列"。

综上所述，科技档案分类方案实际上是由类系和类列组成的一个严谨的科技档案的类目体系。

（3）科技档案分类方案的类目体系应具有相对稳定性。

在一个单位内部，科技档案分类方案必须保持长期的相对稳定性，不宜经常或频繁地更改分类方法和分类体系。

（4）科技档案分类方案的内容构成应具有严谨性。

科技档案分类方案的内容构成必须包括分类表、说明、代号和索引。

2. 科技档案分类方案的编制步骤

（1）划分大类，确定类列。

根据科技档案的基本种类设置一级类目，有多少种科技档案就设置多少个一级类目，如生产、设备、基建、科研、产品等一级类目的设置。国家档案局曾印发了《分类规则》，对工业企业档案的一级类目设置作出了规定。一般生产性企业可以按照《分类规则》的类目套用；非生产型企业则应根据自身形成档案的内容和性质设置一级类目，如商业企业可以设置业务类等。

（2）划分属类，形成类系。

在每个大类中，档案工作人员根据科技档案的内容构成和形成特点，按照已确定的分类标准和形成特点，设置相应的上位类和下位类（即属类、小类），形成不同的类别层次，构成一个完整体系。

（3）确定类列排序。

大类之间不是随意排列的，应突出科技档案的主体。例如，在工厂，产品档案是主体；在设计单位,设计档案是主体;在地质部门,地质档案是主体。档案工作人员应把反映主体的科技档案放在大类之首。

（4）明确类目代字、代号。

档案工作人员给每个类目确定一个类目代字或代号,类目代字或代号可以用英文字母或阿拉伯数字标识。

（5）制成文件或图表。

档案工作人员把由类系和类列组成的类目体系用方案叙述方式或图表表述方式表达出来,形成完整的科技档案分类方案。

（6）撰写科技档案分类方案的编制说明。

编制说明即指出编制的依据、分类标准、类目代字和代号的使用方法等内容。

3. 科技档案分类方案的编制方法

科技档案分类方案也称分类规则、分类大纲,是企业事业单位科技档案整理、编号、上架排列、保管的重要依据,也是任何有科技档案的单位都必不可少的。根据国家档案工作的基本原则,现阶段企业事业单位实行各类档案的综合管理。因此,一般来说,一个单位的档案分类,不是单独编制科技档案分类方案,而是针对本单位所有档案的分类,科技档案的分类只是单位全部档案分类的一部分。单位在进行档案分类时,通常是通盘考虑,通过编制档案分类大纲及编号方案来包含所有档案的分类。因而,在讲到档案分类时主要就是制作本单位的档案分类大纲及编号方案。

综合考虑各单位档案的一般情况,机关、事业单位和企业可以选择以下四种类型的分类大纲:

（1）机关档案分类大纲。

机关档案分类大纲主要适用于机关、事业单位（如图 3-2 所示）。

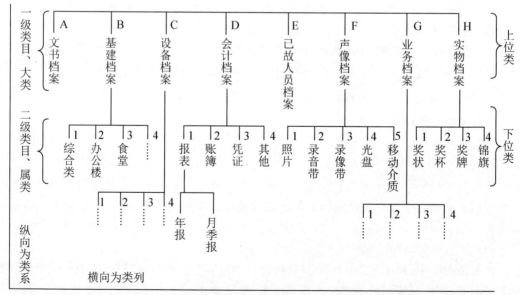

图 3-2　机关档案分类大纲

（2）商贸、服务类企业档案分类大纲。

商贸、服务类企业档案分类大纲适用于贸易类企业、服务类企业等（如图 3-3 所示）。

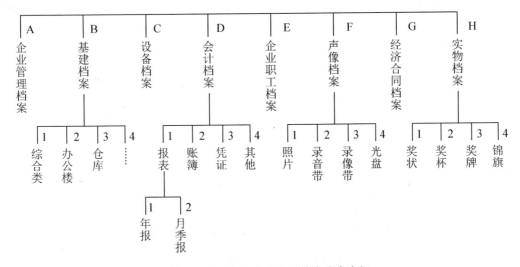

图 3-3　商贸、服务类企业档案分类大纲

(3) 生产型企业档案分类大纲。

生产型企业一般特指工业企业,如机械、电力、电子、化工、纺织、矿山、冶金等企业。由于生产型企业在规模上可以划分为大型企业、中型企业、小型企业,在所有制性质上可以划分为国有企业和非国有企业,因此生产型企业的档案在分类大纲的编制上有以下两种不同的类型。

① 一般工业企业档案分类大纲。

非国有大型工业企业可以采用一般工业企业档案分类大纲(如图 3-4 所示)。

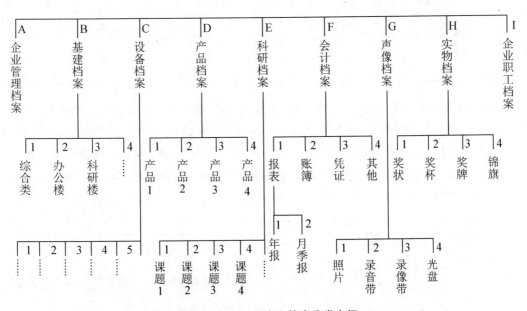

图 3-4　一般工业企业档案分类大纲

② 大型国有企业档案分类大纲。

大型国有企业档案分类可以采取《分类规则》的十大类分类法,设置十个基本大类,包括

党群工作、行政管理、经营管理、生产技术管理、产品档案、科研档案、基建档案、设备仪器档案、会计档案、干部职工档案等。工业企业档案十大类分类法是国家档案局制定的一种编号方法,大类代字中采用"0—9"10个有序数字来表示十个基本大类。但是,由于档案种类的不断增加,用10个有序数字已无法表示所有的基本大类,因此,现阶段可以采用英文字母来代表,其举例如图3-5所示。对于这两种标识方式(参见表3-1),企业可以根据自身的实际情况自行决定。

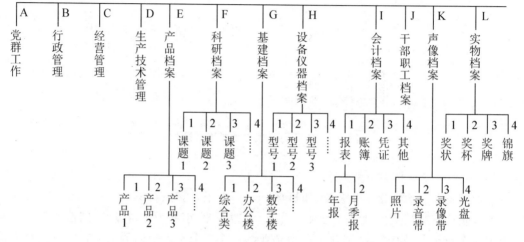

图 3-5 ×××大型国有企业档案分类大纲

表 3-1 大类的两种标识方式

类别代字	党群工作	行政管理	经营管理	生产技术管理	产品档案	科研档案	基建档案	设备仪器档案	会计档案	干部职工档案	声像档案	实物档案
数字	0	1	2	3	4	5	6	7	8	9	—	—
字母	A	B	C	D	E	F	G	H	I	J	K	L

档案分类大纲编制完成后,必须通过类目代字和代号来固定分类的层次和顺序。一般来说,大类(一级类目)的"代字"用英文字母来标识,属类(各层次)的"代号"用阿拉伯数字来标识。在特殊情况下,大类也可以用阿拉伯数字来标识。但必须注意的是,属类代号一般不用英文字母来标识。也有个别的行业采用"十进制"来固定层次和顺序。表3-2列出了工业企业档案分类编号方案。

表 3-2 工业企业档案分类编号方案

一级类目名称及标识符号	二级类目名称及标识符号	基本范围
党群工作类 0	党务工作 01	党委综合工作、党员代表大会或党委其他有关会议,党委办公室其他事务工作等
	组织工作 02	组织建设,整党建党,党员和党员干部管理,党费管理等
	宣传工作 03	理论教育,各种工作活动宣传,思想政治工作与精神文明建设等
	统战工作 04	民主党派工作,无党派人事工作,港澳台工作,华侨工作,民族事务,宗教事务等

续表

一级类目名称及标识符号	二级类目名称及标识符号	基本范围
党群工作类0	纪检工作05	党风治理,党纪检查,案件审理,信访工作等
	工会工作06	职工代表大会,职工民主管理,劳动竞赛,劳保福利,女工工作,文化艺术和体育活动等
	共青团工作07	组织建设,政治思想教育,团员大会,团员管理,团费管理,青少年工作
	协会工作08	各专业学会、协会工作,各群众团体活动等
行政管理类1	行政事务01	企业综合性行政事务工作,厂务会议,厂长(经理)办公室工作,文秘工作,机要保密工作等
	公安保卫02	公安保卫社会治安,武装保卫,枪支弹药管理,民兵工作,消防,交通管理,刑事案件审理,人防工作等
	法纪监察03	法律事务,政纪监察,违纪案件审理等
	审计工作04	各专项审计工作活动等
	人事管理05	干部管理,工人招聘、录用、调配工作,企业劳务出口工作等
	教育工作06	普通教育,中专和职业教育,高等教育,职工在职培训,幼儿教育等
	医疗卫生07	卫生监督与管理,职工防病治病,计划生育工作等
	后勤福利08	职工生活福利,食堂、商店、幼儿园、农牧副业,职工住房,企业第三产业等
	外事工作09	企业涉外活动
经营管理类2	经营决策01	企业改革,重大经营战略性决策,企业发展规划,方针目标管理等
	计划工作02	企业中、长期计划,年(季)度计划,各项专业发展计划,全面计划管理工作等
	统计工作03	各种统计报表,企业综合性统计分析工作等
	财务管理04	资金管理,价格管理,会计管理,资金流通等
	物资管理05	物资供应,仓库管理,废旧物资回收与修旧利废等
	产品销售06	市场分析,用户调查,产品销售,广告宣传,售后服务工作等
	企业管理07	企业普查,企业整顿和企业升级,经济责任制管理,企业管理现代化工作等
生产技术管理类3	生产调度01	生产组织,调度指挥工作等
	质量管理02	企业全面质量管理,产品质量检测和质量控制工作等
	劳动管理03	劳动定额、定员,劳动调配,劳动工资,劳动保护等
	能源管理04	能源消耗定额管理,节能降耗工作等
	安全管理05	安全生产,工伤事故处理,职工安全教育等
	科技管理06	新产品开发,科技成果管理,技术引进,技术革新和采用新技术、合理化建议等
	环境保护07	环境保护检测与控制,污染治理等
	计量工作08	各种计量检测工作
	标准化工作09	企业标准化管理工作,各种标准档案
	档案和信息管理10	企业档案工作,各类数据管理,电子计算机系统,情报工作,图书资料工作等
产品类4	产品档案二级类目按产品种类或型号设置	同一产品型号内,包含产品从开发、设计、工艺、工装、加工制造到检验、包装、商标广告和产品评优的全过程

续表

一级类目名称及标识符号	二级类目名称及标识符号	基本范围
科学技术研究类 5	科研档案二级类目按课题设置	同一科研项目内,包含课题立项、研究准备、研究试验、总结鉴定、成果报奖、推广应用等项目研究和管理的全过程
基本建设类 6	基本建设档案二级类目按工程项目或建筑项目设置	同一工程项目内,包含工程的勘探测绘、设计、施工、竣工验收和工程创优的全过程
设备仪器类 7	设备仪器档案二级类目按设备种类或型号设置	同一设备仪器内,含设备购置、安装、调试、运行、维护修理和设备管理等全过程
会计档案类 8	凭证 01	各种会计凭证
	账簿 02	各种财务账簿
	报表 03	各种财务报表
	其他 04	
干部职工档案类 9	干部档案 01	
	工人档案 02	
	离退休职工档案 03	
	死亡职工档案 04	

例 3-1 A 企业档案分类整体框架如下所示。

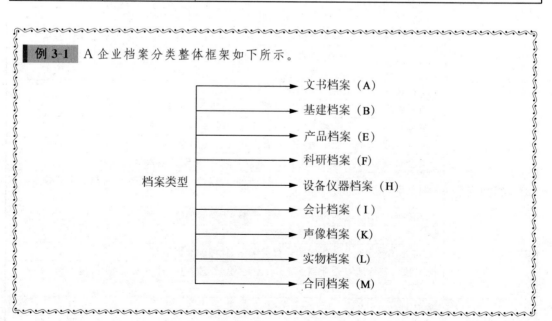

例 3-2　B 水厂档案分类大纲如下所示。

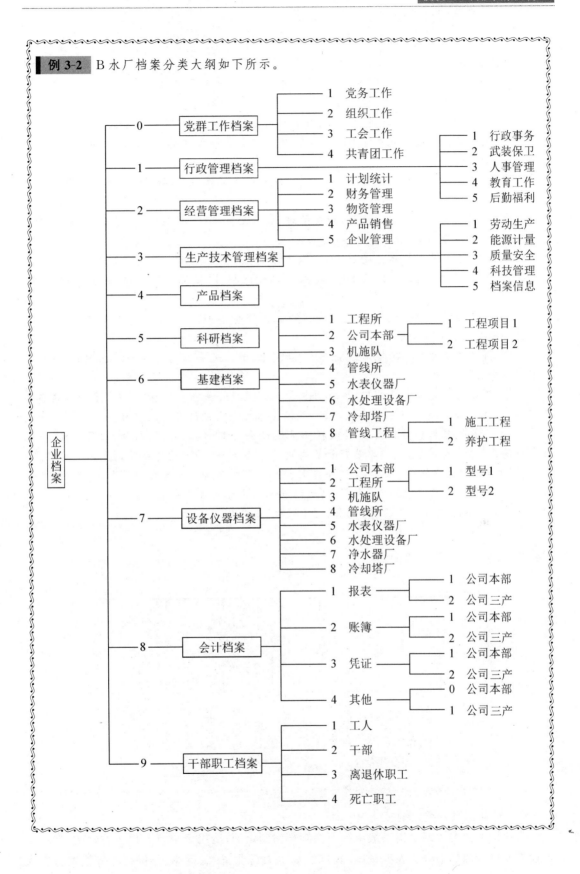

编制说明：

（1）本公司共设置10个一级类目，即党群工作、行政管理、经营管理、生产技术管理、产品、科研、基建、设备仪器、会计和干部职工等档案类别。

（2）结合本公司的实际情况，在一级类目内设置二级类目，具体方法是：

① 党群工作档案设党务工作(含纪检、宣传工作)、组织工作、工会工作和共青团工作4个二级类目；

② 行政管理档案设行政事务(含外事、审计)、武装保卫、人事管理、教育工作和后勤福利(含房配)5个二级类目。

③ 经营管理档案设计划统计、财务管理、物资管理、产品销售(含广告信息)和企业管理(含经营决策、标准化)5个二级类目。

④ 生产技术管理档案设劳动生产、能源计量、质量安全、科技管理(含产品管理、管线工程管理、基建工程管理、设备仪表管理、环境保护、科技标准化工作)和档案信息5个二级类目。

⑤ 产品档案按产品的种类设水表、净水器、冷却塔、仪器仪表4个二级类目，并按产品型号设置三级类目。

⑥ 科研档案按科研的性质设新产品、新技术、新工艺和新材料4个二级类目，并按科研课题设置三级类目。

⑦ 基建档案按区域设工程所、公司本部、机施队、管线所、水表仪器厂、水处理设备厂、冷却塔厂和管线工程8个二级类目，并按具体工程项目设置三级类目。

⑧ 设备仪器档案按设备仪器所在的区域设公司本部、工程所、机施队、管线所、水表仪器厂、水处理设备厂、净水器厂和冷却塔厂8个类目，并按设备型号设置三级类目。

⑨ 会计档案设报表、账簿、凭证和其他4个类目，并按会计类大类分属类和年度编排。

⑩ 干部职工档案设工人、干部、离退休职工和死亡职工4个类目。

（3）对各级类目符号的标识，采用"十进位"编号制。

例3-3 A职业技术学院档案分类大纲如下所示。

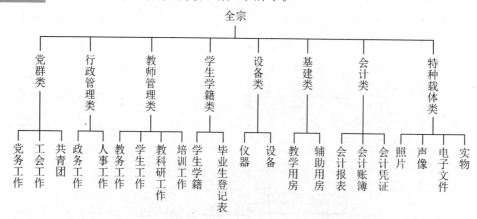

（4）行业档案分类大纲。

行业档案分类大纲是指一般由行业主管部门制定的，适用于全行业档案特性的，要求全行业贯彻执行的档案分类大纲及编号方案，如电力行业、社保行业、环保行业等档案分类大纲可以参见各行业的标准规范。

4．科技档案属类分类方法

科技档案分类大纲中大类（一级类目）编制完成后，档案工作人员还需要对属类（二级以下类目）进行科学编制。尤其是科技档案的几种基本类型都必须通过编制属类来包含所有的档案。因此，属类编制要求科学合理、对症下药，如果编制混乱将引起档案归类的混乱。档案工作人员要想科学、合理地编制属类，就需要了解属类分类的标准和方法。结合多年的实践经验，档案工作人员可以根据需要采取以下属类分类方法：

（1）基建档案一般采用工程项目分类法。

采用工程项目分类法，就是将本单位全部的基建档案以工程项目为分类单元来划分属类。这种方法适用于建设单位对基建档案的分类，工程设计单位对工程设计档案的分类，以及城建档案馆对基建档案的分类。

① 企业基建档案分类的基本框架（如图3-6所示）。

本分类的基本框架可以同时适用于机关、事业单位（包括文化、科技事业单位）基建档案的属类设置。

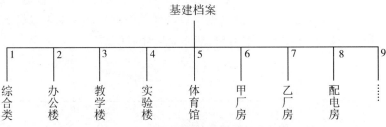

图3-6　企业基建档案分类的基本框架

这里需要说明的是，"基建档案"的第一属类一定为"综合类"，主要是将一个单位的基建方面的综合性文件材料归于此类，如征地红线图，总体布置图，红线范围内的道路、管线、绿化等图纸资料等，不能归于其他项目内，而是单列出来归于此类；其他为单独的建筑物，有办公性的、辅助性的、生产性的建筑物，一般排列顺序为办公性、生产性、辅助性。

对于大型生产型企业来说，由于工程项目的使用性质不同，为便于其档案的管理，档案工作人员在分类的时候往往加上工程的性质，一般情况下采用"使用性质—工程项目"分类法。按工程项目的使用性质，档案工作人员可以将基建档案分为生产性建筑、办公性建筑、辅助性建筑等几个属类（如图3-7所示）。

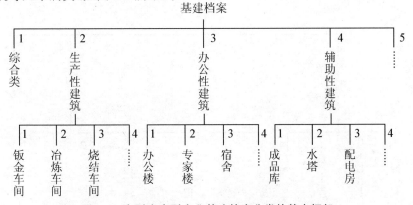

图3-7　大型生产型企业基建档案分类的基本框架

企业在发展中因不断扩大规模、扩展生产能力而分期开发建设或分地域建设的,应在"基建档案"下设置一个层次(如图3-8所示)。

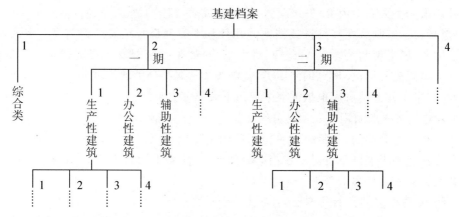

图3-8 分期开发建设企业基建档案分类基本框架

需要说明的是,属类层次的设置应因地制宜,档案工作人员不可盲目地增加层次,属类层次并非越多或越少越好,应该恰当,应根据单位基建档案的实际情况设置层次。

② 市政工程基建档案分类的基本框架(如图3-9所示)。

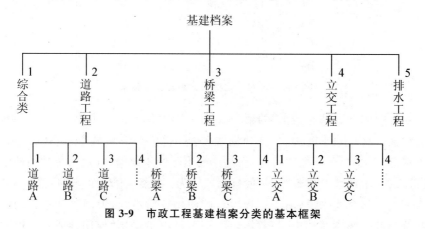

图3-9 市政工程基建档案分类的基本框架

③ 水利工程基建档案分类的基本框架(如图3-10所示)。

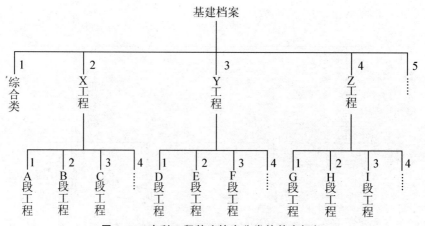

图3-10 水利工程基建档案分类的基本框架

需要说明的是,大型水利枢纽工程可以按"流域(水系)—工程"进行分类,不仅以工程项目为一个单独整体,而且以整个流域(或水系)连接在一起。

例 3-4　A市堤围中心防灾减灾工程基建档案分类如下所示。

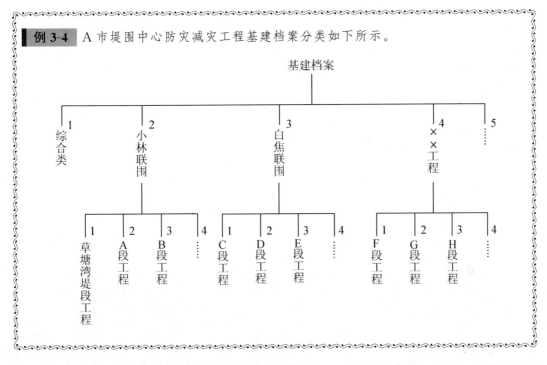

档案工作人员使用工程项目分类法进行分类时,应注意掌握分类的层次:当某单位形成的基建项目多、档案数量大时,可以按性质进行第二层次的分类,还可以往下再分第三层次、第四层次(即第三层次为单项工程,第四层次为子项工程或工程阶段);当某单位形成的基建档案少时,可以在一级类目下直接按时间先后设置单项工程,而不加"性质"这一层。

(2)设备仪器档案一般采用型号分类法。

设备仪器档案的分类是以各个型号的设备为分类单元来划分属类的。这种方法同时可以适用于工业机械产品档案的分类。型号分类法在具体应用时,因产品对象的不同而有不同的应用形式。

设备仪器档案分类的基本框架如图 3-11 所示。

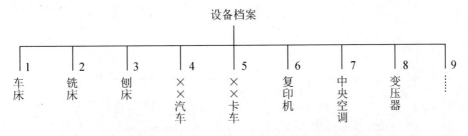

图 3-11　设备仪器档案分类的基本框架

① 一般单位设备仪器档案属类设置。

在一般单位设备的种类、数量不多的情况下，档案工作人员可以在设备仪器档案大类下直接设置属类，将设备按照型号或种类排列在二级类目的位置上，有多少种（或台）设备就按顺序排多少个。机关单位的设备仪器档案很少，甚至没有。科技事业单位（如医疗机构、科研院所、学校）的设备仪器档案相对较多，但都可以采用以上方法设置属类。

② 生产型企业设备仪器档案属类设置。

生产型企业通过设备加工生产各种产品，其设备是一种重要的生产工具，故设备仪器档案的种类、数量多而复杂，档案工作人员可以采取"性质+型号""功能+型号"或"来源+型号""区域+型号"分类法。因此，生产型企业设备仪器档案应在具体的型号上加一个层次。

生产型企业设备仪器档案"性质+型号"分类法如图3-12所示。

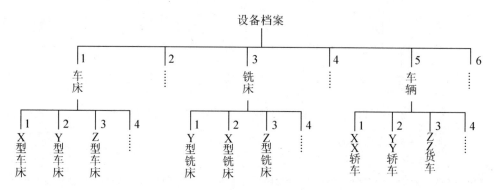

图3-12　生产型企业设备仪器档案"性质+型号"分类法

生产型企业设备仪器档案"区域+型号"分类法如图3-13所示。少数生产型企业因为设备的数量特别多，或相同的设备多且固定在不同的车间或分厂使用，故为了设备管理、维修的方便，常在设备仪器档案的分类管理上采用"车间+型号"分类法，这也是一种实用性较强的方法。

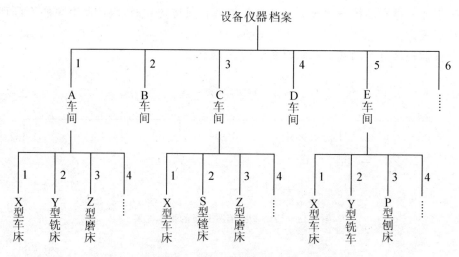

图3-13　生产型企业设备仪器档案"区域+型号"分类法

生产型企业设备仪器档案"来源+型号"分类法如图 3-14 所示。这种分类方法使用不多,仅供参考。

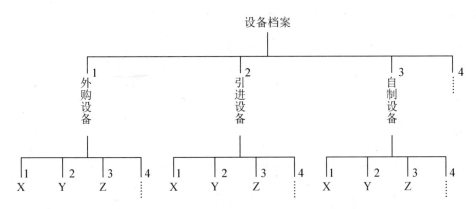

图 3-14　生产型企业设备仪器档案"来源+型号"分类法

(3) 产品档案一般采用型号分类法。

机械产品档案的分类与设备档案基本相同,可以同样采用型号分类法。但是,由于产品涉及的范围和行业非常广泛,既有工业用产品,也有民用产品;既有机械产品,也有电子产品;既有化工产品,也有纺织产品,不胜枚举。因此,产品档案在分类上具有多种形式,可以根据本企业产品的实际情况进行分类,采取不同的组合,如"性质+型号""种类+型号""品种+型号""系列+品种""系列+品种+型号"等。产品档案分类的结构模式依照设备档案的基本框架。

① 机械产品采用"性质+型号"分类法。

这种分类法适用于各种行业的机械产品生产企业。

例 3-5　A 船舶生产厂家的产品档案分类采用"性质+船舶"分类法如下所示。

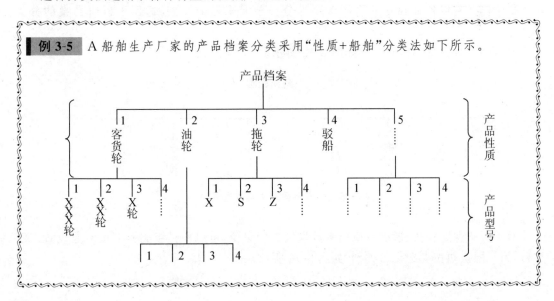

② 电子、家电产品采用"系列+型号"分类法。

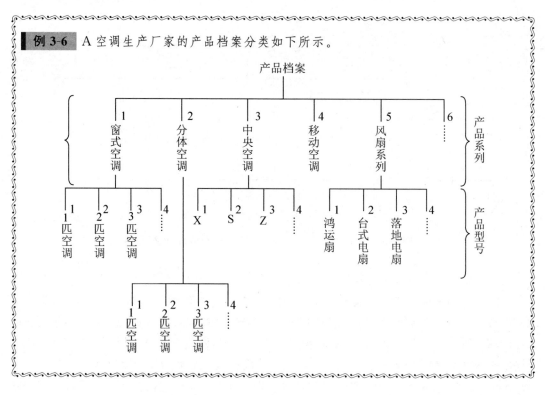

例 3-6 A 空调生产厂家的产品档案分类如下所示。

③ 轻工产品采用"系列+品种"分类法。
④ 纺织产品采用"系列+品种"分类法或"品种+系列"分类法。
(4) 科研档案一般采用课题分类法。

科研档案常以各种独立的科研课题为分类单元来划分类别,适用于科研档案的分类排列。

科研档案分类基本框架(一)如图 3-15 所示。

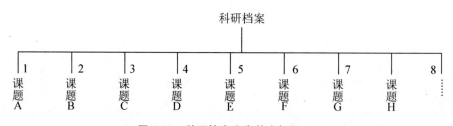

图 3-15 科研档案分类基本框架(一)

对于科研课题较多、形成科研档案数量较大的单位,可以在一级类目下按专业设置二级类目,第三层次再按课题设置类别(如图 3-16 所示)。

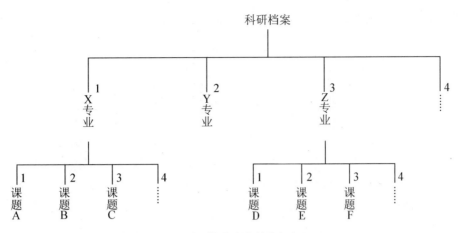

图 3-16　科研档案分类基本框架（二）

以上为常见的科技档案基本类型的属类分类方法，各单位应结合本单位的实际情况选择合适的类型。必须注意的是，这些分类方法是一般的属类分类法，对于某些特殊行业、特殊企业不一定完全适用，因此各企业还应根据行业特点、企业特点选择属类分类法。但以上方法包含了科技档案分类的基本原理，按照这些原理设置档案类别（包含属类）和编制科技档案分类大纲，不会违背国家有关档案业务标准规范的原则，不至于造成档案工作人员的劳动成果遭到否定而导致已整理的档案需要重新调整、整理。

除基本的属类分类法外，在某些行业或者企业还有以下三种专门的分类方法可以采用：

（1）专业分类法。专业分类法即档案工作人员按照科技档案所反映的专业性质来划分类别。这种方法一般在二级以下类目设置中较常用到。

例如，对于单位工程基建档案，如果图纸的数量较大，可以按专业设置下级类目，如土建、结构、给排水、电气、暖通等（如图 3-17 所示）。但如果图纸的数量不大，则可以按照专业组成案卷。

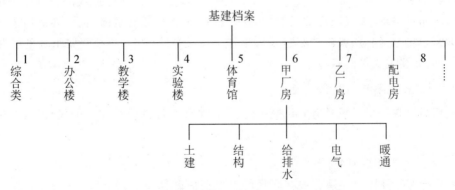

图 3-17　单位工程基建档案采用专业分类法

又如，档案工作人员可以在设备档案的"工具"类下设置刀具、量具、夹具、模具、刃具等。

（2）地域分类法。地域分类法即档案工作人员根据科技档案的内容所反映的地域特征进行分类，适用于地质、测绘、水利、城乡规划、林业等行业。这种方法在二级类目（第一级属类）中采用。市政、园林、绿化等城市建设方面形成的档案也可以采用地域分类法（如图 3-18 所示）。

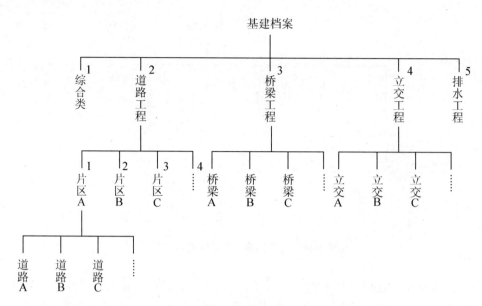

图 3-18　城市建设档案采用地域分类法

(3) 时间分类法。时间分类法即档案工作人员按时间特征分类,适用于气象观测、水文观测等。在具体的类别设置中,档案工作人员可以采用"区域+地点(或观测点)+时间"分类法。

四、科技档案组卷

组卷,有些专业书中称其为组织保管单位,但称其组卷更切合档案业务工作的实际情况。组卷就是档案工作人员将一组具有有机联系的、价值大体相同的科技文件,按一定的分类集中,按一定的方法排列,形成保管和利用的基本单元。

科技档案组卷更确切地说是始于科技文件的整理。文件材料的形成部门按照案卷构成的标准进行初步整理,组成一定的案卷后,通过归档环节移交档案部门后,再由档案部门进行系统的案卷排列、编号、编制档案目录等工作。在某种意义上,科技档案组卷的实际对象是科技文件,是科技文件的组卷。

(一) 科技档案案卷的概念

科技档案案卷是指一组具有有机联系的、价值大体相同的科技文件的集合体(亦称保管单位)。

1. 科技档案案卷的特征

(1) 案卷内的科技文件是有内在联系的。根据成套性特点,档案工作人员要保持卷内文件的有机联系,不要把不相关的材料放在一起。例如,一台设备的档案包括随机文件、操作使用说明、技术规程、合格证和随机安装图、部件图、零件图等,在组卷的时候不能分开,随后产生的调试、维修、运行记录等也应放在一起。

(2) 案卷内的科技文件有一个相对的数量界限。一套科技文件可以组成一个案卷,也可以组成若干个案卷,案卷不能组得太厚。例如,一项基建工程涉及的材料有依据性、基础性材料,设计、施工、竣工材料,还有大量的图纸资料,档案工作人员把所有的这些材料组成一个案卷显然是不可行的,必须按照文件材料更紧密的内在联系组成若干个案卷。档案工作人员应将有机联系看成一条相对原则,即将一个大的有机联系体分解成若干个小的有机联系部分,再进行组卷。在现阶段,科技档案组卷趋向于组薄卷,甚至单份文件。

(3) 案卷内的科技文件保存价值大体相同。有时在组卷中会出现矛盾,如科技文件的保管期限不同,这时档案工作人员应首先考虑其内在联系,然后再考虑其保存价值。

(4) 案卷的形式有卷、册、袋、盒。在一般情况下,文字材料以卷、册的形式为主,图样材料以袋、盒为主。

2. 科技档案案卷的构成

科技档案案卷一般包括两个部分的材料:

(1) 经过整理的科技文件本身。

(2) 在整理工作中形成的案卷封面、卷内目录、卷内备考表以及封底。

3. 科技档案案卷的类型

(1) 文字材料型。

区别于图样材料型的案卷,这种案卷由纯粹的文字材料组成,案卷内的全部材料均为文字材料,如基建档案中的依据性文件材料组成的案卷,类似于文书档案的案卷。

(2) 图样材料型。

案卷内的全部材料均为图纸,这种案卷主要是由基建档案中施工图、竣工图组成的案卷,是基于图纸自身图号顺序组成的案卷,如竣工图中按照不同专业组成的案卷。

(3) 图文混合型。

这种案卷内的材料既有文字材料,也有图样材料,卷内的文字材料和图样材料是不能分开的,必须组织在一起形成一个案卷。

(4) 声像材料型。

基于科技活动的照片、录音录像、光盘、移动介质等磁性载体材料整理的案卷,类似于普通特殊载体档案整理形成的案卷,其案卷形式有卷、册、带、盒。

(二) 科技档案组卷的程序和方法

科技档案组卷的程序主要包括鉴别和组卷两个步骤。

1. 科技档案的鉴别

科技档案的鉴别主要是指档案工作人员在立卷前对科技文件的属性、完整性、准确性、秘密程度和保存价值的鉴别。鉴别是科技档案整理质量的基础。

(1) 属性的鉴别。

属性的鉴别即档案工作人员按照科技档案的概念,将不需归档的科技文件和不属于科技档案范畴的党政文件、科技资料区分开来,或剔除,或归入文书档案、科技资料另行管理。

(2) 完整性的鉴别。

完整性的鉴别即档案工作人员对应归档的科技文件进行完整性的审查,按照成套性的要求,在数量上保证归档文件材料不缺项、不少页,一套文件材料能完整地反映该项目的全部内容和全过程。

(3) 准确性的鉴别。

准确性的鉴别即档案工作人员对应归档科技文件的内容进行准确性的审查,在质量上保证文件材料与实物(实际)一致,文件之间不能相互矛盾,如蓝图与底图相一致,成果报告与实验记录相一致。

(4) 秘密程度的鉴别。

秘密程度的鉴别即档案工作人员根据密级划分的有关规定,确定文件的绝密、机密、秘密的级别。

(5) 保存价值的鉴别。

保存价值的鉴别即档案工作人员根据本单位编制的各类档案保管期限表的规定,确定文件的永久、长期、短期的保管期限。

以上五个方面是确保科技档案整理质量的基本要素,档案工作人员把握了这五个方面就可以确保科技档案案卷整理的基本质量。

2. 科技档案的组卷

科技档案的组卷是指档案工作人员按科技文件的内在联系进行分类,把具有一定联系的科技文件集中在一起,组成案卷。分类组卷要保持案卷内所反映问题的科技文件在内容上的有机联系,同时还要兼顾文件密级、保管期限的联系,尽量将同一密级、同一保管期限的文件材料集中在一起组卷。

(1) 科技档案的组卷的基本要求。

① 根据案卷的特征,组卷时要遵循科技文件的形成规律,保持卷内科技文件的系统联系,保持成套性。

② 案卷内科技文件的制作与书写材料必须益于长期保存,尽量减少或者不用复写材料。

③ 卷内科技文件排列有序,能反映其自然形成规律。

④ 产品、科研课题、基建项目、设备仪器按其结构、部件、阶段组卷。

⑤ 与产品、科研课题、基建项目、设备仪器关系密切的管理性文件,应列入产品、科研课题、基建项目、设备仪器类中组卷。

⑥ 案卷编制应清晰准确,能揭示案卷内科技文件的内容和成分。

其中,第一项至第三项为总体要求,第四项至第六项为技术要求。

(2) 科技档案的组卷的基本方法。

① 按结构分类组卷。

按结构分类组卷主要适用于机械产品科技文件(特别是图纸)。例如,一台车床的科技文件由床身、传动机构、变速机构、进给箱、升降台、工作台、电气系统、冷却系统、润滑系统等部分的科技文件组成。各个结构组成部分的科技文件,可以分别组成一卷或若干卷。设备档案可以遵照这种方法。

② 按子项分类组卷。

按子项分类组卷主要适用于基本建设工程科技文件。例如,某基建工程由铸工车间、金属加工车间、机修车间、锅炉房、原料仓库、成品仓库等子项组成,由于各个子项的科技文件分别是具有有机联系的整体,故可以分别组成案卷。

③ 按工序或阶段分类组卷。

按工序或阶段分类组卷是指档案工作人员根据生产程序或工作过程,把反映同一生产程序或工作过程的科技文件组成案卷。例如,工艺文件可以按加工工序组卷,科研、设计文件可以按阶段组卷,地质勘探等工作可以按踏勘、初探等工作过程组卷。

④ 按专业分类组卷。

按专业分类组卷是指档案工作人员按照科技文件的内容所涉及的专业组卷。例如，一个机械产品的工艺文件，可以按铸造、锻造、热处理、电镀、油漆、焊接等不同的专业分别组成案卷；设计和基建工程的图样文件，可以按建筑、结构、给排水、通风、电气等不同的专业分别组卷。

⑤ 按问题分类组卷。

按问题分类组卷是指档案工作人员按照科技文件反映的不同问题分别组卷，将涉及同一问题的科技文件组织到一起。

⑥ 按地区分类组卷。

按地区分类组卷是指档案工作人员按照科技文件所反映的地区分别组卷，主要适用于地质勘探、地形测量、水文与气象观测材料。

⑦ 按时间分类组卷。

按时间分类组卷是指档案工作人员按照科技文件所反映的时间或形成时间组卷。水文、气象、天文、地震等观测材料通常采用这种方法组卷。

⑧ 按作者分类组卷。

按作者分类组卷是指档案工作人员按科技文件的形成者（单位、个人或集体）分别组卷。

以上各种方法，档案工作人员可以在保持科技文件的有机联系，便于保管、利用的前提下结合使用，但最常用的方法是按结构分类组卷、按子项分类组卷、按阶段分类组卷、按专业分类组卷。

(3) 常见科技档案的具体组卷方法。

① 基建档案组卷方法：基建档案按子项分类组卷。

基建档案是指各种建筑物、构筑物、地上地下管线、管网等基本建设工程在勘察、设计、施工、管理使用和维护等整个过程中形成的科技档案。从单独的项目而言，基建档案是指在整个建设项目从酝酿、决策到建成投产（使用）的全过程中形成的，应当归档保存的文件材料。基建档案具体包括基本建设项目的提出、调研、可行性研究、评估、决策、计划、勘测、设计、施工、调试、生产准备、竣工、试生产（使用）等工作活动中形成的文字材料、图纸、计算材料、声像材料等形式与载体的文件材料。

基建档案包括 6 个部分 12 大类。其中，6 个部分包括：

a. 依据性文件（基本建设前期文件材料）；

b. 基础性文件材料；

c. 设计文件；

d. 工程管理文件；

e. 施工文件；

f. 竣工文件。

12 大类包括：

a. 可行性研究、任务书；

b. 设计基础材料；

c. 设计文件；

d. 项目（工程）管理文件；

e. 施工文件；

f. 竣工文件；

g. 生产技术准备、试生产文件材料；

h. 工艺、设备文件材料；

i. 涉外文件；

j. 财物、器材管理计划账目材料；

k. 科研项目材料；

l. 其他应当归档文件材料。

以上各类材料是以工业建筑为蓝本归纳的，民用建筑、公用设施等不包含生产、工艺、设备等材料。在具体的组卷过程中，基建档案的组卷通常包括以下五种情况：

a. 管理性文件材料的组卷方法。

管理性文件材料主要是在工程项目准备阶段形成的立项申报与审批材料、可行性研究报告、地质勘探材料、征地拆迁材料、报建材料、合同、协议、设计和在设计施工阶段形成的招标、投标文件，以及竣工验收阶段形成的竣工验收文件。管理性文件材料的重点是依据性材料和基础性材料。管理性文件材料应突出"以问题组卷"的原则，在组卷时，档案工作人员以一个独立的工程项目为对象，将该工程项目的所有管理性文件材料集中起来，按问题组成若干个案卷。例如，立项、征地拆迁、报建、招投标、可行性研究、地质勘探所形成的文件材料自然分成几个不同的问题，档案工作人员可以把不同问题的文件材料分开，同一问题形成的文件材料按时间顺序排列。文件材料数量多的，可以组成若干个案卷，不多的可以组成一卷。

b. 图纸的组卷方法。

图纸是按结构、专业形成的，一般根据图纸目录确定其排列顺序，因而在组卷时档案工作人员可以按图纸目录进行。若单位工程图纸的数量少，可以组成一卷，卷内图纸按原有图纸目录进行排列；若图纸的数量多，则可以按不同专业组成若干个案卷。

c. 施工文件的组卷方法。

一般来说，原材料、构件的出厂证明按批量形成；试验报告按结构形成；质量检查、评定记录是先形成分项、分部工程评定记录，最后形成单位工程评定记录。因此，施工文件一般按结构组卷。如果同一单位工程形成的施工文件数量少，可以组成一卷；如果数量较多，则可以区分分部、分项工程分别组卷。

d. 修改通知单的组卷方法。

施工修改是经常发生的，因此会形成若干修改通知单。修改通知单一般不能直接附在被变更的竣工图的后面，而是将一个单项工程、单位工程形成的所有修改通知单集中起来，前面附上工程修改通知单目录，组成一卷。数量多的，可以按专业分别组卷。

e. 监理文件的组卷方法。

监理文件分为依据性文件和工作性文件。依据性文件主要包括监理大纲、监理合同、监理规划、监理实施细则，此类文件材料单独成册，单独组卷。工作性文件主要有会议纪要、备忘录、专业通知、监理简报、监理日志等，档案工作人员可以采用"文种—文号"的方法组卷。监理工作中还形成了一定数量的照片、录音、录像等特殊载体材料，档案工作人员可以按声像档案整理方法进行整理，移交接收单位。

② 设备档案组卷方法：设备档案按结构分类组卷。

设备档案是指记述设备的结构、性能及使用、维修过程中形成的各种文件材料。设备是生产、生活各领域使用的技术装备、设施、仪器、仪表的总称，其类型复杂，有机械设备、电力设备、化工设备、纺织设备、动力设备和各种仪器仪表等。例如，一台车床的科技文件是由床身、传动机构、变速机构、进给箱、升降台、工作台、电气系统、冷却系统、润滑系统等部分组成。各个结构组成部分的科技文件分别是具有有机联系的整体，密不可分。从档案管理的角度来分析，设备档案分为两种情况。

一种是与土建工程联系在一起的设备，如化工设备中的大型装置、冶金企业的金属冶炼设备，由于这些装置必须在基建过程中安装或建设，其档案与基建档案难以分开，故一般情况下将这些档案归入基建档案，按照基建档案组卷方式整理。

另一种是独立使用的设备，通过外购或自制而产生，其档案是独立的实体。

本书中的设备档案组卷的对象特指独立使用的设备。

设备档案材料一般包括设备购置的依据材料，设备随机文件材料，设备安装、调试过程中产生的材料，设备维修中形成的材料。设备档案的组卷方法包括以下两种情况：

a. 小型设备文件材料的组卷方法。

小型设备文件材料主要以设备的随机文件为主，在设备开箱时，由档案工作人员验收、登记、归档。由于文件材料不多，在组卷时，档案工作人员一般将全部材料组成一个案卷，采用不装订的形式，选择不同厚度的国家标准档案盒装载，一般一个档案盒为一卷。

b. 大、中型设备文件材料的组卷方法。

大、中型设备一般又称高、大、精、尖、稀类型的设备。这些设备不仅随机文件材料较多，并且在采购过程中还形成了相关的批准文件、合同，还有设备安装、调试材料，大、小修材料等。按照科技档案成套性要求，在组卷时，全部材料应以台、套为界限分别组卷，批准文件、合同可以单独组卷，随机文件单独组卷，安装、调试文件单独组卷，每年的修理维护中的文件材料单独组卷。如果随机文件已装订成册的，以每册为一个案卷，可以不拆散组卷，保持原有卷册的面貌。这样，一台或一套设备的档案可以组成若干个案卷。

需要注意的是，国外引进设备中的外文资料应与已翻译的材料存放在一起，分别各自组成案卷，并按顺序编案卷流水号。

③ 产品档案组卷方法：产品档案按结构分类组卷。

产品是指工业企业制造的满足人们生产、生活和工作需要的各种物品。产品档案是指在工业产品市场调查、设计、试制定型、生产制造、产品评奖、专利申报等活动中形成的科技文件。工业产品的种类繁多，涉及各个方面，既有简单产品也有复杂产品，既有机械产品也有化工、轻工、纺织产品，不胜枚举。同时，由于各种产品的功能、性能、用途以及结构和工艺的不同，其开发、制造也有很大的差异，因此各种类型的产品所形成的科技文件千差万别，档案的内容构成有着较大区别，不同的产品之间的文件材料也存在差异。

但是，产品的开发、制造一般都要经过五个阶段，即规划阶段、设计阶段、试制阶段、生产阶段和售后服务阶段。因此，虽然是不同的产品，其档案都包含以下主要材料：

a. 市场调查、可行性研究报告、产品开发计划任务书等前期材料；

b. 产品设计任务书、总体方案设计、全套产品总图和各种部件图、实验大纲等材料；

c. 试制总结报告、试验和鉴定大纲、试验规程、样机试制证明书等材料；

d. 产品证明书或产品合格证和工艺文件，工艺装备文件等材料；

e. 产品改进与更新建议书、市场与用户反馈材料等。

产品档案的组卷方法如下：

a. 市场调查、可行性研究报告、各种总结报告等与该产品有关的文字性材料单独组卷，

可以单个材料组成一卷,也可以将相关材料组成一卷;

  b. 全套产品总图和各种部件图可以按其结构分别单独组卷;

  c. 工艺、工装材料单独组卷;

  d. 专利材料单独组卷;

  e. 申报评奖、评优材料单独组卷等。

  ④ 科研档案组卷方法:科研档案按阶段分类组卷。

  科学研究工作一般是指在自然科学领域中以科研课题为中心展开的研究工作,包括基础理论研究、技术研究和应用研究。基础理论研究和技术研究主要在专业科研机构和理工科高等院校,应用研究主要在企业事业单位。

  科研档案是在科研课题研究过程中形成的各种文件材料。科研工作的成果有正成果和负成果,成功的成果是正成果,失败(或未达到预期)的成果则为负成果。无论是正成果还是负成果,其所形成的材料都具有很重要的意义。一般来说,科研成果课题的研究工作分为研究准备阶段、观察实验阶段、总结鉴定阶段和推广应用阶段等,其形成的主要文件材料包括:

  a. 课题委托书、协议书、研究计划、试验大纲、方案设计等;

  b. 观察记录、实验记录、材料配方、说明书、设计图样、阶段小结、总结报告等;

  c. 研究论文(或科研成果报告)、专题报告、专题著作、成果鉴定证书等;

  d. 推广方案、总结报告、技术交底、推广回访报告、反馈意见等;

  e. 成果申报表、专家鉴定意见、上级批复、获奖证书等。

  科研档案的组卷方法如下:

  a. 文字性材料一般以单份文件作为组卷对象,但依据性材料(如委托书、计划任务书、立项批准书、协议书等)可以组成一卷;

  b. 观察、实验记录单独组卷;

  c. 科研成果材料单独组卷;

  d. 与鉴定验收相关的材料放在一起组卷;

  e. 成果申报奖项材料单独组卷等。

五、科技档案的系统排列

  排列是科技档案整理中的一项重要工作。排列顺序错误,表示整理不规范,不符合要求。

  科技档案的系统排列就是对科技档案有序的排列过程,这种排列过程要求体现科技文件的自然形成相互关系,应当反映分类、组卷的系统成果。系统排列包括两个方面的具体工作:一是案卷内文件材料的排列,二是案卷之间的排列。

  (一)案卷内文件材料的排列

  案卷内文件材料的排列通常是按照科技文件在形成时编制的目录(总图目录、初步设计目录等)进行的,科技文件没有目录或原编制的目录不能适应组卷的排列时需重新排列。案卷内文件材料的排列方法如下。

  1. 文字材料型案卷

  文字材料型案卷即全部由文字材料构成的案卷,其排列方法有以下三种:

(1) 按重要程度排列,重要的排在前,次要的排在后,如成果性材料—原始性材料—中间性材料。

(2) 按时间顺序排列,形成时间早的排在前,形成时间晚的排在后。

(3) 按隶属关系或逻辑排列,如来文与复文关系,复文排在前,来文排在后;主件与附件关系,主件排在前,附件排在后;正本与原稿关系,正文排在前,原稿排在后。

2. 图样材料型案卷

图样材料型案卷即全部由图样构成的案卷。形成时已编制图样目录的,按原有编制目录顺序进行排列;原科技文件没有图样目录的,或原编制目录不适应组卷排列的(如同一图样目录的科技文件形成两个案卷的),按总体与局部的关系,先总后分、先大后小的原则排列。总的顺序为:总图排在前,其他图样排在后;组件排在前,部件图、零件图排在后。具体的排列方式如下:

(1) 机械产品图样材料按图样的隶属关系排列,如总图—组件图—部件图—零件图。

(2) 建筑工程图样材料按图样形成的前后顺序排列,如总体布置图—平面图—大样图,总体性、系统性的图样在前,局部性、细部性的图样在后。

(3) 专门性图样材料或按时间顺序排列,如天文、水文、气象等;或按地区特征排列,如地质勘探、地震观测、地形测绘等。

3. 图文混合型案卷

图文混合型案卷由图样和文件交错混合组成,既有文字材料,也有图纸。此类案卷的排列方法为文字材料排在前,图纸排在后(即文字材料排在前,图样材料排在后)。

(二) 案卷之间的排列

所谓案卷之间的排列,就是确定案卷在分类体系中的位置,其必须在单位的档案分类大纲的基础上进行。案卷排列是科技档案整理的工作内容之一。

1. 案卷排列的总体原则

案卷排列将影响科技档案档号的编制,因此,在排列过程中,必须体现其逻辑关系。一般情况下,案卷排列采用分类排列法,步骤为:区分大类—分清属类—找准项目—案卷排列。

案卷排列的具体含义为:根据档案分类大纲确定的类目体系,在明确归属的大类、属类后,以一个项目(工程项目、科研课题、设备台套、产品种类)的全部档案为对象,在一个项目内,进行案卷之间的排列。项目内的文字材料型案卷排在前,图样材料型案卷在后。

2. 案卷排列的基本要求

每个项目(工程项目、科研课题、设备台套、产品种类)都会形成一定数量的案卷,几卷、几十卷甚至几百卷不等,因此档案工作人员必须对案卷的顺序进行科学排列,方能便于管理和利用。档案工作人员进行案卷排列时应当考虑以下要求:

(1) 遵循科技档案的形成规律。

(2) 遵循档案分类大纲类目体系的编制原则。

(3) 要求反映对象的隶属关系和逻辑关系。

3. 案卷排列的具体方法

科技档案的类别不同,因此其案卷排列的具体方法也不尽相同,常见的排列方法如下:

(1) 产品档案的排列。

产品档案的排列按前期材料(市场调查材料、依据性文件材料)、产品设计(包括初步设计、技术设计、工作图设计、工艺设计)、产品试制、实验、定型、小批量生产、批量生产、工艺工装、产品创优等程序排列,也可以按其产品系列、结构(组件或部件)排列。

(2) 基建档案的排列。

基建档案的排列按依据性材料、基础性材料、工程设计(含初步设计、技术设计、施工设计)、工程施工、工程监理、工程竣工验收等顺序排列。

(3) 设备仪器档案的排列。

设备仪器档案的排列按设备购置文件、开箱的随机文件、安装调试文件、设备运行维修、随机图样等排列。随机图样也可以单独组卷。

(4) 科研档案的排列。

科研档案的排列按研究依据、调研论证、研究实验、总结鉴定、成果申报奖励和推广应用等时间阶段排列。

(5) 管理性科技文件的排列。

管理性科技文件按问题、时间或重要程度排列。

六、科技档案编目

科技档案编目是指档案工作人员通过一定的形式,按一定的要求,固定案卷内科技文件的系统整理成果的一项工作。它的作用有两个:一是固定案卷内系统整理成果;二是揭示案卷内科技文件的内容与成分,便于保管和利用。

科技档案编目的内容包括:编写案卷页号;填写卷内目录;编制案卷封面;填写卷内备考表。

(一) 编写案卷页号

编写案卷页号是指档案工作人员对案卷内的文件材料按页面编制顺序号,即在卷内文件材料顺序确定的基础上,将号码依次统一采用阿拉伯数字标注在每页材料上。

(1) 编号应遵循的原则:卷内的科技文件均以有书写内容的页面编写页号,空白页不编号,"筒子页"(A3幅面纸张单面打印对折后形成的文件材料)两面编号,超过A4幅面的表格折叠成A4幅面后编制一个页号。

(2) 页号编写位置:单面书写的科技文件在右下角编写页号;双面书写的科技文件,正面在右下角、背面在左下角编写页号。图样的页号编写在按A4规格折叠后的右下角或标题栏外右上方。

(3) 以案卷为单位,各卷均从"1"起依次编写页号。各卷之间不连续编页号。

(4) 以单份技术文件作为一个独立的案卷,且该文件已标有页码顺序的,如成套图样或印刷成册文件等,可以不再重新编写页号;只有多份文件组成案卷,没有统一顺序号的,或者号码不统一、不连贯的才需要统一编号。

(5) 案卷封面、卷内目录(原有图样目录除外)、卷内备考表、封底不编写页号。

(二) 填写卷内目录

卷内目录是卷内科技文件的内容和数量的清单,其作用是统计卷内文件材料的数量,便于查用,保护卷内文件材料。因此,卷内目录要求填写齐全、准确。卷内目录需填写的项目包括以下各项。

1. 序号

即用阿拉伯数字从"1"起依次标注。文字材料以件为单位,图纸以张或以组为单位填写序号,每件(张)一个号。

2. 文件编号

即填写文件的文号或图样的图号,或设备、项目代号,没有编号的可以不填写,空出。

3. 责任者

即填写科技文件的直接编制部门或主要责任者。文字材料、图纸填写形成者,以"盖章"为准。需要注意的是,责任者不是档案工作人员。

4. 文件材料题名

即文件标题,填写科技文件标题的全称。如果没有标题的,档案工作人员需自行归纳标题,并加"[ ]"以示区别。例如,文字材料题名"关于××电厂扩建工程初步设计的批复",图纸材料题名"××工程总平面布置图"。

5. 日期

即填写科技文件形成的年、月、日,日期不清或没有日期的可以不填。

6. 页次

即填写每份科技文件首页上标注的页号。末尾一份文件则标注起止页号。

7. 备注

没有特别需要说明的情况时可以不填。

卷内目录排列在案卷内科技文件的首页之前,纸型为 A4 规格,其格式参见表 3-3。

表 3-3 卷内目录

序号	文件编号	责任者	文件材料题名	日期	页次	备注
1					1	
2					5	
3					12	
4					18	
5					23	
6					28	
7					30	
8					31—36	

(三) 编制案卷封面

案卷封面是一种揭示案卷内的科技文件基本情况的工具,同时封面又起着保护卷内科技文件的作用。

案卷封面可以采用案卷外封面(卷盒)和案卷内封面(软卷皮)两种形式。案卷内封面排列在卷内目录之前。案卷封面包括以下内容。

1. 案卷题名

案卷题名应简明、准确地揭示卷内科技文件的主要内容。案卷题名的主要内容包括:(1) 项目名称(工程、课题名称,产品品名、设备型号或种类);(2) 文件材料的内容特征(文字材料的内容,结构、阶段、专业、工序等);(3) 文件名称(请示、批复、计划总结、计算书、零件图等)。项目名称应与批准的原立项、设计(包括代号)相符,外文资料的题名和主要内容应翻译成中文。

> **例 3-7** A 企业档案案卷题名的拟写。
>
> (1) 产品档案: $\dfrac{\text{X62W 万能铣床}}{\text{(产品品名和型号)}}$ $\dfrac{\text{床身部分}}{\text{(内容—结构)}}$ $\dfrac{\text{件图}}{\text{(文件名称)}}$
>
> (2) 基建档案: $\dfrac{\text{××××工程}}{\text{(工程项目名称)}}$ $\dfrac{\text{土建}}{\text{(内容—专业)}}$ $\dfrac{\text{竣工图}}{\text{(文件名称)}}$
>
> (3) 科研档案: $\dfrac{\text{档案专用耐久性墨水}}{\text{(科研课题名称)}}$ $\dfrac{\text{项目结题}}{\text{(内容—阶段)}}$ $\dfrac{\text{意见书}}{\text{(文件名称)}}$

2. 立卷单位

立卷单位即负责科技文件组卷的部门或项目负责人和形成单位或主要责任者,如基建档案竣工图的立卷单位为施工单位,设备档案随机文件的立卷单位为设备生产厂家;有多个编制单位的,把主要立卷部门列出来。

3. 起止日期

起止日期即案卷内科技文件形成的起止日期,格式为××××年××月××日—××××年××月××日,如 2021.07.08—2022.03.09。

4. 保管期限

保管期限即整理过程中划定该卷的保管期限。

5. 密级

依据保密规定填写密级,没有密级的可以不填写。如果其中有一份是有密级的,则就高不就低。

需要注意的是,"密级"项不要填写"普通""无密""公开""内部"等字样,这些都不是密级的规范名称。没有密级就空出,不填。

6. 档号

档号即根据本单位编制的档案分类大纲及编号方案编制的档案分类号和案卷顺序号。

7. 档案馆号

档案馆号即档案馆给立档单位的编号,各立档单位可不填写。

案卷封面的格式(纸型 A4 规格)如图 3-19 所示。

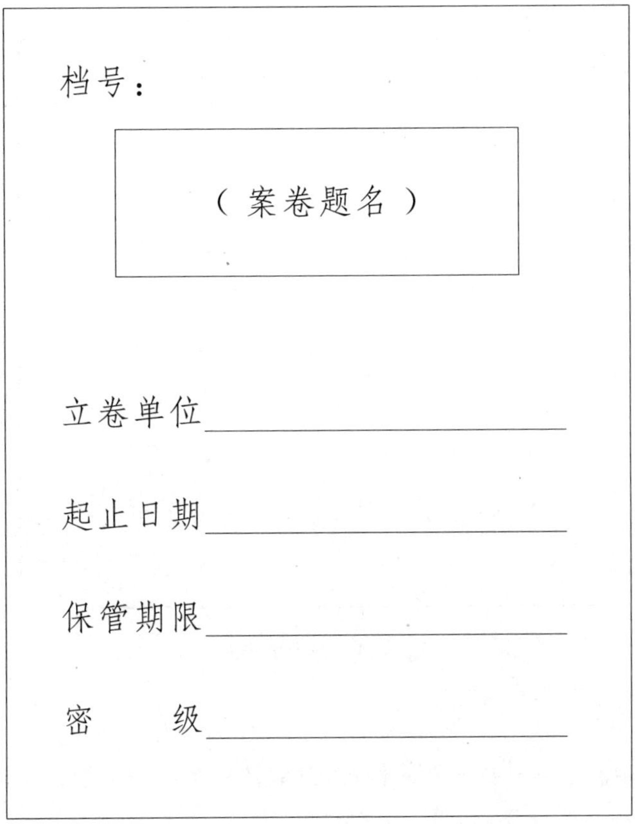

档号:

（案卷题名）

立卷单位_____

起止日期_____

保管期限_____

密　　级_____

图 3-19　案卷封面的格式

需要注意的是,图 3-19 案卷封面格式中的"案卷题名"只是表明题名的填写位置。

(四) 填写卷内备考表

备考表是用来说明卷内文件材料基本情况的专门档案表格,其内容分为以下两个部分:

第一部分是记载和说明该卷内科技文件的基本情况,一般由有关的科技人员填写。例如,卷内科技文件完整、准确状况的说明,文件材料内容、成分、数量的记载。

第二部分是记载和说明该案卷在管理过程中的变化情况,由档案部门填写。案卷无变化的,一般情况下可以不填写,但备考表中的"立卷人""检查人"和时间应填写清楚。备考表说明可以按以下方式编写:本卷有文字材料 6 件共 48 页、图表 5 张。卷内备考表的式样(纸型 A4 规格)如图 3-20 所示。

档案工作人员填写卷内备考表的具体方法如下:

1. 档号

在档号位置应填写本卷档案的档号,照抄实录本案卷档案案卷封面上已经编制的档号,保持案卷封面和卷内备考表档号的一致。

卷内备考表

```
档号：
互见号：
说明：



              立卷人：
                    年    月    日
              检查人：
                    年    月    日
```

图 3-20　卷内备考表

2．说明

在说明位置应填写卷内科技文件的件数、页数及在组卷和案卷提供使用过程中需要说明的问题。

3．立卷人

在立卷人位置应由责任立卷人签名。

4．立卷日期

在立卷日期位置应填写完成立卷的日期。

5．检查人

在检查人位置应由案卷质量审核者签名。

6．检查日期

在检查日期位置应填写审核的日期。

7．互见号

在互见号位置应填写反映同一内容而形式不同且另行保管的档案保管单位的档号。档号后应注明档案载体形式，并用括号括起。

七、图纸的整理

图纸是科技档案的重要组成部分，在科技档案中占有较大比重。常见的图纸，按其来源主要分为机械产品设计、加工图纸,基建工程设计、施工和竣工图纸。无论哪种图纸,都是按照国家关于图样材料的标准制作而产生的。在应归档的图纸中包含底图和蓝图两种。目前,由于计算机的普及及专门的图纸设计软件的使用,除设计院、设计所和某些企业外,绝大多数单位保存的图纸以蓝图为主,因此,针对蓝图的整理具有普遍意义。底图和蓝图的整理可以采取以下方法。

(一) 底图的整理

底图是生产用途的复制底样,是在原图的基础上形成的。在计算机使用之前,图纸通常采用手工描制。在使用成熟的 CAD(计算机辅助设计)技术后,设计院、设计所通常在计算机中设计绘制图纸,然后直接通过描图机出图。对于手工绘制的底图,由于其载体为硬质的硫酸纸,既不能装订也不能折叠,所以一般采用"平放"或"卷放"两种方法存放。

平放采用牛皮纸袋将有有机联系的一套底图或某个专业的底图放入一个袋中,其编号以一套完整的底图为编号基础,一套底图编一个档号。卷放则按照底图之间的有机联系,将一组底图往里卷成一个圆筒装入硬纸筒中存放。对于计算机出图的,可以采用蓝图的整理方法。

底图要求存放在专用底图柜中保存。不管采用哪种方法对底图进行整理、排列,其编目都可以利用原目录,但应另以张为单位编制底图目录。

(二) 蓝图的整理

蓝图是项目建设、产品加工的依据图,是一个项目档案的重要组成部分,必须完整、准确、系统,不能有缺漏。在基建、设备、产品档案中有较多的蓝图。蓝图的整理一般采取组卷方式,因而档案工作人员必须将蓝图折叠成 A4 规格的幅面后装盒保存。前文已介绍了图纸的组卷方法,此处重点介绍蓝图的折叠方法。

1. 蓝图的图幅标准

蓝图的图幅标准参见表 3-4。

表 3-4　图幅标准　　　　　　　　　　单位:毫米

图幅代码	宽边尺寸	长边尺寸
A0	841	1189
A1	594	841
A2	420	594
A3	297	420
A4	210	297

2. 蓝图的折叠方法

蓝图有多种折叠方法,常用的有两种:一是设计院方法,即有设计内容的幅面朝外;二是档案部门方法,即有设计内容的幅面朝里。无论档案工作人员采用哪种方法,都必须将案卷内不同尺寸的图样材料折叠为统一幅面,即以 A4 图幅(210 毫米×297 毫米)为准。为了保护图纸内容幅面的安全,档案工作人员一般采取手风琴式向内折叠方法,按照"先上下,后左右"的"三部曲"步骤进行(如图 3-21 所示)。

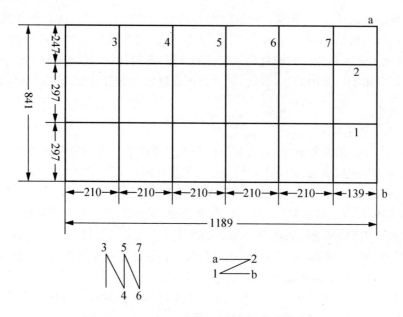

图 3-21　不装订图纸的手风琴式向内折叠方法

第一步：将所折图纸按正常看图习惯面对自己，审签的图标栏置于右下角，采用 A4 尺寸的硬纸板置于左下角，左边、底边与图纸边线对齐，先从上内折向下，至底边处再反向折回。

第二步：上下折完后，再左右折叠，先沿硬纸板的右边线向左折，再反向往右折，反复如此，最终折成 A4 幅面大小。

第三步：将折成 A4 幅面大小的图纸最上页向外翻折，露出图标。

以上为不装订图纸的手风琴式向内折叠方法。如果图纸需要装订，则在硬纸板左边留出 1.5 厘米的边作为装订边即可（如图 3-22 所示）。

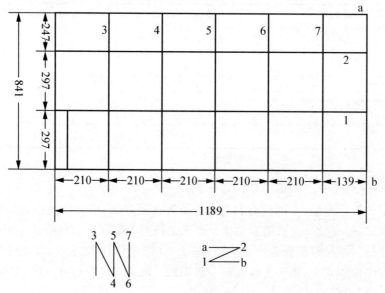

图 3-22　装订图纸的手风琴式向内折叠方法

图纸折叠完毕后,档案工作人员应在空白处加盖档号章,式样如图 3-23 所示。该式样参见《科学技术档案案卷构成的一般要求》(GB/T 11822—2008)。

档号	序号

图 3-23　档号章式样

八、科技档案案卷的装订

科技档案组卷工作完成后,档案工作人员必须采用特定方法固定整理成果,一般可以采用装订和不装订两种形式将组成的案卷固定下来。

(一) 需要装订的科技档案案卷

纸质科技档案案卷有三种基本类型,即文字材料型、图文混合型和图样材料型。一般来说,文字材料型、图文混合型科技档案案卷需要装订。案卷采用"三孔一线"的方法进行装订,装订前档案工作人员必须去掉金属物,对破损的文件材料要进行托裱。其装订式样如图 3-24 所示。

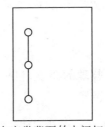

在案卷背面的中间打结

图 3-24　装订式样

(二) 不需要装订的科技档案案卷

少数文字材料型科技档案案卷和全部图样材料型科技档案案卷都不需要装订。不需要装订的科技档案案卷卷内的文件材料必须按照卷内目录排列顺序,在每份文件材料(或每张图纸折叠成 A4 幅面后)的右上角空白处加盖档号章,以便材料借阅后归还时准确归入原位。

九、科技档案装盒

科技档案案卷装订完成后,档案工作人员需将档案装入特定的科技档案盒中上架保管。档案室必须使用国家标准的科技档案盒,档案盒的规格参见《科学技术档案案卷构成的一般要求》(GB/T 11822—2008),用材必须是无酸纸。塑料文件盒、资料袋、普通纸质档案盒都不利于科技档案的保管、保护。

科技档案装盒应根据具体情况采取不同的方式,归纳起来有以下两种情况。

(一) 单盒单卷

单盒单卷装盒方式主要针对图样材料型科技档案案卷。由于图纸卷一般不装订,整理后直接装入盒中,因而按照案卷质量的要求必须采用"一卷一盒"或"一盒一卷"的方式。档案工作人员可以根据一个案卷中图纸的厚度选择不同厚度的科技档案盒,如 10 毫米、20 毫米、30 毫米、40 毫米、50 毫米、60 毫米 6 种规格。在档案装盒过程中,档案工作人员必须避免出现"厚盒子装薄卷"的情况,以免档案盒占据太多的空间,提高档案箱(柜)的有效存储量。对于单盒单卷装盒方式,档号、案卷题名等内容可以直接填写在盒子表面,盒内不必再放置"软卷皮"封面,但必须放置卷内目录。

（二）单盒多卷

单盒多卷装盒方式主要针对文字材料型、图文混合型科技档案案卷。由于这些案卷皆已装订成册,因此科技档案盒只起到包装盒的作用。在实际工作中,档案工作人员可以采用厚度较大的档案盒。对于单盒多卷装盒方式,档案盒的表面不需填写任何内容,但卷脊设置的项目必须填写完整。

实训练习

1. 实训材料

教师准备一整套完整的基建文件材料,要求包含：一个项目的前期准备阶段、设计阶段、施工阶段、竣工阶段的材料,内容包括各阶段的文字材料和竣工图纸等；国家标准的科技档案盒 10 个、科技档案"软卷皮"封面 20 对、卷内目录 1 本、档号章 4 个、企业分类大纲 1 份等。

2. 实训内容

教师重点训练学生掌握科技档案整理的要领,包括如何组卷、编号,填写卷内目录和封面项目,拟写案卷标题,编制科技档案档号。

3. 实训方式

教师将全班学生分成 4 个小组,将基建文件材料分拆给每个小组,并根据材料的多少分配档案盒等用品。每个小组的成员针对分到的材料共同进行分析,按照《科技档案案卷质量标准》进行整理,组成完整的案卷。

4. 教师评判

教师针对每个小组整理的案卷逐卷进行点评,并指出其中存在的问题。

任务四　编制科技档号

相关知识

科技档号是指科技档案案卷的编号,是用来描述分类层次和案卷排列顺序,固定档案整理成果的一组符号。档号产生于档案工作人员对单位档案实体进行整理和管理的过程。编制档号的最终目的,是为了便于档案的保管和利用,《档号编制规则》(DA/T 13—1994)规定档号是"档案馆(室)在整理和管理档案的过程中,以字符形式赋予档案的一组代码。档号是存取档案的标记,并具有统计监督作用"。因此,编制规范的、合乎逻辑的档号对科技档案的实体管理意义重大。

一、科技档案档号的结构模式

科技档案档号的编号方法与文书档案档号的编号方法有较大的差异。科技档案档号由分类号和案卷顺序号构成(如图 3-25 所示),其结构模式为:科技档号＝分类号＋案卷顺序号。

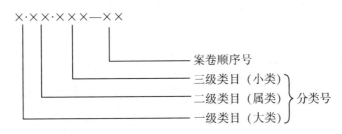

图 3-25　科技档号的结构模式

二、科技档号的编制方法

(一) 编制要求

(1) 科技档号要反映科技档案系统整理后的科学次序,应同分类体系(分类大纲)的分类方法和机构层次相一致。

(2) 科技档号必须具备唯一性,应杜绝不同的案卷具有同一档号,即在一个单位内部(或同一档案室内)一个案卷只有唯一的档号。

(3) 科技档号的分类号应根据本单位的"档案分类大纲"所制定的层次填写,案卷顺序号则按整理过程中给定每卷的卷号填写。

(4) 科技档号必须具有稳定性,一经确定,不应随意变动,否则有可能引起连锁反应而导致大量的重复劳动。

(5) 科技档号的编制必须准确、简明,不要过于复杂。

(二) 标识方式

1. 科技档号的标识

科技档号由代字和代号组成,代字表示大类,代号表示属类、小类。其标识方式有以下两种形式:

(1) 单纯号码制。

单纯号码制即分类号全部用阿拉伯数字做标识,如 6·1·4·2—2。又如,根据《工业企业档案分类试行规则》对档案进行分类编号,即:0—党群工作类;1—行政管理类;2—经营管理类;3—生产技术管理类;4—产品类;5—科学技术研究类;6—基本建设类;7—设备仪器类;8—会计档案类;9—干部职工档案类。

(2) 混合号码制。

混合号码制即用代字和代号混合编制科技档号。一级类目用代字(英文字母),其他层次用阿拉伯数字做标识;案卷顺序号用阿拉伯数字来标识,如 B1·4·2—2。

2. 科技档号的标识说明

(1) 科技档号的编制要规范化,分类号与案卷顺序号之间用"—"符号隔开,分类号的不同层次之间用"·"符号隔开;混合编码制大类代字与属类第一层之间可以不用"·"符号相隔。

(2) 无论是代字还是代号,都必须赋予其确定的含义,在一个单位中一个代字不能既代表此类又代表彼类。

(3) 除大类代字外,其他层次的阿拉伯数字也要有固定的含义。

(4) 案卷顺序号应在同一项目、产品、设备、科研课题下编号,两个不同的产品之间不能连号。

三、科技档案常见类型的编号

科技档案常见的类型主要有产品档案、科研档案、基建档案和设备档案四种,其具体举例说明如下。

(一) 产品档案

产品档案的编号结构如图 3-26 所示。

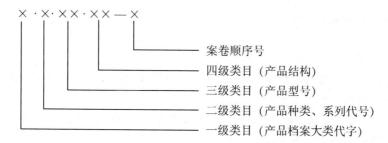

图 3-26 产品档案的编号结构

究竟设置几级类目应依产品的复杂程度或形成档案数量的多少而定,因为各种企业产品或生产过程不同,其二级以下类目设置也不一样,档案工作人员可以根据具体情况设置层次。

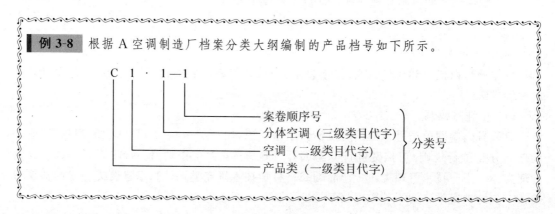

(二) 科研档案

科研档案的编号结构如图 3-27 所示。

图 3-27 科研档案的编号结构

（三）基建档案

基建档案的编号结构如图 3-28 所示。

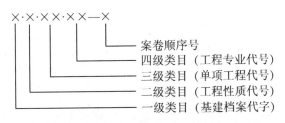

图 3-28 基建档案的编号结构

工程专业包括土建、结构、水暖、通风、电气（可以根据行业特性增减）。工程性质层次的设置应根据实际情况确定。

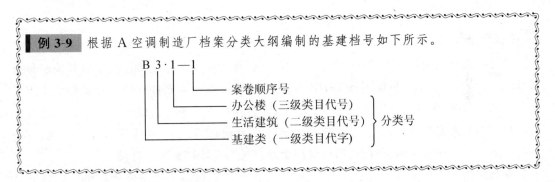

（四）设备档案

设备档案的编号结构与产品档案的编号结构相同（如图 3-29 所示）。

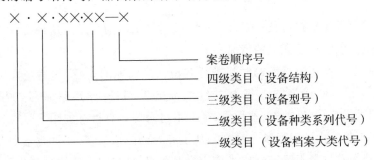

图 3-29 设备档案的编号结构

科技档号的编制由于行业不同而有不同的编制方法：有行业标准的，编号方法从其行业；没有标准的，依照上述方法。

实训练习

1. 实训材料

教师以本模块任务三"实训练习"中每个小组整理的案卷作为素材。

2. 实训内容

教师重点训练学生如何编制科技档号。

3. 实训方式

教师将每个小组整理的案卷交换分发给不同的小组，以案卷作为编制科技档号的基本素材，由每个学生根据自己的理解并结合书本知识，编制每个案卷的科技档号（要求编制准确、规范）。

4. 教师评判

教师在课堂上进行分析和点评，对学生编制的错误的档号应指出出错的原因并加以纠正。

任务五　编制科技档案目录

相关知识

科技档案目录是一种重要的档案检索工具。科技档案经过分类、组卷、排列和编制科技档号之后，形成了基本的科技档案实体管理体系，这个体系需要通过一种方式来把整体成果固定下来。同时，为了便于提供利用，也需要编制科技档案目录。编制科技档案目录的方法是以科技档案案卷为单位，将案卷的有关内容逐项登记在目录上，从而形成科技档案目录。科技档案目录一般包括两种目录，即科技档案总目录和科技档案分类目录。

在当前档案管理普遍使用计算机的情况下，科技档案目录一般通过计算机打印后装订成册。

一、科技档案总目录

科技档案总目录是指按科技档案接收进库的时间编制的目录。这种目录准确地反映了库房内科技档案的数量以及变化的情况。

总目录按科技档案接收进库的时间进行登记。先进库的先登记，后进库的后登记。每本总目录一般登记500个案卷。每本总目录都必须编目录号，目录号的模式为总—1、总—2……分别表示总目录的第1本目录、第2本目录等。总目录的顺序号在每本目录内编流水号，因此每本目录内的案卷顺序号都是从1开始的。

由于科技档案总目录不便于科技档案的检索利用，只起到数量统计的作用，因此目前基本不再要求编制。

科技档案总目录的格式参见表3-5和表3-6。

表3-5 科技档案总目录(格式一)

总登记序号	科技档号	接收进库日期	编制单位	案卷题名	密级	保管期限	数量		出库情况			备注
							份数	张数	原因	日期	经办人	

表3-6 科技档案总目录(格式二)

总序号	档号	案卷题名	起止日期	保管期限	页数	备注

二、科技档案分类目录

科技档案分类目录是按照科技档案类别分别编制的目录,如产品档案目录、科研档案目录、基建档案目录、设备档案目录等。这种目录系统地反映了科技档案的分类体系,是科技档案分类排列的依据,因而是一种管理科技档案的常用目录。科技档案分类目录一般按大类(一级类目)分开,每一大类设1本目录。如果某类档案的数量较多,目录超过1本,档案工作人员则采取对每本目录编制目录顺序号的方式以示区别:即分类目录号=大类代字+目录顺序号,如基建档案在档案分类大纲中用大写字母B代表,则B—1、B—2表示基建档案的分类目录。

由于国家档案局没有出台科技档案分类目录的编制规范,因此各地在科技档案分类目录的编制上格式不太相同,基本的形式有两种:有的地方采用"分类目录表+卷内目录"的形式组合成分类目录;有的地方则采用"案卷目录+卷内目录"的形式组合成分类目录。本书列举出这两种科技档案分类目录的形式,主要是记录科技档案分类目录的发展过程,第一种分类目录的形式在20世纪八九十年代常用,而今基本上被第二种形式替代,本书关于科技档案分类目录推荐采用第二种形式,即"案卷目录+卷内目录"的形式。

(一)第一种形式——"分类目录表+卷内目录"

这种形式的科技分类目录由分类目录表和卷内目录两个部分组成,分类目录表居于前,卷内目录居于后,其具体格式参见表3-7、表3-8、表3-9。

表3-7 科技档案分类目录(格式一)

序号	档号	案卷题名	编制单位	保管期限	归档时间	数量		出库情况			备注
						份数	张数	原因	日期	经办人	

表 3-8　科技档案分类目录(格式二)

档号	案卷题名	起止日期	保管期限	页数	备注

表 3-9　科技档案分类目录(格式三)

顺序号	归档时间			案卷题名	档号	页数	编制单位		保管期限	备注
	年	月	日				单位	日期		

需要注意的是,以上三种科技档案分类目录均为纸型 A4 规格的横表。

(二)第二种形式——"案卷目录＋卷内目录"

这种形式的科技档案分类目录由案卷目录和卷内目录两个部分组成,类似于文书档案的档案目录。案卷目录的格式(纸型 A4 规格)参见表 3-10,卷内目录的格式参见本模块任务三中表 3-3。

表 3-10　案卷目录

序号	档号	案卷题名	总页数	保管期限	备注

需要注意的是,此案卷目录为纸型 A4 规格的纵表。

实训练习

1. 实训材料

教师准备本模块任务三"实训练习"中每个小组整理的案卷,科技档案分类目录 1 本,档案目录夹 4 个,目录夹背脊、封面标签各 1 张。

2. 实训内容

教师重点训练学生准确地编制科技档案分类目录。

3. 实训方式

学生将已经整理完毕的全部案卷填写在"科技档案分类目录"表上,并按照档案目录的制作方法,将科技档案分类目录装订成册,贴上背脊和封面标签。

4. 教师评判

教师重点检查科技档案分类目录的填写是否符合标准要求,装订是否规范。

模块四 会计档案的管理

> 会计档案是经济活动的伴生物和记录经济活动规律的重要载体,是单位的重要档案之一,也是国家全部档案的重要组成部分。会计档案无论是对制定经济政策、进行科学决策,还是对开展财务分析、实施会计监督、改善单位的经营管理、实行综合平衡都具有重要的作用。

知识目标

1. 了解会计档案的形成过程。
2. 熟悉会计档案的定义。
3. 掌握会计档案的种类和特点。

技能目标

1. 能够完成会计档案的整理和分类。
2. 能够准确地对会计档案保管期限进行划分。
3. 能够完成会计档案的编目。

案例导入

陈主任把老徐和小赵叫到自己的办公室里:"公司最近有个大的动作,收购了一家濒临倒闭的C企业,现在要你们两位和公司财务部的同事一起对C企业的会计档案进行清点和接收。"

在公司内部,会计档案一般是由财务部单独保管的,在业务上也主要由老徐进行指导,小赵平时接触得很少。出发之前,老徐专门给小赵讲了一些关于会计档案整理的知识。

他们到了C企业的财务部一看,档案可真够乱的,好多年的会计凭证放在一个大麻袋里面,有些年度的会计报表也残缺不全,还有几年的会计文件装订成一个大本,根本没有分类……

老徐见状不由地苦笑着说:"看来这次的工作量挺大的呀。"

小赵说:"那咱们就赶紧动手吧。"

老徐说:"先别急,我们得先做一些准备工作,磨刀不误砍柴工。"他首先认真分析了C企业会计档案的内容和类别,接着又组织大家一起制订了分类方案和会计档案保管期限表。接下来的几天,大家按照分类方案把全部会计档案划分为会计凭证、会计账簿、会计报表、会计文件等几大类,再把每一类按年度区分成若干个小类,同时也给每份档案确定了保管期限。

10天以后，C企业的会计档案除少数残缺不全、无法弥补外，其他的都分别装订或装盒，变得井然有序。这批会计档案为B公司掌握C企业的财务状况和运营情况起到了非常重要的作用，B公司专门通报表扬了老徐和小赵等几个人。

小赵深有感触地对老徐说："会计档案这么重要，通过会计档案就能掌握企业的整个运营情况。会计档案真是我们企业的'保护神'啊。"

会计档案是机关、企业事业单位和其他组织中一种常见的档案种类，是一个单位档案的重要组成部分。它不仅是经济活动的历史记录，而且还是一个单位开展财务分析、实施会计监督和改善机关、企业事业单位经营管理的工具。

任务一 认识会计档案

相关知识

一、会计档案的定义

《会计档案管理办法》第三条规定："会计档案是指单位在进行会计核算等过程中接收或形成的，记录和反映单位经济业务事项的，具有保存价值的文字、图表等各种形式的会计资料，包括通过计算机等电子设备形成、传输和存储的电子会计档案。"

二、会计档案的管理原则

会计档案工作作为单位档案工作的重要组成部分，应遵循国家关于档案工作的基本原则规定。《档案法》第四条的规定："档案工作实行统一领导、分级管理的原则，维护档案完整与安全，便于社会各方面的利用。"

（1）统一领导、分级管理。只有实行统一领导、分级管理，才能克服档案分散保存所带来的弊端，才能维护档案的完整与安全，便于社会各方面对档案的利用。

（2）维护档案完整与安全。这是档案管理最基本的要求，是指档案收集要齐全，整理要系统，要切实维护档案实体的安全和档案机密的安全。

（3）便于社会各方面对档案的利用。只有档案被利用才能体现档案的价值所在，也才能体现档案工作的服务性质。档案部门应不断地提高服务质量，为利用者提供优质的档案服务。

三、会计档案的特点

会计工作是一项复杂烦琐、细致严密的工作。在会计核算中，会计凭证、会计账簿、会计报表这三种核算材料有机地构成一个不可分割的统一的会计核算体系，对各项经济活动、财务收支连续地进行记录和反映。作为一种专门档案，会计档案具有不同于其他档案的特点。

（一）内容的专业性

会计档案是在各项会计核算中形成的，它以数字为主要内容，反映会计核算的内容、程序和结果。这种与一般档案不同的特殊内容、专门手段使会计档案具有较强的专业性。

(二) 程序的紧密性(严密性)

会计档案的形成是按照特有的、专门的程序进行的,先有会计凭证,然后再依据会计凭证登记会计账簿,最后根据会计账簿编制会计报表,环环相扣,相互制约,不差分毫(也就是说,会计账簿从会计凭证中来,会计报表从会计账簿中来)。

(三) 来源的普遍性(广泛性)

凡是有经济活动的地方都会有会计档案,会计档案参与广泛的社会经济活动。我国有几千万个独立核算的单位,每天都会频繁地发生会计事项,形成大量的会计档案。

(四) 形式的多样性(外表的形式不一)

会计凭证、会计账簿和会计报表都有特定的格式和项目,与一般常见的文件不同,因此,会计档案的装具用品也具有一定的特殊性。

四、会计档案的种类

会计档案的收集范围包括会计部门或会计人员在会计核算中形成的会计凭证、会计账簿、会计报表和"其他"类会计档案。

(一) 会计凭证

会计凭证是指记录经济业务、明确经济责任的书面证明文书,是登记会计账簿的重要依据。它包括原始凭证和记账凭证两种。

1. 原始凭证

原始凭证是指用来证明经济业务已经发生或完成,明确经济责任,并作为记账原始依据的一种会计凭证。原始凭证分为自制原始凭证和外来原始凭证两种。

2. 记账凭证

记账凭证是指会计部门根据审核后的原始凭证编制的,用来确定经济业务性质和分类(即会计分录)的一种会计凭证。记账凭证分为收款凭证、付款凭证、转账凭证和汇总凭证等。

(二) 会计账簿

会计账簿是指以会计凭证为依据,全面、连续地记录和反映一个单位各项经济业务的簿籍。会计账簿是编制会计报表的重要依据,按用途可以分为序时账簿、分类账簿和备查账簿三种。

1. 序时账簿

序时账簿也称日记账,即按经济业务发生的时间先后顺序逐日逐笔登记的账簿,如现金日记账、银行日记账、购物日记账、销售日记账等。

2. 分类账簿

分类账簿是指对经济业务进行分类登记,提供分类核算指标的账簿。在会计核算中,分类账簿是必须设置的会计主要账簿,也是编制会计报表的主要依据,如总分类账、明细分类账、多栏明细账等。分类账簿主要包括总账、明细账、日记账、固定资产卡片、辅助账簿、其他账簿等。

3. 备查账簿

备查账簿也称备查簿、备查登记簿或辅助账簿，是指对某些在序时账簿和分类账簿中未能记载或记载不全的经济业务进行补充登记的账簿。

除以上常用三种分类方法外，会计账簿还可按形式分为书本式账簿、活页式账簿和卡片式账簿三种。

（三）会计报表

会计报表也称财务会计报告，是指用统一的货币计量单位，概括地反映各单位在一定时期内经济活动和财务收支情况的书面报告文件。为了便于管理人员一目了然地掌握单位一定时期的经济活动情况及其效益，必须将日常核算的资料按统一规定的格式和口径进行汇总和综合。会计报表包括会计报表及其说明，而会计报表又包括会计报表主表、附表及会计报表附注。会计报表可分为日常会计报表和年度会计报表。

1. 日常会计报表

日常会计报表是为了及时掌握经济活动和财务收支情况而编制的财务会计报告，一般包括月报、季报、半年报等。

2. 年度会计报表

年度会计报表是按年度编制的、反映本单位全年经济活动和财务状况的报表及说明。

（四）"其他"类会计档案

其他会计档案主要是指其他具有保存价值应当保存的会计核算材料，包括银行存款余额调节表、银行对账单、纳税申报表、会计档案移交清册、会计档案保管清册、会计档案销毁清册、会计档案鉴定意见书等会计资料。

五、会计档案的形成

（一）会计档案主要来自各单位的会计部门或会计人员

只有会计部门或会计人员形成的专业会计文件才具有会计档案的特点，否则就不能视为会计档案。

1. 会计档案和文书档案的区别

（1）形成领域不同。

会计档案一般在资金活动领域中形成，文书档案则主要在行政管理领域中形成。

（2）形式和内在联系不同。

会计档案由3种会计核算材料有机地形成一个整体，具有密不可分的内在联系；文书档案多以公文的形式出现，具有相对的独立性。

（3）立卷和归档的时间不同。

在立卷时间上，会计档案按"日清月结年决算"的会计程序立卷，即会计凭证月终记账完了就可以立卷了；文书档案则通常在次年的第一、第二季度立卷。在归档时间上，会计档案由会计部门立好卷后保存一年，再移交归档；文书档案则一般在第二年的上半年归档。

2. 会计档案和会计资料的区别

会计档案是各单位在各项会计核算活动中直接形成的，具有保存价值的历史记录。而会计资料则是各单位为了更好地开展会计工作,贯彻国家的方针、政策,学习他人的经验,提高业务水平而收集或购买的出版物和档案的复制品等,它不是在本单位的会计工作中直接产生的。

(二) 会计档案是会计工作的产物

会计工作由会计制度、会计核算、会计分析、会计检查和会计决策5个部分组成。其中,会计核算是最基本的环节,会计档案则是这个环节的集中反映和副产品。

1. 会计制度

会计制度是指财政部根据《中华人民共和国会计法》制定发布的关于会计核算、会计监督、会计机构、会计人员以及会计工作管理的制度,如《企业会计制度》《会计基础工作规范》及《会计档案管理办法》等。

2. 会计核算

会计核算是指以原始凭证为依据,以会计科目为分类标志,以会计记账凭证和会计账簿为工具,运用一定的记账方法,按照一定的程序来完成的整理、计算、登记工作。会计核算主要包括设置账户、复式记账、填制和审核凭证、登记账簿、成本计算、财产清查、编制资金平衡表和其他会计报表等。

3. 会计分析

会计分析是指以会计报表和其他类会计档案为依据,采用专门的方法进行比较、分析和评价,从而了解单位目前的财务状况和经营业绩的过程。通过会计分析,各单位可以发现问题,预测未来发展趋势,为科学决策提供依据。各单位会计分析的结果是编制财务情况说明书的依据。

4. 会计检查

会计检查是指由会计人员对会计资料的合法性、合理性、真实性和准确性进行的审查和稽核。会计检查是对经济活动和财务收支所进行的一种事后监督,是会计核算和会计分析的必要补充,是会计工作的重要组成部分。

5. 会计决策

会计决策是指会计人员在会计管理工作中,通过决策和控制,促使企业的资金运动朝着有利的方向发展的过程。会计决策的内容主要是会计管理方法与程序的选择。

六、会计档案的归档

(一) 会计档案的归档要求

会计部门或会计人员将形成的会计文件材料经过整理立卷,移交给本单位档案机构保管的过程叫作会计档案的归档。各单位每年形成的会计档案由会计部门或会计人员按照归档范围和归档要求,整理立卷,装订成册,编制会计档案保管清册。

当年形成的会计档案,在会计年度终了后,可以由会计部门临时保管1年,再移交本单位档案机构统一保管。因工作需要确需推迟移交的,应当经本单位档案机构同意。单位会计管理机构临时保管的会计档案最长不超过3年。临时保管期间,会计档案的保管应当符合国家档案管理的有关规定,且出纳人员不得兼管会计档案。单位会计管理机构在办理会计档案移交时,应当编制会计档案移交清册,并按照国家档案管理的有关规定办理移交手续。

（二）会计档案的归档范围

会计档案的归档,仅指会计档案核算材料的归档。按照《会计档案管理办法》第六条的规定,以下会计资料应当进行归档:

（1）会计凭证,包括原始凭证、记账凭证。

（2）会计账簿,包括总账、明细账、日记账、固定资产卡片及其他辅助性账簿。

（3）财务会计报告,包括月度、季度、半年度、年度财务会计报告。

（4）其他会计资料,包括银行存款余额调节表、银行对账单、纳税申报表、会计档案移交清册、会计档案保管清册、会计档案销毁清册、会计档案鉴定意见书及其他具有保存价值的会计资料。

需要注意的是,会计部门经办的有关财会工作的方针、政策、制度、预算、计划、总结、报告及来往文书,按照《会计档案管理办法》第二十八条的规定,应当执行文书档案管理规定,不属于会计档案的范围。

七、会计档案的作用

会计档案是人类会计活动真实的历史记录,存储着丰富的信息资源,具有多方面的利用价值。会计档案的主要作用是信息史料作用和凭证作用,具体作用如下:

（1）会计档案为国家经济建设的计划和决策,对宏观经济运行进行管理和监督提供真实可靠的信息,它是编制国家和地方预算的重要依据。

（2）会计档案为机关、企业事业单位加强内部微观经济管理提供丰富的原始数据,是编制单位预算、财务收支计划的重要依据。

（3）会计档案是打击经济领域的犯罪活动和反对不正之风的有力工具。许多经济领域的犯罪活动都是通过查证会计凭证、账目等会计档案发现的。会计档案客观地记录了会计事项活动中的具体情况,在打击经济犯罪活动中发挥着重要的凭证作用,有效地维护了财经纪律,保护了国家财产。

（4）会计档案是研究经济和财政历史的可靠史料。会计档案的史料作用就是充分地利用系统、全面的会计档案核算材料,通过对比分析的方法,更好地从经济角度反映单位的真实面貌。通过会计档案的积累,还可以为单位编写大事记、开展历史研究等提供经济活动方面的素材和原始记录。

实训练习

1. 实训材料

教师事先准备好财务管理文件 5 份,单位会计制度 1 本(汇编),一个年度的会计报表,10 本会计账簿(包含两个年度),20 本会计凭证(包含两个年度)。

2. 实训内容

教师让学生认识会计档案核算材料和财务管理文件的区别,加强学生对会计档案的了解。

3. 实训方式

教师将所有的实训材料展示出来,让学生判断哪些实训材料属于会计档案。

4. 教师评判

教师结合学生的判断进一步讲解会计档案和财务管理文件的区别。

任务二　会计档案的整理

相关知识

会计档案的整理是指将会计部门或会计人员在日常会计核算过程中形成的核算材料，按照会计档案业务规定标准的要求，进行科学的分类、组合、立卷、排列和编号，组成一个有序体系的过程。会计档案整理是否符合要求直接关系到档案的保管和利用，因而整理工作要求做到规范、准确、标识明确。

一、会计档案的整理原则

按照我国有关档案整理工作的原则和通行做法，档案整理必须遵循文件材料形成的自然规律及其自身固有的特点，会计档案整理也不例外，必须遵循会计文件材料的形成规律和特点，保持其相互之间的有机联系，进行科学的分类整理，形成具有内在联系的有机整体。

根据《会计档案管理办法》第十二条关于"纸质会计档案移交时应当保持原卷的封装"的规定，会计档案的整理原则上应当保持原卷的封装，个别需要拆封重新整理的，应当会同会计部门和经办的会计人员共同拆封整理，以分清责任，档案工作人员不得擅自拆装。

由于会计档案的专业性强，一般应由会计人员整理立卷，然后向本单位档案机构移交。把会计档案的立卷归档作为会计人员的职责之一是有效地保证全部的会计档案能系统、完整、按时归档的重要前提。本单位档案机构应当保持原卷册的封装，不能将原始的卷册拆开，重新组合。

二、会计档案的分类

会计档案是一个单位常见的档案类别，与文书档案、基建档案等类别构成单位档案分类大纲的一级类目。进行会计档案分类时，主要是根据会计文件材料形成的种类情况设置会计档案的属类，一般设置为会计报表、会计账簿、会计凭证、其他等四个属类，会计档案分类的类别设置基本框架（一）如图 4-1 所示。

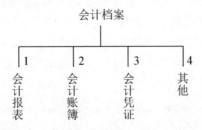

图 4-1　会计档案分类的类别设置基本框架（一）

在会计档案分类设置过程中，有些单位会遇到多个方面的独立核算材料，如行政账目、工会账目等，尤其是有下属单位的机关和具有一定规模的企业基本都有这种情况存在。对于这种情况，档案工作人员可以按下列方式编制分类表，会计档案分类的类别设置基本框架

(二)如图 4-2 所示。

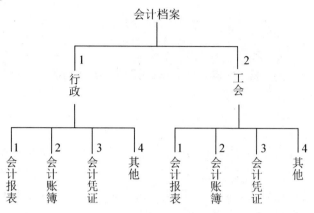

图 4-2 会计档案分类的类别设置基本框架(二)

三、会计档案的组卷

会计档案的组卷相对于其他种类的文件材料来说比较简单、清晰,整理组卷工作主要以会计报表、会计账簿、会计凭证和其他四个属类为对象来进行。

(一)会计档案的组卷要求

会计档案由于要保持会计档案核算材料的自然形成规律和材料之间的固有联系,并且在会计工作中由会计人员已按相关规定装订成册,因此,在整理过程中,原则上应当保持原卷册的封装,单位档案机构或档案工作人员不能对原始的卷册拆开或重新组合,也不需另加档案案卷封面和卷内目录,只需在原封面上加盖表明档案的印记,或加盖档号章并填写相关项目即可。个别需要重新拆装的,档案工作人员须会同原会计部门的负责人和经办人共同拆封整理。

由于会计报表与会计凭证、会计账簿略有不同,因此它的整理方法也略有不同。

(二)会计档案具体的整理方法

1. 会计报表的整理

会计报表一般包括月度、季度、半年度、年度财务会计报告,在整理过程中,档案工作人员只需将这些报表集中起来整理成卷即可。

会计报表整理的具体方法:将一个会计年度的月度、季度、半年度、年度财务会计报告分开。年度财务会计报告(决算报表)单独立卷,不与月度、季度财务会计报告相混淆。月度、季度财务会计报告根据数量的多少而组卷,数量极少的,可以 1—11 月共组一卷;数量较多的,可以把每份月度的会计报表组成一卷,一年可以组成若干卷,可以根据月度、季度财务会计报告的种类和数量确定。

> **例 4-1** 会计报表组卷的案例。
> ×××(单位名称)二〇二一年年度财务会计报表
> ×××(单位名称)二〇二一年 1—11 月财务会计报表

会计报表的组卷要求与文件材料的组卷要求相同,在一个案卷的内容组合成卷后,使用文书档案的"软卷皮"作为案卷的封面和封底,并使用文书档案的卷内目录。每个案卷必须编写页号,填写卷内目录,拟写案卷标题,填写保管期限和其他项目。

会计报表的整理步骤如下:

(1) 填写封面。会计报表采用文书档案的立卷方法整理,在一个案卷的内容组合成卷后,使用文书档案的"软卷皮"作为案卷的封面和封底。在封面上的正确位置填写标题,一般采用打印的方式制作封面。封面标题的格式一般为"××市(或县、区)×××(单位名称)二〇××年年度财务会计报表"。

(2) 填写卷内目录。会计报表案卷采用文书档案使用的卷内文件目录。由于年度财务会计报表一般为每年的12月份的报表,故在填写卷内目录时,一般填写为"×××(单位名称)二〇××年12月财务会计报表",占用表格的一栏。月度、季度财务会计报表每份表格填写一栏,按实际月、季报表数量填写。

(3) 卷内材料排列。年度财务会计报表由于只有一份12月份的报表,所以其排列不存在问题;月度、季度财务会计报表,按形成的时间顺序排列。

(4) 填写封底。填写卷内备考表的内容,如立卷人、检查人、立卷时间等。

在完成以上步骤后,按照"封面—卷内目录—会计报表材料—卷内备考表—封底"的顺序装订成册,固定整理成果,即完成案卷的组卷流程。

2. 会计账簿的整理

会计账簿一般包括会计总账、明细账、现金出纳账、银行存款账、固定资产账和各种辅助账等,在年终决算后按会计账簿的种类进行整理。在整理的过程中,档案工作人员按会计账簿的名称立卷,将每本账簿作为一卷处理即可,不需另行拆卷,不需重新组卷。

档案工作人员在进行会计账簿的整理时,应注意以下事项:

(1) 检查会计账簿的扉页是否填写齐全。

(2) 固定账簿不拆空白页,保持其原有面貌,要在记录账页的最末一行上下分别画一条红线,以示结束使用,并在案卷备考表中详细记明使用账页和空白账页的页数。

(3) 活页式账簿应将空白页抽出,将已记账的账页面在账页右上方重新依次编号,然后装订成册,加装封面和封底。

> **例 4-2** 会计账簿组卷的案例。
> ×××(单位名称)二〇二一年现金出纳账
> ×××(单位名称)二〇二一年银行存款账

3. 会计凭证的整理

一般来说,会计凭证包括各种报销单据、现金凭证、银行转账凭证、销售凭证、成本核算凭证、职工工资凭证、资产凭证等凭证性材料。会计凭证按记账顺序装订成册,厚度为2.5~3.5厘米,封面内容要填写齐全。在整理的过程中,档案工作人员应遵循会计人员在会计工作中的成果,将每本已由会计人员装订成册的会计凭证作为一卷处理即可,即一本会计凭证为一个案卷,不得拆卷,不需另行组卷。

4. 其他类会计档案的整理

会计档案移交清册、会计档案保管清册、会计档案销毁清册等应统一归入其他类范围进行整理,并按保管期限整理立卷。每一本清册就是一个保管单位,即一个案卷,编一个案卷号,不需另外整理立卷。

四、会计档案保管期限的划分

会计档案的来源很广,数量很大,如果没有科学的保管期限界定,必然会给会计档案的管理工作带来很大的困难,也会造成巨大的经济负担。

(一) 会计档案保管期限的划分原则

(1) 按照内容的重要程度划分,重要的可以永久保存,一般的定期保存。

(2) 按照查考价值的大小划分,价值大的永久保存,价值小的定期保存。

(3) 按照史料价值划分,价值大的永久保存,价值小的短期保存。

(二) 会计档案的保管期限的划分方法

会计档案的保管期限是指会计档案的最低保管期限,从会计年度终了后的第一天算起(1月1日)。《会计档案管理办法》第十四条的规定:"会计档案的保管期限分为永久、定期两类。定期保管期限一般分为10年和30年。"

1. 永久保管的会计档案

凡是对工作总结和查考以及研究经济活动具有长远利用价值的会计档案,应当永久保管。永久保管的会计档案主要包括:

(1) 涉及外事、对私改造的会计凭证、会计账簿。

(2) 年终会计报表。

(3) 会计档案保管清册。

(4) 会计档案销毁清册。

(5) 会计档案目录等。

2. 定期保管的会计档案

定期保管的会计档案是指在一定时期内具有利用价值的会计档案,其保管期限以具体的时间来标注。按照《会计档案管理办法》第十四条的规定,会计档案的定期保管期限一般分为10年和30年。

(三) 会计档案保管期限表

会计档案保管期限表是指以图表或条款的形式,列举会计档案文件的内容和形式,并指明其保管期限的一种指导性文件。它是确定会计文件保管期限的依据和标准,一般有两种形式:标准图表式和单位自定条款式。

1. 标准图表式

标准图表式是指由国家档案行政管理部门会同财政部门共同编制的,供各机关、团体、企业事业单位鉴定会计档案时通用的会计档案保管期限表。

表4-1和表4-2用标准图表式分别给出了企业会计和其他组织会计档案保管期限表及财政总预算、行政单位、事业单位和税收会计档案保管期限表。

表 4-1 企业会计和其他组织会计档案保管期限表

序号	档案名称	保管期限	备注
一	会计凭证		
1	原始凭证	30 年	
2	记账凭证	30 年	
二	会计账簿		
3	总账	30 年	
4	明细账	30 年	
5	日记账	30 年	
6	固定资产卡片		固定资产报废清理后保管 5 年
7	其他辅助性账簿	30 年	
三	财务会计报告		
8	月度、季度、半年度财务会计报告	10 年	
9	年度财务会计报告	永久	
四	其他会计资料		
10	银行存款余额调节表	10 年	
11	银行对账单	10 年	
12	纳税申报表	10 年	
13	会计档案移交清册	30 年	
14	会计档案保管清册	永久	
15	会计档案销毁清册	永久	
16	会计档案鉴定意见书	永久	

表 4-2 财政总预算、行政单位、事业单位和税收会计档案保管期限表

序号	档案名称	保管期限			备注
		财政总预算	行政单位事业单位	税收会计	
一	会计凭证				
1	国家金库编送的各种报表及缴库退库凭证	10 年		10 年	
2	各收入机关编送的报表	10 年			
3	行政单位和事业单位的各种会计凭证		30 年		包括:原始凭证、记账凭证和传票汇总表
4	财政总预算拨款凭证和其他会计凭证	30 年			包括:拨款凭证和其他会计凭证
二	会计账簿				
5	日记账		30 年	30 年	
6	总账	30 年	30 年	30 年	
7	税收日记账(总账)			30 年	
8	明细分类、分户账或登记簿	30 年	30 年	30 年	
9	行政单位和事业单位固定资产卡片				固定资产报废清理后保管 5 年

续表

序号	档案名称	保管期限			备注
		财政总预算	行政单位事业单位	税收会计	
三	财务会计报告				
10	政府综合财务报告	永久			下级财政、本级部门和单位报送的保管2年
11	部门财务报告		永久		所属单位报送的保管2年
12	财政总决算	永久			下级财政、本级部门和单位报送的保管2年
13	部门决算		永久		所属单位报送的保管2年
14	税收年报(决算)			永久	
15	国家金库年报(决算)	10年			
16	基本建设拨、贷款年报(决算)	10年			
17	行政单位和事业单位会计月、季度报表		10年		所属单位报送的保管2年
18	税收会计报表			10年	所属税务机关报送的保管2年
四	其他会计资料				
19	银行存款余额调节表	10年	10年		
20	银行对账单	10年	10年	10年	
21	会计档案移交清册	30年	30年	30年	
22	会计档案保管清册	永久	永久	永久	
23	会计档案销毁清册	永久	永久	永久	
24	会计档案鉴定意见书	永久	永久	永久	

注：税务机关的税务经费会计档案保管期限，按行政单位会计档案保管期限规定办理。

2．单位自定条款式

单位自定条款式是指由各单位依据国家标准的会计档案保管期限表，结合本行业、本单位的会计工作实际，自行制定的条款式的适用于本行业、本单位使用的保管期限表。

会计工作涉及各个领域，机关、企业事业单位各有自己的特点，形成的会计档案的内容与成分也不相同。因此，各单位在界定会计档案保管期限时要结合本系统的有关规定和实际情况。

五、会计档案的排列与编号

会计档案经过初步的整理后，必须通过一定的方法，固定整理成果，这就必须对会计档案进行有序的排列，并运用一定的符号标识它们之间的联系，这就是排列与编号。

(一)会计档案的排列

会计档案一般采用"属类—年度"分类排列法。按会计报表、会计账簿、会计凭证、其他类会计档案四个属类的顺序排列，每个属类内再分别按年度顺序排列，不区分科目，不区别保管期限。

其具体方法为：先按照会计报表、会计账簿、会计凭证、其他类会计档案四个属类区分开,每个属类内再分别按年度顺序排列。一般来说,会计报表分年度财务报表与月度、季度财务报表分开排列;账簿按30年、10年的顺序排列;会计凭证按形成的时间顺序排列。

> **例 4-3** A企业会计档案的排列如下:
> 　　会计报表类:2020年:1,2,3……12
> 　　　　　　　　2021年:13,14……27
> 　　会计账簿类:2020年:1,2,3……8
> 　　　　　　　　2021年:9,10……14
> 　　会计凭证类:2020年:1,2,3……45
> 　　　　　　　　2021年:46,47……98

（二）会计档案的编号

会计档案作为单位档案的重要组成部分和常见的档案种类,在各单位的档案分类编号大纲中已经明确居于一级类目的位置（也称之为大类）。会计档案的编号就是在本单位的档案分类编号大纲框架下,编制会计档案的档号,主要内容是编制其目录号、案卷号,并将目录号、案卷号的具体内容分别填写在会计档案特定的档号章中。目录号和案卷号的具体编制方式和要求如下。

1. 会计档案目录号的编制

（1）会计档案目录号的构成。

会计档案目录号＝会计档案代字+属类代号+目录顺序号+案卷号。

会计档案的编号应纳入单位档案的整体分类编号体系,一般情况下,在一个单位的档案分类编号大纲中,会计档案用字母"D"代表（A代表文书档案,B代表基建档案,C代表设备仪器档案,D代表会计档案等）;会计报表、会计账簿、会计凭证和其他类会计档案等四个一级属类用数字作为代号标识（1.会计报表,2.会计账簿,3.会计凭证,4.其他）;目录顺序号用数字序号表示。会计档案目录号的结构模式如图4-3所示。

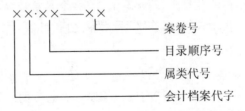

图 4-3　会计档案目录号的结构模式

（2）会计档案目录号的编制案例。

根据会计档案目录号的结构模式,填写在"目录号"项目栏的编号应根据会计档案的四个属类分别编制,其编制方式可参照例4-4和例4-5。

例 4-4 会计凭证目录号的结构模式如下所示。

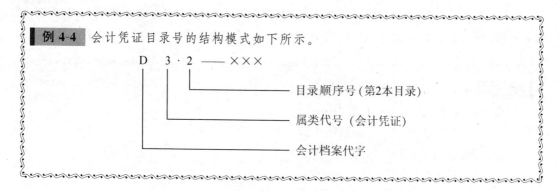

会计凭证目录号的编制原则：由于企业会计凭证的数量较大，如每年都超出 100 册，可以每年编一本目录，编制一个目录序号；不足 100 册的，可 5 年或若干年编制一本目录；会计报表和会计账簿的数量较少，可以各自编一本目录，或若干年编一个目录序号，断开后再编第 2 本目录序号。

例 4-5 会计报表目录号的结构模式如下所示。

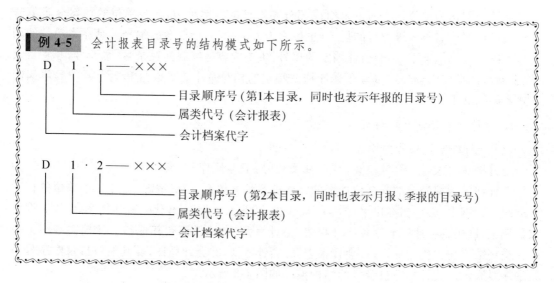

需要注意的是，由于年报的数量少，每年只有 1~2 个案卷号，故只需一个目录顺序号即可；月报、季报因数量较多，且增长较快，在"2"号目录之后，可以另设"3、4、5……"号目录。

2. 会计档案案卷号的编制

会计档案按属类编制案卷号，案卷号以一卷会计报表、一本会计凭证、一本会计账簿编一个案卷号，依照"类别—年度—案卷号"的模式编制。案卷号的编制方式有以下两种：

（1）在属类内跨年度编案卷号。

在属类内跨年度编案卷号是指在一个年度的全部案卷编制案卷号后，下一年度的案卷接着上一年度的案卷号往下编，形成一个完整的案卷号。这种方法由于跨年度编制案卷号，容易形成一个较大的数量，因此，这种编号应有一定的数量限制，一般不超过千位数，即编列若干年就要断号，再从"1"开始依次编案卷号。其习惯做法是 5 年断一次号，这种编号方式适用于会计档案数量不多的机关单位。

例 4-6 A 企业按属类内跨年度编案卷号如下表所示。

属类内跨年度编案卷号

类别		年度	案卷号
报表类	年报	2020	1
		2021	2
	月季报	2020	1、2、3……12
		2021	13、14、15……24
账簿类		2020	1、2、3……11
		2021	12、13、14……28
凭证类		2020	1、2、3……52
		2021	52、53、54……106

注：年报因为属于永久保存，且每年度只有 1~2 卷，所以另行编制一个案卷号。

(2) 在属类内分年度编案卷号。

在属类内分年度编案卷号是指每一年度编一个案卷号，依次从"1"开始编案卷号，不能跨年度编号。这种编号方式适用于每年产生档案数量很多的单位，如金融机构、大型企业事业单位。

例 4-7 A 企业按属类内分年度编案卷号如下表所示。

属类内分年度编案卷号

类别		年度	案卷号
报表类	年报	2020	1
		2021	2
	月季报	2020	1、2、3……N
		2021	1、2、3……N
账簿类		2020	1、2、3……N
		2021	1、2、3……N
凭证类		2020	1、2、3……N
		2021	1、2、3……N

注：年报可以按照第一种方式编号，即继续实行跨年度编号。

3. 档号章的编制

在会计档案整理过程中，遵循不打乱会计人员原有整理成果的原则，档案整理只需对每本会计报表、会计账簿、会计凭证和其他类会计档案案卷加盖档号章，并将相关的目录号、案卷号等内容填写进档号章的对应栏目内。

(1) 档号章的样式。

由于国家档案局至今还没有出台统一标准的会计档案档号章的样式,因此各地都有不同的档号章模板。本书结合档案业务指导工作实践列举了两种比较常见的会计档案档号章的样式,以供选择使用。

第一种会计档案档号章的样式如图4-4所示:

全宗号		保管期限		案卷号	
目录号		年度			

图4-4　会计档案档号章的样式(一)

例4-8 A企业会计档案的档号章填写内容如下所示。

全宗号	50	保管期限	30	案卷号	096
目录号	D3.5	年度	2021		

第二种会计档案档号章的样式如图4-5所示:

全宗号	目录号	案卷号

图4-5　会计档案档号章的样式(二)

例4-9 B企业会计档案的档号章填写内容如下所示。

全宗号	目录号	案卷号
260	D3.1	386

这两种样式的档号章,各单位均可以根据本单位档案工作的实际情况选择一种样式使用,一个单位有且只能选择一种档号章,以保持单位会计档案整理标准的统一。

(2) 档号章项目内容的标识。

以上两种档号章的样式虽然不同,但主要的栏目内容是相同的,因此相关栏目的标识应填写一致,具体包括:全宗号由各级国家综合档案馆给予,无须档案形成单位编制,以阿拉伯数字标识,直接填写在对应的栏目框中;目录号、案卷号则需要结合会计档案的属类编制,前文会计档案的分类中已经明确了会计档案设有会计报表、会计账簿、会计凭证和其他类会计档案等4个属类,目录号、案卷号等栏目的填写参见例4-8和例4-9。

(3) 档号章的位置。

档号章的位置因会计档案的类型不同而不同:会计报表在案卷的卷皮上直接标注;会

计账簿、会计凭证一般盖在会计档案封面的右上角或居中,既可以采用粘贴"档号章"标签的形式标注,也可以直接用阿拉伯数字在封面标注。需要注意的是,文书档案、科技档案与会计档案的档号章的格式不相同,不能混淆使用。

六、会计档案装盒

会计档案整理完毕后需装入会计档案盒,上架保管。由于会计档案基本有会计报表、会计账簿和会计凭证三种类型,因此其所需的档案盒式样不同,装盒要求也不同。

（一）会计报表装盒

会计报表装盒采用 A4 尺寸的会计档案盒。由于会计报表按照文书档案的方式组卷,因此其卷盒背脊项目的填写也与文书档案装盒完全相同。年报表与月季报表必须分开装盒。年报表按年报表案卷号装盒,月季报表按月季报表案卷号装盒,不可混淆、交叉。

（二）会计账簿装盒

会计账簿装盒采用 A4 尺寸的会计档案盒。装盒时,档案工作人员可以忽略会计账簿不同的保管期限,按会计账簿案卷号装盒。卷盒背脊项目的填写与会计报表相同。

（三）会计凭证装盒

会计凭证有专门的凭证盒,档案工作人员应按照会计凭证的案卷号装盒。

装盒之前,档案工作人员需对会计凭证盒背脊进行填写。会计凭证盒背脊项目如图 4-6 所示。

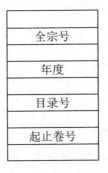

图 4-6　会计凭证盒背脊项目

会计凭证盒背脊项目的填写方法如下：

（1）全宗号。全宗号处应填写立档单位的代号,立档单位的代号即档案馆给予的编号,没有全宗号的可以不填。

（2）年度。年度处应填写填写本盒内档案形成的年度。

（3）目录号。目录号处应填写填写档案目录号,如 D1.1、D1.2、D3.1 等。

（4）起止卷号。起止卷号处应填写填写本盒内档案的案卷起止卷号,如 1—5 等。

七、会计档案目录的编制

对会计档案进行分类、立卷、排列、编号后,档案工作人员还须编制会计档案案卷目录。会计档案案卷目录是管理会计档案和提供利用的检索工具。

(一) 填写会计档案案卷目录

会计档案案卷目录的格式参见表 4-3。

表 4-3 会计档案案卷目录

案卷号	类别	题名	起止时间	保管期限	卷内张数	应销毁年限	备注
			自 年 月 至 年 月				
			自 年 月 至 年 月				

会计档案案卷目录的填写方法如下：

(1) 案卷号。案卷号处应根据整理会计档案时会计凭证盒或会计档案盒上的对应项目填写。

(2) 类别。类别处应填写该卷会计档案所属的类别，如会计凭证类、会计账簿类、会计报表类等。

(3) 题名。题名即案卷题名，此处应填写要求与会计档案盒上的案卷题名相同。

(4) 起止时间。起止时间处应填写该卷档案启用和终止的年月。

(5) 保管期限。保管期限即整理会计档案时确定的会计凭证盒或会计档案盒上的保管期限。

(6) 卷内张数。卷内张数即会计凭证总数、账页总数或会计报表的总张数，此处应根据该卷会计档案的具体张数填写。

(7) 应销毁年限。应销毁年限暂不填。

(8) 备注。备注处应填写其他需要说明的事项。

(二) 制作会计档案目录

会计档案分类别填写案卷目录后，档案工作人员还应按类别制作会计档案目录，即将会计报表、会计账簿、会计凭证等的案卷目录分别汇集成册，使用会计档案目录夹进行装订。制作会计档案目录的重点在于填写会计档案目录夹的封面标签（如图 4-7 所示）。

全宗名称	
全宗号	
目录号	
案卷起止号	
年度	
保管期限	

图 4-7 会计档案目录夹的封面标签

会计档案目录夹的封面标签的填写方法如下：

(1) 全宗名称。全宗名称即填写立档单位名称的全称，如××市财政局。

(2) 全宗号。全宗号由档案馆给予，一般进馆单位才有全宗号，非进馆单位则没有，没有的可以不填。

(3) 目录号。会计报表、会计账簿、会计凭证、其他类会计档案需填写目录号，如会计报表"D1·1"、会计账簿"D2·1"、会计凭证"D3·1"、其他类会计档案"D4·1"等,"1,2,3,4"是代表会计档案的4个类别,"1"代表4类会计档案的第一本目录,也可以为"2,3,4……"。

(4) 案卷起止号。案卷起止号即该目录内开始案卷与结束案卷的顺序号,如1—855。

(5) 年度。年度即该目录内案卷所在的起止年度,如2015—2020。

(6) 保管期限。保管期限为永久、定期。

会计档案目录编制的份数一般是：会计报表编制一式4份,会计账簿、会计凭证编制一式3份。其中,会计报表、会计账簿、会计凭证各一份目录,由会计部门保管,供日常使用,其他几份一年后连同会计档案一同移交单位档案机构。

八、会计档案的排架

会计档案的排架主要就是由单位档案机构将单位的会计部门或会计人员移交归档的各类会计档案,遵循会计档案的形成规律,按照一定的规则和要求入库上架保管、固定其存放位置的过程,以便于会计档案的有序化管理和便捷地查阅、利用。

(一) 会计档案的排架方法

会计档案按照"类别+年度(或目录号)+案卷号"的方法分类排架,具体来说,就是按照会计档案的会计报表、会计账簿、会计凭证、其他类会计档案四个属类分类排架。在实际工作中,由于其他类会计档案很少,会计档案排架的主要对象是会计报表、会计账簿和会计凭证三个类别。在每个类别下,按照年度顺序排架,即一个年度的档案排完后下一年度的同类档案接上排列。

(二) 会计档案的排架要求

(1) 会计档案排架要遵循整理工作的成果,体现档案整理成果的逻辑性,不同类别不能混排,同一类别档案的案卷要按照案卷号的顺序排列上架,不能断号、重号,不能顺序颠倒。

(2) 库房柜架编号的原则为从左往右,自上而下。

(3) 会计档案全部案卷上架或入柜后,档案工作人员要在柜架上做好标识,注明类别和档号,以方便查找,并在库房"档案存放索引图"中列明。

实训练习

1. 实训材料

教师事先准备好财务管理文件5份,单位会计制度1本(汇编),一个年度的会计报表,10本会计账簿(包含2个年度),20本会计凭证(包含2个年度);会计档案盒30个(其中,会计凭证盒20个、会计账簿盒10个),会计档案目录1本,会计档案目录夹4个。

2. 实训内容

教师让学生整理会计档案,重点训练学生填写档号章的相关项目。

3. 实训方式

教师将全班学生分为4个小组,同时将所有事先准备好的实训材料平均分发给每个小组,由每个小组自行整理。

4. 教师评判

教师对每个小组整理的会计档案进行点评。

任务三 会计档案的移交、利用、鉴定与销毁

相关知识

一、会计档案的移交

（一）会计档案的移交时间

会计档案的移交，根据《会计档案管理办法》第十一条的规定，当年形成的会计档案，在会计年度终了后，可由单位会计管理机构临时保管一年，再移交单位档案管理机构保管。因工作需要确需推迟移交的，应当经单位档案管理机构同意。单位会计管理机构临时保管会计档案最长不超过3年。临时保管期间，会计档案的保管应当符合国家档案管理的有关规定，且出纳人员不得兼管会计档案。

（二）会计档案的移交手续

《会计档案管理办法》第十二条规定："单位会计管理机构在办理会计档案移交时，应当编制会计档案移交清册，并按照国家档案管理的有关规定办理移交手续。"会计档案移交时必须办理移交手续，填写"会计档案移交（接收）登记簿"（参见表4-4），并由移交和接收的双方签字确认。

表4-4 会计档案移交（接收）登记簿

案卷目录号	案卷目录题名或组织机构名称	所属年度	移交（接收）日期	移交（接收）原因	案卷数量				移交人	接收人	备注
					小计	其中					
						永	30年	10年			

（三）会计档案的移交要求

会计档案的移交具有一定的质量要求。

（1）移交单位应当编制会计档案移交清册，列明应移交的会计档案的名称、卷号、册数、起止年度和档案编号、保管期限等内容。

（2）交接会计档案时，交接双方应当按照会计档案移交清册所列的内容逐项进行交接，并由交接双方的单位负责人监督。交接完毕后，交接双方的经办人和监交人在会计档案移交清册上签名或盖章。

（3）纸质会计档案移交时应当保持原卷的封装。电子会计档案移交时应当将电子会计档案及其元数据一并移交，且文件格式应当符合国家档案管理的有关规定。特殊格式的电子会计档案应当与其读取平台一并移交。

（4）单位档案管理机构接收电子会计档案时应当对电子会计档案的准确性、完整性、可用性、安全性进行检测，符合要求的才能接收。

二、会计档案的利用

会计档案的开发利用是整个会计档案工作的目的，主要体现在会计分析、会计检查、日

常查考和进行科研四个方面。《会计档案管理办法》第十三条规定:"单位应当严格按照相关制度利用会计档案,在进行会计档案查阅、复制、借出时履行登记手续,严禁篡改和损坏。"档案工作人员在提供会计档案利用时应注意以下问题:

(1)建立健全借阅制度。

(2)严格借阅手续,需经会计部门的主管负责人同意后,方可借阅会计档案。

(3)要确保原件的完整和安全,档案借用单位应当妥善保管和利用借入的会计档案,不得在会计档案上做任何标记,不得抽换会计凭证和账页,确保借入会计档案的安全、完整,并在规定的时间内归还。

(4)把好复印、摘抄会计档案的审查、使用关。

(5)会计档案一般不得对外借出,确因工作需要且根据国家有关规定必须借出的,应当严格按照规定办理相关手续。

会计档案提供利用时,单位档案机构应注意收集会计档案提供利用的效果,逐一详细登记在"利用效果登记簿"上,以便及时总结经验,进一步改进会计档案管理工作。

三、会计档案的鉴定与销毁

《会计档案管理办法》第十六条规定:"单位应当定期对已到保管期限的会计档案进行鉴定,并形成会计档案鉴定意见书。经鉴定,仍需继续保存的会计档案,应当重新划定保管期限;对保管期满,确无保存价值的会计档案,可以销毁。"

(一)会计档案的鉴定

会计档案的鉴定包括立卷过程中的初步鉴定、销毁前的终审鉴定。初步鉴定由会计人员在工作过程中实行。销毁前的终审鉴定是对保管期满的会计档案进行鉴定,《会计档案管理办法》第十七条规定:"会计档案鉴定工作应当由单位档案管理机构牵头,组织单位会计、审计、纪检监察等机构或人员共同进行。"

(二)会计档案的销毁

经过鉴定后,确认失去了保存价值可以销毁的会计档案,根据《会计档案管理办法》的相关规定,按照以下程序销毁:

(1)单位档案管理机构编制会计档案销毁清册,列明拟销毁会计档案的名称、卷号、册数、起止年度、档案编号、应保管期限、已保管期限和销毁时间等内容。会计档案销毁清册的格式参见表4-5。

表4-5 会计档案销毁清册

序号	案卷或文件题名	年代	目录号	卷号或文号	卷内文件页(件)数	原期限	销毁原因	备注

批准人:　　　　　　　　　监销人:　　　　　　　　　销毁人:

(2)单位负责人、档案管理机构负责人、会计管理机构负责人、档案管理机构经办人、会计管理机构经办人在会计档案销毁清册上签署意见。

(3)单位管理机构负责组织会计档案销毁工作,并与会计管理机构共同派员监销。监销人在会计档案销毁前,应当按照会计档案销毁清册所列内容进行清点核对;在会计档案销毁后,应当在会计档案销毁清册上签名或盖章。

会计档案销毁工作中应注意以下事项:

(1) 电子会计档案的销毁还应当符合国家有关电子档案的规定,并由单位档案管理机构、会计管理机构和信息系统管理机构共同派员监销。

(2) 保管期满但未结清的债权债务会计凭证和涉及其他未了事项的会计凭证不得销毁,纸质会计档案应当单独抽出立卷,电子会计档案单独转存,保管到未了事项完结时为止。

(3) 单独抽出立卷或转存的会计档案,应当在会计档案鉴定意见书、会计档案销毁清册和会计档案保管清册中列明。

(4) 会计档案销毁清册要归档保存。

实训练习

1. 实训材料

教师事先准备好财务管理文件 5 份,单位会计制度 1 本(汇编),一个年度的会计报表,10 本会计账簿(包含 2 个年度),20 本会计凭证(包含 2 个年度),会计档案销毁清册 4 本。

2. 实训内容

教师让学生判断会计档案的价值,确定其保管期限。

3. 实训方式

教师将全班学生分为 4 个小组,同时将所有事先准备好的实训材料平均分发给每个小组,要求学生按照会计档案鉴定标准对实训材料进行价值鉴定,同时对已失去价值的会计档案按要求进行登记。

4. 教师评判

教师针对学生的鉴定结果进行点评。

模块五　声像档案和实物档案的管理

> 声像档案和实物档案是档案工作中比较特殊的对象,它们有别于传统的以文字记录信息的纸质档案,而是通过声音、图像或实体来保存和传递档案信息,在管理方法上也不同于传统的纸质档案。

知识目标

1. 了解声像档案的种类。
2. 熟悉声像档案的定义和特点。
3. 掌握照片档案的组成。

技能目标

1. 能够对照片档案进行分类和鉴定。
2. 熟悉录音录像档案的管理方法。
3. 能够对实物档案进行分类与编目。

案例导入

经过几个月的锻炼,小赵对档案工作颇有心得,各种档案材料经过他的整理都能够准确地进行分门别类,并妥善保管。这天,宣传部的小钟拿来了几个大盒子,里面装着B公司历年来的各种活动的照片、录音带和录像带等资料。

小钟对小赵说:"小赵,这些东西是我在宣传部的一个柜子里发现的,不知道你这里需要吗?"

小赵翻看了一下这些资料:"你看看,这是公司成立时拍的录音带,这是公司大楼奠基时拍的照片……陈主任看到这些资料一定会很高兴的。"

小钟赶紧说:"那我把这些资料给你吧。"

由于老徐外出开会,小赵就开始着手对这些资料进行整理。小赵把有文字说明的照片一一夹到相应内容的档案中;录音带和录像带因为没法塞到相关的文件盒里,所以他就把它们单独放进一个档案盒里排到案卷的后面。可是有些没有文字说明的照片比较难处理,因为小赵也不认识上面的人,所以全都装在一个档案盒中打算等老徐回来后再作处理。

过了几天老徐回来了,小赵对他说自己"抢救"了公司一批珍贵的档案,现在已经全部整理好了。老徐仔细看了看小赵的成果,皱起了眉头:"小赵呀,你能够意识到这批档案的价值说明你有进步。但是,这些档案不能和文书档案放在一起。"

小赵不解地说:"为什么不行?你告诉过我整理档案时要按照来源原则,把来源、内容、时间相关的档案放在一类,我现在把这些档案和原来的文书档案放在一起完全符合这个标准,如果把它们分开存放将给查找和利用带来困难。"

老徐耐心地向小赵解释说:"你说得没错,我们整理档案是要按照这些标准来进行。然而,这些不同载体的档案却不能放在一起。由于保管条件和保管要求不同,它们所需要的保存环境与文书档案有很大的区别。你看,这些档案现在已经出现了一些问题,一些照片已经与纸张粘在了一起,一些磁带也开始老化,如果我们再不加以妥善保存,损坏会越来越严重。所以,我们在整理时一定要注意,要以妥善保管为前提。"

小赵这才恍然大悟:"原来是这样呀!我还有一个问题,就是这些没有文字说明的照片应该怎么处理?"

老徐说:"这些没有文字说明的照片不能随便放在一起,一定要想办法找出它的来源和内容。这也告诉我们在收集照片档案时一定要有完整的文字说明,否则会影响照片档案的整理。"

声像档案是一种特殊载体档案,在现代工作中非常常见。声像档案有自己独特的整理方式和特殊的保管要求。在实际工作中,我们需要根据相关规定来进行专业的调整。

任务一 认识声像档案

相关知识

一、声像档案的定义

声像档案是指国家机关、社会组织和个人在从事公务活动中直接形成的,具有保存价值的以磁性或感光材料为载体,以声音、影像为主要反映方式,并辅以文字说明的历史记录。

根据以上定义,声像档案具有以下三个方面的基本含义:

(1) 国家机关的声像档案必须是在公务活动中形成的,而名人声像档案可以是收集个人生活和名人从小成长的历史记录。

(2) 声像档案具有特殊的形式与载体,声像档案载体材料的形成、制作方法、保管条件、利用方式和纸质载体不同,档案工作人员必须遵循声像载体的特点和规律,进行特殊的整理和保管。

(3) 声像档案是以声像记录材料的特殊载体为主、文字说明为辅的一种历史记录。文字说明在声像档案的构成中是不可缺少的要素。文字说明是画面、音响、形象的译写,声音、图像和文字说明缺一不可。如果没有文字说明做补充,人们就无法明白声像档案所反映的时间、地点、人物、背景等具体情况。所以,声像档案除具有特殊的载体外,还必须辅以文字说明做补充。

二、声像档案的特点

(一) 形意结合,形象逼真

一般的纸质档案不像声像档案那样给人以活灵活现的感觉。有些事件或活动通过文字很难表达清楚,然而通过反映事物变化的照片、录音、录像等就会很好地展现。声像记录和文字说明是形意结合的整体，它们互相依存、互相印证、互相补充。声像档案是社会活动的真实记录，它可以使利用者有身临其境的感觉。声像档案是将画面的可视形象生动地展现在人们的面前，而且配有音乐、语言等，便于利用者理解和接受。由此可见，声像档案的形象性与直接感受性超过了其他类型的档案。

（二）时间感、空间感强烈

作为相互交替信息的工具，一般载体的档案在时间上与空间上是有限的。而声像档案由于依赖于先进的科学技术和快速的传送手段，其时间感与空间感比一般的档案强烈，甚至可以进行超越时空的远距离传送，这是一般档案无法做到的。声像档案可以把历史进程中转瞬即逝的"容貌"记录下来并予以再现，可以把人们引向对历史的深切怀念或者使人们对历史有更深刻的认识。

（三）易复制，原件与复制件难区分

声像档案容易复制，而且人们难以区分原件与复制件。一般的纸质档案，原稿与复印稿是很容易区分的，而要区分原版磁带与制作精良的磁带复制件、区分原版底片与制作精细的翻版底片则是十分困难的。同时，纸质档案的文字记录与文字载体之间的关系是难以分割的。而记录在声像档案上的信息可以转录到感光胶片、磁带和光盘上。而且作为声像档案载体的磁带可以用来多次记录，使它成为各种相互依存技术的产物。随着科学技术的不断发展，照片、磁带、磁盘、光盘等所记录的信息比纸质档案更容易复制。因此，档案工作人员对声像档案的原件与复制件要认真区分，以便于保管和利用。

三、声像档案的收集

（一）声像档案的收集范围

下列范围的照片、底片、录音、录像和与此有密切关联的文字说明材料，各机关均应向本机关档案室移交归档：

（1）记录本单位主要职能活动和重要工作成果的声像材料。

（2）领导人和著名人物参与本单位、本地区有关的重大公务活动的声像材料。

（3）本单位组织或参与的重大外事活动的声像材料。

（4）记录本单位、本地区重大事件、重大事故、重大自然灾害及其他异常情况和现象的声像材料。

（5）记录本地区地理概貌、城乡建设、名胜古迹、自然风光及民间风俗和著名人物的声像材料。

（6）其他具有保存价值的声像材料。

（二）声像档案的收集时间

（1）对具有归档价值的声像档案，其摄影者或承办单位应及时整理，向档案室归档，一般不得跨年度。

（2）依照《录音录像档案管理规范》（DA/T 78—2019）的规定："属于国家综合档案馆接收范围的录音录像档案，应依法按期向同级国家综合档案馆移交。符合移交进馆要求的录音录像电子档案自形成之日起5年内向同级国家综合档案馆移交。"

（3）档案馆应按收集范围随时征集零散的对国家和社会具有保存价值的声像档案。

(三)声像档案的收集要求

(1) 建立归档制度,对归档时间、归档范围、归档方法及质量要求作出专门规定,并把归档工作制度化,作为档案接收工作不可缺少的组成部分。档案工作人员在注意其他种类档案归档的同时,不能忽视声像档案。档案主管部门在接收有关单位移交的档案时,也应检查是否包括声像档案。

(2) 对属于收集与归档范围的声像档案,档案工作人员应按规定及时(每次活动结束后)向本单位档案室移交归档,集中管理,任何单位或个人不得据为己有。

(3) 声像档案中的照片、底片和文字说明应齐全,照片、底片、影像应一致。

(4) 声像档案的移交和征集应符合有关标准和要求。

四、声像档案的种类

随着社会的发展、科技手段的不断更新、专业活动的日益增多,声像档案的种类和数量也越来越多。虽然这些档案的内容和载体与一般的纸质档案不太相同,但其在社会活动中的重要性却越来越明显。声像档案大致可以分为照片、底片、录音、录像、光盘等几大类(如图 5-1 所示),其编号结构如图 5-2 所示。

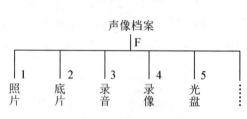

图 5-1 声像档案的种类

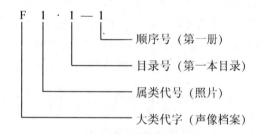

图 5-2 声像档案的编号结构

实训练习

1. 实训材料

教师事先准备好照片 30 张,旧底片 10 张,盒式录音带 4 盒,录像带 4 盒,光盘 10 张,旧电脑磁盘 10 张;获奖证书 4 本,奖状 4 张,锦旗 1 面,奖杯 2 座以及其他奖品。

2. 实训内容

教师重点训练学生认识声像档案和实物档案,增强感性认识。

3. 实训方式

教师向学生展示提前准备好的实训材料。实训时,教师进行提问、启发学生,学生思考还有什么东西可以归入声像档案和实物档案。

4. 教师评判

教师结合学生的回答进一步讲解声像档案和实物档案。

任务二 照片档案的管理

> 相关知识

一、照片档案的定义

照片档案是指国家机关、社会组织或个人在社会活动中直接形成的以静止摄影影像为主要反映方式的有保存价值的历史记录。照片档案包括以感光材料为载体的传统的照片档案和数码照片档案。

二、照片档案的范围

凡是利用摄影方法形成,记录和反映单位职能活动的照片均列入单位照片档案的归档范围,一般包括以下方面的内容:
(1) 主要职能活动和工作成果照片。
(2) 各种会议照片。
(3) 单位领导参加重大公务活动照片。
(4) 单位各种重大活动照片。
(5) 记录单位重大事件、重大事故的照片。
(6) 与单位发展密切相关的历史照片,如散失在外人手中的企业早期的历史照片。
(7) 与其他载体档案有密切联系的照片档案等。

由于传统照片档案历史悠久、数量众多、分布广泛,因此本任务所指的照片档案均为传统照片档案,数码照片档案则单独进行介绍。

三、传统照片档案的归档与管理

(一) 传统照片档案的构成

以感光材料为载体的传统照片档案一般包括底片、照片和文字说明三个部分。

1. 底片

底片可以分为原底片和翻版底片。原底片是指照片在形成过程中最初产生的底片。翻版底片又称复制底片,其目的除保护原底片外,还在于补充缺损或遗失的底片。一旦原底片损坏或遗失,档案工作人员就可以将翻版底片补充进去,作为传统照片档案来保存。

2. 照片

照片是通过底片洗印而成的。清晰的照片便于辨认,在一般情况下,归档的每张底片均附有 1 张照片。在底片损坏或遗失时,还可以根据照片进行翻制。随底片同时归档的照片可以作为档案保存。

3. 文字说明

文字说明主要是指照片的题名与文字说明材料。照片上所表现的形象只是事件的一个或几个片段,它所反映和说明的事实具有一定的局限性,还需要有文字说明加以补充。照片和文字说明是相辅相成的,是互不可分的整体。

(二) 传统照片档案的归档要求

(1) 凡属于收集范围内的照片,摄影者或承办机构均应按相关规定进行整理,并定期向企业档案机构或档案工作人员移交归档。每年6月底前应完成上一年度照片档案的归档整理工作,重大活动或重大事件形成的照片档案在工作结束后1个月内应移交归档。

(2) 对反映同一内容的若干照片,应选择其主要照片归档,主要照片应具备主题鲜明、影像清晰、画面完整、未加修饰剪裁等特点。

(3) 底片、照片、文字说明应齐全。

(4) 底片与照片影像应一致,对无底片的照片应制作翻版底片,对无照片的底片应制作照片。

(三) 传统照片档案的整理

1. 传统照片档案的整理原则

传统照片档案的整理应遵循"有利于保持照片档案的有机联系,有利于保管,有利于提供利用"的原则。同一活动(事件)的照片一般集中在一起,并集中在一卷(册)照片档案夹(盒)内,不能人为地分开。照片档案底片应单独整理和分开存放。

2. 传统照片档案的整理步骤

传统照片档案的整理就是将单位或企业组织收集的照片组成有序体系的过程。整理的内容包括分类、排列、编目等,共分为九个步骤(如图5-3所示)。

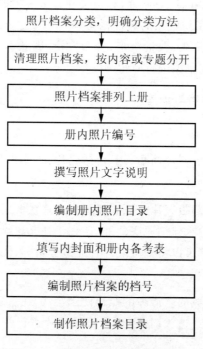

图 5-3 传统照片档案的整理步骤

3. 传统照片档案的分类

在分类时,档案工作人员应根据照片反映的事件(事物),按其内容、属类、时间进行整理。在整理时应保持照片之间的有机联系,并给每张照片附上文字说明,从而使观看者和利用者感到有序有次、内容明确、形象鲜明、印象深刻。这是分类工作最基本的要求。

照片档案的分类一般采用以下三种分类方法:

(1)专题(或问题)—年度分类法。

专题(或问题)—年度分类法是指档案工作人员先将照片按内容分开,根据照片所反映的内容拟写照片专题(或问题)的名称,再在每个专题(或问题)之下按形成的年度顺序排列组卷。这种方法适用于活动时间跨度比较长所形成的照片档案。

例5-1 A单位照片档案按专题—年度分类如下所示。

照片档案 {
1. 各级领导视察本单位专题(2021年、2022年……)
2. 本单位各种会议专题(2021年、2022年……)
3. 本单位宣传活动专题(2021年、2022年……)
4. 本单位文体活动专题(2021年、2022年……)
5. 荣誉类专题(2021年、2022年……)
……
}

需要注意的是,不同的单位保存的照片档案有不同的专题(或问题),各单位可以根据现有照片的内容来设置专题(或问题)。

(2)年度—专题(或问题)分类法。

年度—专题(或问题)分类法是指档案工作人员先将照片按年度分开,再根据同一个年度内照片所反映的专题(或问题)分开,不同专题(或问题)的照片依次排列组卷。一个年度的照片档案可以形成一卷或若干卷。这种方法适用于照片档案形成数量比较多的单位。

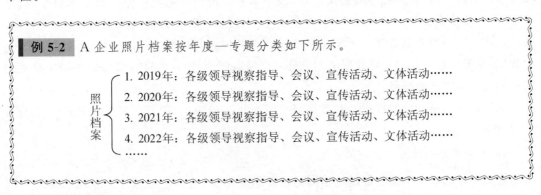

例5-2 A企业照片档案按年度—专题分类如下所示。

照片档案 {
1. 2019年:各级领导视察指导、会议、宣传活动、文体活动……
2. 2020年:各级领导视察指导、会议、宣传活动、文体活动……
3. 2021年:各级领导视察指导、会议、宣传活动、文体活动……
4. 2022年:各级领导视察指导、会议、宣传活动、文体活动……
……
}

(3)年度分类法。

年度分类法是指档案工作人员将本单位在一个年度形成的所有照片归为一类,再按时间先后分开。这种方法适用于照片档案形成数量少的单位。

一般来说,专题(或问题)—年度分类法适用于活动时间跨度比较长所形成的照片档案;

年度—专题(或问题)分类法适用于照片档案形成数量比较多的单位;年度分类法适用于照片档案形成数量比较少的单位。

4. 传统照片档案的排列

传统照片档案的排列有两层含义:一是每次活动(每组照片)内照片与照片之间的排列(每组照片以张为单位编流水号);二是组与组之间的排列。照片档案排列的顺序为专题—年度—组—张,具体的排列上册方法如下:

一是分开年度,不同年度所形成的照片,按年度先后顺序排列。

二是照片册内组与组之间的排列,一年内所形成的照片分成若干组,把反映同一次活动的照片作为一组。组与组之间的排列同其分类方案相一致:排列问题时,按综合性、重要性的顺序排列;排列时间时,按照片形成先后顺序排列。

三是每组照片内照片与照片之间的排列(每组照片以张为单位编流水号),每组内的照片按其所反映的事物的重要程度结合照片形成的时间顺序排列。

照片分类排列顺序后应固定在照片册芯页上,组成照片册。一些大幅、大张规格幅面的特殊规格照片(如团体照片等),一般不排列在照片册内,而是装盒或装袋平放,在盒内或袋内要有照片的编号和文字说明,但照片册内要做一定的关联指引。

> **例 5-3** A 单位年度工作会议照片整理排列方法。
>
> 该大会归档的照片共有 10 张,其排列顺序是:1. 大会会场全景照片;2—3. 大会主席台全景照片(不同角度);4. 大会主持人主持会议照片;5—6. 大会主题发言人照片;7—9. 大会选举或表决照片;10. 大会群众场面照片。

5. 传统照片档案册内照片编号

照片号是固定和反映每张照片分类与排列顺序的一组字符代号。完整的照片号由全宗号、保管期限代号、册号和张号组成,但在企业中可以采取简化方法,即编写册号和张号。在照片册内,按照片的排列顺序编制照片号,每一本照片册内每张照片编一个流水顺序号,每卷从"1"开始依次编号,不重号、不空号、不漏号。另起新册时,再从头编制照片号。照片号要分别填写在该照片的背面右下角及照片册芯页的该张照片的"照片号"中。同时,为了便于利用,档案工作人员应在照片册的参见号一栏填写照片的"参见号",即与此张照片有密切联系的其他类档案的档号。

照片编号的格式为两段式,即"案卷号—照片号",如"2—33"表示第 2 卷照片册中的第 33 张照片。

6. 传统照片档案文字说明的编写

传统照片档案文字说明是照片档案的重要组成部分,包括一组照片的总说明和每张照片的分说明(即总说明和分说明)。照片档案有底片和正片(照片)之分,不论是底片还是照片都应备有文字说明材料。

(1) 照片档案总说明。

照片档案总说明是对一组照片的说明,说明应综合运用事由、时间、地点、人物、背景、摄影者等 6 个要素,概括地揭示一组照片所反映的全部信息和其他需要说明的事项,并在说明中指出该组照片的起止张号和数量。总说明的字数一般限制在 200 个字左右,填写在一组照片的前面。

① 事由:即照片所反映事件、事物的情由。
② 时间:即事件发生的时间和照片拍摄的时间。
③ 地点:即被拍摄物所在的具体地点。
④ 人物:即照片中主要人物的姓名、身份。
⑤ 背景:即对揭示照片主题具有一定作用的背景。
⑥ 摄影者:即照片的拍摄单位或拍摄人。

实物档案照片、领导个人的标准相不用写总说明。

> **例 5-4** 某照片档案文字说明(总说明)。
>
> 2022 年 3 月 22 日,A 市档案局在市政府综合楼 6 楼会议室召开全市档案工作会议,省档案局局长陈××、市政府副市长张××到会指导并做重要讲话,市档案局局长王××作 2021 年工作总结以及布置 2022 年工作任务。会议还对 2021 年全市社区建档做出突出贡献的先进单位和先进个人进行了表彰。会议由市档案局副局长李××主持。出席会议的有全市各单位分管档案工作的领导和档案员。此组照片由向××拍摄,共有 25 张(1~25)。

(2) 照片档案分说明。

照片档案分说明是对单张照片的说明,是以每一组照片中的自然张为单元编写的简要说明,可以用表格方式置于单张照片的左侧或右侧相应的栏目中。一组照片有总说明的,其单张照片的说明可以相对简化;以单张照片为一组的,则总说明与分说明相同。照片档案分说明的格式如图 5-4 所示。

```
题名:_____

照片号:_____
底片号:_____
参见号:_____
时间:_____  摄影者:_____
文字说明
_____
```

图 5-4　照片档案分说明的格式

照片档案分说明的填写方法如下：

① 题名：简明概括、准确反映照片的基本内容,人物、时间、地点、事由等要素尽可能齐全,一组照片可以用相同的题名。

② 照片号：填写照片档案册内照片的顺序号。

③ 底片号：填写底片所在的卷、页、号,即全宗内底片的编号,该张照片的底片号。

④ 参见号：填写与本张(组)照片有联系的其他档案的档号。如文2—12—33,表示本张照片与文书档案的2号目录第12案卷的第33页有关。

⑤ 时间：填写照片的拍摄时间,即填写8位数的公元纪年,如××××年××月××日。

⑥ 摄影者：填写照片的摄影者。摄影者无从查考的,则填写单位或组织机构的名称。

⑦ 文字说明(分说明)：同样要求运用事由、时间、地点、人物、背景、摄影者等要素概括地揭示单张照片反映的全部信息。

例 5-5 某照片档案分说明栏目填写。

题　　名：A市档案馆晋升国家一级评审会议

照 片 号：2—13

底片所在：1卷2页4号(无底片则可以不写)

参 见 号：2—12—33

摄 影 者：×××(姓名)

时　　间：2022.03.30

文字说明：大会会场

例 5-6 某照片档案文字说明(分说明)。

1. 2022年3月30日,A市档案局局长王××、副局长李××陪同A市档案馆晋升国家一级档案馆考评小组的专家国家档案局副局长兰××(后排左二)、司长赵××(后排左三),查看DARMS软件计算机管理档案的情况。

2. 2022年3月30日,A市档案馆晋升国家一级档案馆考评颁证大会(右起：市政府秘书长钱××,市长董××,省政府秘书长侯××,国家档案局副局长兰××,省档案局局长陈××)。

这两张照片缺少了总说明。如果有总说明,分说明就可以省略很多文字,也可以把背景交代得更清楚。例如,考评小组是国家级的专家,组长是国家档案局的副局长,成员由国家档案局的司长、省档案局局长组成。A市档案馆升为国家一级档案馆是全省首家,标志着A市的档案事业走在了全国的前列,这些都属于背景材料,但文字说明中并没有交代。

> 例 5-6 中补充的总说明如下:
> 2022 年 3 月 30 日,A 市档案馆晋升国家一级档案馆考评颁证大会在市政府 5 号楼 2 楼会议室举行,出席会议的领导有国家档案局副局长兰××、司长赵××,省政府秘书长侯××、省档案局局长陈××,市政府秘书长钱××、市长董××、市档案局局长王××、副局长董××,以及市档案局全体工作人员一共 50 多人。会议由省政府秘书长侯××主持。考评组由国家档案局副局长兰××担任组长,成员由国家档案局司长赵××、省档案局局长陈××等组成。考评组在结论意见中对 A 市的档案事业给予了高度的评价,A 市档案馆晋升为国家一级档案馆,是全省第一家。

总说明和分说明的联系非常密切,如果没有总说明,则照片的很多背景材料无法交代,分说明也可能会有很多重复的文字。档案工作人员使用单张照片时要结合总说明来写。

总之,文字说明是照片档案中最有价值的部分,缺少了文字说明,照片的价值就会大打折扣。

(3) 大幅照片的说明。

对大幅照片的说明可以另纸书写,与照片一同保存。对组合照片中的大幅照片,由于其与组内的其他照片紧密相连,故应随该组照片一同在册内编号,填写单张照片说明,另行存放,且应在册内注明存放地址。

7. 传统照片档案的编目

按照《照片档案管理规范》(GB/T 11821—2002)的要求以及各地实际的整理情况,传统照片档案的编目主要是册内照片目录、案卷目录和卷内备考表。

(1) 填写册内照片目录。

册内照片目录的项目包括照片号、题名、时间、页号、底片号和备注等六项。册内照片目录的格式参见表 5-1。

表 5-1 册内照片目录

照片号	题名	时间	页号	底片号	备注

册内照片目录的填写涉及两种情况:组合照片和单张照片。

① 组合照片。

组合照片以组为单位,册内照片目录的各项目说明如下:

a. 照片号:一组照片的起止号。

b. 题名:一组照片的名称,是对一组照片内容的概括。

c. 时间:一组照片摄影的起止时间。

d. 页号:一组照片所在的起止页号。

e. 底片号:一组照片的底片所在卷、页、号的起止号。

f. 备注：本组照片需要说明的情况。
② 单张照片。
单张照片的册内照片目录的各项目说明如下：
a. 照片号：照片所在全宗内的分类与排列的顺序号。
b. 题名：照片所反映的内容概括。
c. 时间：照片的拍摄时间。
d. 页号：照片所在页号。
e. 底片号：底片所在的卷、页、号。
f. 备注：本张照片需要说明的情况。
(2) 填写案卷目录。

照片档案案卷目录是以一本照片册为单位填写的。由于没有国家标准的案卷目录格式，故各地照片档案案卷目录不甚相同，在此选择两种以供参考：一种直接叫照片档案案卷目录(参见表 5-2)；另一种则叫特殊载体材料档案目录(参见表 5-3)。

表 5-2　照片档案案卷目录

案卷号		题名	年度	张数	期限	备注
档案室编	档案馆编					

照片档案案卷目录的各项目说明如下：
① 案卷号：本册照片的顺序号(档案室编)。
② 题名：案卷的标题,是对本册照片内容的概括。
③ 年度：本册照片的起止年度。
④ 张数：本册照片的累计张数。
⑤ 期限：本册照片的保存年限。

表 5-3　特殊载体材料档案目录

序号	载体类型	归档时间			案卷题名	档号	张数			编制		密级	保管期限	备注
		年	月	日			盒	张	件	单位	日期			

注：此表为横表。

特殊载体材料档案目录的各项目说明如下：
① 序号：即填写案卷登记排列顺序号，从"1"开始依次填写流水号。
② 载体类型：照片档案的类别，由于此表用于特殊载体档案，因此录音、录像档案，实物档案皆可通用。
③ 归档时间：本册照片归档整理的日期，填写年、月、日。
④ 案卷题名：本册照片的标题，是对本册照片内容的概括，如企业职工代表大会专题。
⑤ 档号：本册照片的档号，如 F1·1—1。

⑥ 编制单位：拍摄照片的单位或个人。
⑦ 编制日期：照片的拍摄时间。
⑧ 密级：照片保密程度的等级。
⑨ 保管期限：永久、长期、短期。
(3) 填写照片档案册内封面。
照片档案册内封面如图 5-5 所示。

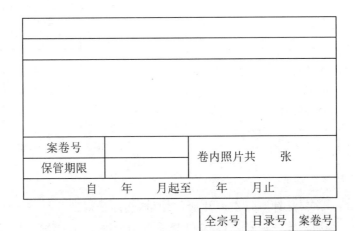

图 5-5　照片档案册内封面

照片档案册内封面的各项目说明如下：
① 全宗名称：即立档单位名称，填写时必须用全称或规范化简称。
② 类别名称：按专题分类时需填写专题名称，按机构分类时需填写内部机构名称。
③ 案卷题名：即案卷的标题。拟写时要求题名结构完整，一般由作者（单位）、年度和专题（事由）等三个部分组成案卷号。照片整理立卷后由档案室填写。
④ 保管期限：照片档案的保管期限分为永久、长期和短期。
⑤ 卷内照片张数：即卷内照片实有的总张数。
⑥ 卷内照片起止日期：即卷内照片所属的起止年月。
(4) 填写照片档案册内备考表。
照片档案册内备考表包括本卷情况说明、立册人、检查人和立册时间等几项内容（如图 5-6 所示）。
(5) 填写照片档案册册脊。
照片档案夹背脊的主要项目及其填写方法可以参考文书档案案卷封面及背脊，照片档案夹背脊的式样如图 5-7 所示。

图 5-6　册内备考表　　　　　图 5-7　照片档案夹背脊

8. 编制照片档案的档号

照片档案的档号主要是针对每本照片册的编号，实际是对照片档案案卷的编号。按照特殊载体档案档号编制的统一模式，结合企业档案分类大纲，照片档案的档号由分类号与案卷号（即顺序号）组成，其编号结构参见本模块任务一中图 5-2。

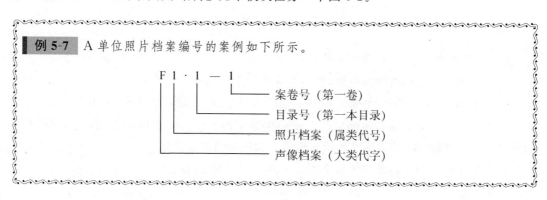

例 5-7　A 单位照片档案编号的案例如下所示。

（四）传统照片档案的考证与价值鉴定

1. 传统照片档案的考证与鉴别

传统照片档案，尤其是形成时间较久的照片档案，由于形成时间距现在较长，从而给准确地判定其价值增加了难度。为此，档案工作人员应通过以下方法考证照片档案：

（1）通过文字档案与史料考证鉴别。

（2）通过调查、询问进行考证鉴别。

（3）实地考察鉴别。

（4）对照比较考证鉴别。

2. 照片档案价值的鉴定

照片档案作为一种非定量的物体，对其进行价值判定的难度较大，但以下四个要素档案工作人员可以在鉴定照片档案的价值时参考：

(1) 照片形成的年代。
(2) 照片反映的内容。
(3) 照片的制成材料。
(4) 照片的技术质量。

3. 传统照片档案的保管期限

关于照片档案的保管期限，无论是记录性照片还是艺术性照片，一般在拍摄过程中就已经过选择，在印、放或冲洗的过程中还要进行筛选，因此，对保存下来的照片档案的保管期限一般划为永久或长期保存比较妥当。购进的或与外单位之间互相赠送的照片，如果和本地区、本单位的工作无直接联系，只是作为互相学习、宣传交流之用的，则应作为资料存放。

(五) 传统照片档案的保管与保护

根据《照片档案管理规范》(GB/T 11821—2002)的规定，底片、照片应恒温、恒湿保存。长期贮存环境，24小时内温度的周期变化不应大于±2℃，相对湿度变化不应大于±5%。中期贮存环境，24小时内温度的周期变化不应大于±5℃。相对温度变化不应大于±10%。同时，库房还要注意防火、防光、防尘、防污染。

照片档案的装具在形式上和文字档案有一定的区别。在一般情况下，保管文字档案案卷的装具是不适用于照片档案保管的。目前主要有三种装具用于照片档案的保管：(1) 普通相册；(2) 自制相册；(3) 新型照片档案册。其中，新型照片档案册用得比较广泛。这种照片档案册是按照国家标准，从封面到内芯使用质量上乘的中性纸，同时活页装订，便于组卷，存用方便。

对于大幅照片的保管，应按《照片档案管理规范》(GB/T 11821—2002)的格式写上说明，并在说明下方注明"此为大幅照片，存放于大幅照片第×盒"；备注栏内注明"大幅"和存放地址，这样既方便查找大幅照片，又利于大幅照片的单独存放与保管。

(六) 传统照片档案的提供利用

照片档案是一种具有形象真实性、审美性和易传播性的档案信息。照片档案自产生以来始终被人们广泛地利用着。照片档案具体提供利用的方式，除借阅、复制外，还有展览、咨询与宣传以及编辑出版照片画册等。

1. 展览

展览是指档案工作人员根据某种工作的需要，按照一定的主题，系统地陈列照片档案，以供参观和展阅的一种提供利用的重要方式。展览以生动的画面和丰富多彩的内容引起人们对照片档案的注意和利用的兴趣。

关于照片档案的展览，档案工作人员可以根据本单位自身的条件，与其他档案一起设立长期的展览厅(室)，陈列本单位保存的有关国家、民族、本地区、本行业系统、本单位历史和现实的珍贵照片，以引起社会对档案工作的重视。这种展览可以由档案部门自己举办，也可以由档案部门与有关部门共同举办；可以在国内举办，也可以在国外举办。

2. 咨询与宣传

档案工作人员要尽量向社会各界揭示所藏照片档案的状况和内容，并做好咨询与宣传工作。

3. 编辑出版照片画册

编辑出版照片画册的基本程序是：确定选题；拟订编辑方案；选材；加工和排列；审校和公布出版。

四、数码照片档案的归档与管理

(一) 数码照片档案的概念

数码照片是指用数字成像设备拍摄获得的，以数字形式存储于磁带、磁盘、光盘等载体，依赖计算机等数字设备阅读、处理，并可在通信网络上传达的静态图像文件。

数码照片档案是指机关、团体、企业事业单位和其他组织在处理公务过程中形成的对国家和社会具有保存价值并归档保存的数码照片。

(二) 数码照片的归档要求

根据《数码照片归档与管理规范》(DA/T 50—2014)的规定，数码照片在拍摄完成后，应及时整理和归档，最迟在第二年6月底前完成归档。数码照片档案的保管期限划分为永久和定期，其中定期分为30年和10年。

数码照片的归档主要有以下要求：

(1) 归档的数码照片应是使用数字成像设备直接拍摄形成的原始图像文件，不能对数码照片的内容和EXIF信息进行修改和处理。

(2) 对反映同一内容的若干张数码照片，应选择具有代表性和典型性的数码照片归档，所选数码照片应能反映该项活动的全貌，且主题鲜明、影像清晰、完整。反映同一场景的数码照片一般只归档一张。

(3) 归档的数码照片应为JPEG、TIFF或RAW格式，推荐采用JPEG格式。

(4) 归档的数码照片应附文字说明。文字说明应综合运用事由、时间、地点、人物、背景、摄影者等要素，概括揭示该数码照片所反映的主要内容。

(5) 数码照片可通过存储到符合要求的脱机载体上进行离线归档，也可通过网络进行在线归档。

(6) 归档时，应对照片进行真实、完整、可用和安全方面的鉴定、检测。

(三) 数码照片档案的整理

根据《数码照片归档与管理规范》(DA/T 50—2014)的规定，数码照片档案主要根据以下要求进行整理：

(1) 分类：同一全宗内的数码照片档案按照"保管期限—年度—照片组"分类。

(2) 排列：同一照片组的数码照片档案按形成时间排列。

(3) 命名：整理过程中，应对数码照片文件进行重命名。其具体格式为"保管期限代码—年度—照片组号—张号.扩展名"。

① 保管期限代码：分别用"YJ""30""10"代表永久、30年、10年。

② 年度：为4位阿拉伯数字。

③ 照片组号：为4位阿拉伯数字，同一年度内的照片组从"0001"开始顺序编号。

④ 张号：为4位阿拉伯数字，同一照片组内的数码照片从"0001"开始顺序编号。

例如，2022年某单位拍摄的一组××工作会议的数码照片为本年度第一组照片，保管期限为"永久"，存储格式为JPEG。则该组照片第一张照片的文件名为"YJ-2022-0001-

0001.jpg"。

（四）数码照片档案的存储和保管

1. 数码照片档案的存储

根据《数码照片归档与管理规范》(DA/T 50—2014)的规定，数码照片应该存储在耐久性好的载体上，推荐使用硬磁盘、磁带和一次写光盘作为数码照片档案长期保存的存储载体。数码照片档案应存储为一式 3 套，一套封存保管，一套供查阅利用，一套异地保存。存储数码照片档案的载体应有专门的装具，并且应在载体装具上粘贴标签，标签上著名载体套别（封存保管、查阅利用、异地保存）、载体序号、保管期限、起始年度、终止年度和存入日期等。

2. 数码照片档案的保管

对存储数码照片档案的磁性载体每满 2 年、光盘每满 4 年进行一次抽样机读检验，抽样率不低于 10%，如发现问题应及时采取恢复措施。

对存储在磁性载体上的数码照片档案，应每 4 年转存一次。原载体同时保留时间不少于 4 年。

（五）数码照片档案著录项目和说明

根据《数码照片归档与管理规范》(DA/T 50—2014)的规定，数码照片档案应该至少包括以下著录项目：全宗号、保管期限、年度、部门、照片组号、张号、参见号、摄影者、时间、组题名、文字说明、文件格式、开放状态。

（1）全宗号：档案馆给立档单位编制的代号。

（2）保管期限：照片所划定的保管期限，包括永久、30 年、10 年。

（3）年度：形成年度，采用 4 位阿拉伯数字。

（4）部门：归档部门，采用部门全称或规范化简称，并且保持一致和稳定。

（5）照片组号：为 4 位阿拉伯数字，同一年度内的组从"0001"开始顺序编号。

（6）张号：为 4 位阿拉伯数字，同一组内的数码照片从"0001"开始顺序编号。

（7）参见号：与本张照片有密切联系的其他载体档案的档号。

（8）摄影者：照片的拍摄单位或拍摄人。

（9）时间：数码照片的拍摄时间。采用 8 位阿拉伯数字，依次为：年代 4 位，月和日各 2 位，不足的在前补"0"。

（10）组题名：本组照片所共同反映的主要内容。

（11）文字说明：本张照片的说明，包括人物、地点、事由等要素。

（12）文件格式：本张照片的计算机文件类型，包括 JPEG、TIFF 或 RAW。

（13）开放状态：本张照片是否开放的标记，开放为"Y"，不开放为"N"。

实训练习

照片档案

B 学院的文秘专业一直与 A 档案软件有限公司进行课程的深度合作，每个学期均会派若干名学生到该公司进行项目实习。此次实习结束后，按照惯例双方要举行一次奖学金捐赠仪式，以鼓励在实习中表现突出的学生。请你根据照片档案的相关知识对现场进行拍照，并进行照片档案整理。

1. 实训准备

(1)学生准备。学生应掌握照片档案的相关知识。

(2)教师准备。教师提前准备好奖学金捐赠仪式的背景介绍。

2. 实训任务的选取

教师将部分学生参与的真实项目引入课程,既可以加深学生对校企合作项目的了解,也可以提升学生对课程内容的理解。该实训任务的设计,既能让学生在实训任务中训练相关知识中的技能,也能深入了解学生实习的相关情况,还能了解档案行业的社会需求,以此来提高学生的参与热情。

3. 实训操作过程中的建议

(1)关于拍照。由于捐赠仪式的场地有限,所以建议每个小组选派1名同学到现场进行旁听、拍照和记录。此环节是照片档案整理的基础,该同学除要掌握拍照的一般技术要求外,还需要注意:一是会议的主题、流程及主要参会人员等,并及时记录会议中的相关主要信息;二是抓住拍照的关键节点,也就是会议的流程;三是要留意拍照的合理位置,确保主要人物和主要场景都要有正面的、清晰的照片。只有这样该同学才能拍取有效照片,为后期小组同学进行照片档案的整理打好基础。

(2)关于整理。目前,现实生活中的照片基本都是数码照片。为了方便后期查阅和利用,建议将这些数码照片做成两种形式:

一种是 PPT(PowerPoint)的形式。首先将 PPT 按照数码照片的归档要求进行命名,为 10-2020-0035(A 档案软件有限公司奖学金捐赠仪式),接着将主题照片放在第一张 PPT 里,然后将整个会议的文字总说明放在第二张 PPT 里,最后将照片按照会议流程的顺序依次放置于每张 PPT 中。值得注意的是,每张 PPT 里的会议流程照片也需要附上文字说明,尤其是重要发言人的名字、职位以及位置等,而且必须标识清楚。

另一种是文件夹的形式(方便后期单独取用其中的某张照片)。文件夹形式的整理类似 PPT 的整理,不过是将每张照片单独存放在该会议主题的文件夹即可。需要注意的是,一定要对每张照片进行重命名,并用序号表明其流程顺序。文字总说明以 Word 文档的形式来记录,并保存在该会议主题文件夹内即可。总之,我们要达到的效果就是即使利用者没有参会,看到照片档案也会对该会议的流程等清清楚楚。

4. 范例(以 PPT 的形式为例,仅附文字说明)

PPT1(主题照片):显示有"A 档案软件有限公司奖学金捐赠仪式"的清晰照片。

PPT2(文字总说明):2021 年 11 月 20 日下午 3:00,A 档案软件有限公司奖学金捐赠仪式在 B 学院行政楼 3 楼网真会议室举行。出席会议的双方人员有 A 档案软件有限公司档案数字化项目总经理毛××、工程师涂××、实习项目负责人华××,B 学院文传学院书记郑××、教学副院长向××、档案课程任课教师陈××,以及本学期在该公司实习的 2020 级文秘专业的学生。会议由向副院长主持。A 档案软件有限公司为文传学院的教学企业,多年来双方一直进行着深度合作。本次照片由何××拍摄,共 8 张,照片存储格式为 JPEG,保管期限为 10 年。

PPT3(会议流程 1):B 学院文传学院书记郑××(前排居中)发表讲话。

PPT4(会议流程 2):A 档案软件有限公司数字化项目总经理毛××(前排左一)发表

讲话。

PPT5(会议流程3)：B学院文传学院书记郑××代表学院向A档案软件有限公司授予牌匾。

PPT6(会议流程4)：A档案软件有限公司实习项目负责人华××为学生颁发奖学金。

PPT7(会议流程5)：获奖学生姚××代表学生发言。

PPT8(会议流程6)：B学院文传学院副院长向××(前排右一)发表讲话。

PPT9(会议流程7)：双方出席人员与获奖学生合影留念。

5．实训总结

照片经常会出现在人们的工作和生活中。此次实训将真实的会议引入课堂中，就是希望学生能够学会拍取工作中的有效照片，尤其要注意拍照时的具体位置和时间节点，以便后期进行合理的整理。

任务三　录音录像档案的管理

相关知识

录音录像档案是一种特殊的文件材料，是指国家机构、社会组织或个人在社会活动中直接形成的以记载在物理载体上的影像或声音为主要反映方式的有保存价值的历史记录。录音录像档案以磁性材料为载体，采用录音、录像等方法，记录声音和图像等信息，属于磁性载体档案类型。这类声像档案在现代社会中较为普遍，形成数量比较多。

一、录音录像档案的收集

(一) 录音录像档案的积累

国家机构、社会组织或个人在社会活动和科学实践中直接形成的磁性载体文件，应由文件形成部门指定专人负责收集、积累，并附有配套的文字说明(包括活动内容、录制地点、录制时间、录制者等)，以确保记录内容的完整性、准确性。工作结束后，档案工作人员应及时向档案部门移交录音录像档案，而且手续要完备。

(二) 录音录像档案的归档要求

(1) 磁性载体文件形成部门负责对需要归档的磁性载体文件进行整理、编辑，并根据本单位情况，待项目结束后将磁性载体文件按照《电子文件归档与电子档案管理规范》(GB/T 18894—2016)拷贝至耐久性好的载体上，一式3套，一套封存保管，一套供查阅使用，一套异地保存。

(2) 归档的磁性载体文件必须是可读文件，必须在有关的设备上进行演示或检测，运转正常，无病毒，清洁，无划伤，以确保文件的完整性和内容的准确性。

(3) 归档使用的录音(像)带、只读光盘的性能质量，应分别符合《电子文件归档光盘技术要求和应用规范》(DA/T 38—2008)的规定。

(4) 同一项目、同一类别的磁性载体文件应存储在同种磁性载体上。

(5) 归档的磁性载体文件应由文件形成部门编制归档说明。

① 磁带(软磁盘)需简要说明带(盘)中存储文件的内容、运行的软硬件环境、版本号、文

件的完整性和准确性等。

② 录像片需简要说明该片的内容、制式、语别、密级、规格和放映时间。同时,还应归档一套可供借阅的备份录像片。

③ 录音带需简要说明讲话的内容,讲话人的姓名、职务,录制日期,密级等。

二、录音录像档案的分类

录音磁带和录像磁带尽管结构、原理相似,但由于记录的内容、频率范围有较大区别,所以应该分别进行归类。录音录像档案应在"声像档案"基本大类之下再进行二级分类。首先分成录音、录像两大类进行整理,然后一般按照"载体形态—年度"或"载体形态—问题(内容)—年度"进行分类。

按照声像档案的二级分类,除照片档案外,根据档案的载体形态结合实际做法,同时设置了录音带、录像带、光盘(含录音、录像光盘)等类别。如果企业保存的录音录像档案的数量较多,则每种载体再按所涉及的内容进一步归类,设置三级类目,如会议类、业务工作类、活动类等。在三级类目下,按年度进行整理排列,最后按其分类层次给定分类号。录音录像档案的数量较少的情况下,档案工作人员可以不进行三级分类,直接在二级类目下按形成年度进行整理排列。

三、录音录像档案的整理与编目

凡是归档的录音录像档案,必须图像清晰、声音清楚,是原版、原件,并附有文字说明。

(一) 录音录像档案的整理

1. 整理方法

录音录像档案由于其形成的特殊性,所以一般以自然盒(盘)为一卷。

每盒(盘)的外套上要贴上标签,并根据录音录像档案形式的不同来标识不同的内容。

(1) 录像带盒上需注明编号、档号、片号、放映时间、摄制单位、摄制日期、规格、制式、语别、密级等标识;

(2) 录音带盒上需标注编号、档号、讲话人的姓名、讲话人的职务、讲话的主要内容和录制日期、密级、讲话时间等。

2. 档号编制

录音带、录像带一般以盒(盘)为一个保管单位编制档号,按照归档时间的先后次序进行流水编号。每盒(盘)编制一个流水号,其编号结构如本模块任务一中图5-2所示。

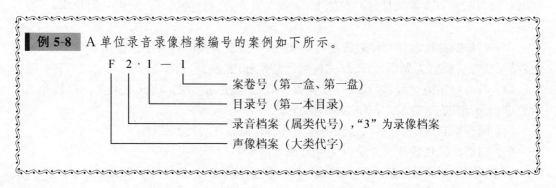

例5-8 A单位录音录像档案编号的案例如下所示。

F 2·1—1
　　　　　　└─ 案卷号(第一盒、第一盘)
　　　　　└── 目录号(第一本目录)
　　　└──── 录音档案(属类代号),"3"为录像档案
　└────── 声像档案(大类代字)

（二）录音录像档案的编目

录音录像档案的编目主要是针对盒（盘）内文件编制卷内目录和案卷目录。

1. 填写卷内目录

卷内目录的项目主要有序号、责任者、题名、日期（录音、录像时间）、录制长度、备注等（参见表5-4）。

表5-4　卷内目录

档号：

序号	责任者	题名	日期	录制长度	备注

卷内目录的填写方法如下：

（1）序号：即填写一盒录音带、录像带所录入内容的顺序号。

（2）责任者：即填写形成录音录像档案的单位。

（3）题名：即对每盒录音带、录像带所录入的内容的概括。

（4）日期：即填写现场录制的年、月、日。

（5）录制长度：即填写录音、录像内容在用磁带的物理长度，按时间计算。

（6）备注：即填写其他需要说明的事项。

需要注意的是，各地在编写录音录像档案的盒（带）内文件时采用的表格项目在设置上不尽相同，也有采用"磁性载体文件目录清单"的，在此不做统一的要求。"磁性载体文件目录清单"参见表5-5。

表5-5　磁性载体文件目录清单

盘带号：

序号	文件名	题名	档号

2. 填写案卷目录

录音录像档案由于是特殊载体档案中的类型，因此案卷目录的格式直接使用特殊载体档案目录。其具体格式参见本模块任务二中表5-3《特殊载体材料档案目录》，填写方法如下：

（1）序号：即填写案卷顺序号。

（2）载体类型：即填写录音录像档案的类别，如录像。

（3）归档时间：即填写整理编排的日期。

（4）案卷题名：即填写录音录像档案的名称，如×××视察××工程时的录像。

（5）档号：填写F2·1—1或F3·1—1。

(6) 编制单位：即填写录制的单位或个人。

(7) 编制日期：即填写录制的时间。

四、录音录像档案的鉴定

在录音录像档案的收集过程中，要注意加强鉴定，保证其真实可靠，具有保存利用价值。录音录像档案的鉴定可以从以下四个方面来进行：

（一）判断所收集的声像制品是否属于录音录像档案

目前，声像制品的数量繁多，内容复杂，如不加以认真鉴定，难免鱼目混珠。只有那些反映历史真实面貌，具有长久保存利用价值，能为今后工作提供参考和凭证的声像制品才能作为档案保存。而一些以商业目的出版发行的声像制品，或是单纯的艺术欣赏、宣传教育方面的声像制品，以及与本单位主要职能活动无关的录音、录像材料，则不能作为档案。

（二）是否是声像制品的母带

母带是指最初录制的录音、录像带。母带的真实性、可靠性、声像质量都要强于复制磁带，失真度也较小，所以档案部门一般应该保存母带，在利用时则尽量使用复制带。

（三）声像载体是否符合保存要求

声像档案要想长久地保存和利用，载体质量是关键因素，所以在收集时一定要保证收集到的声像档案载体符合有关的质量标准，能够达到长久保存的要求。

（四）相关的文字说明是否齐全完整

与照片档案一样，录音录像档案也需要一定的文字说明，否则不仅会给档案工作带来很多麻烦，而且还会影响录音录像档案利用工作的开展。如在收集过程中没有相应的文字说明，则一定要请相关当事人及时撰写，以免今后无从考证。

实训练习

1. 实训材料

教师事先准备好盒式录音带 4 盒，录像带 4 盒，光盘 10 张，旧电脑磁盘 10 张；特殊载体材料目录 1 本，档案目录夹 4 个。

2. 实训内容

教师重点训练录音录像档案的规范整理，掌握录音录像档案的整理要领，侧重点在于编号和编目。

3. 实训方式

教师将全班学生分为 4 个小组，然后将所有事先准备好的实训材料平均分发给每个小组，由每个小组的成员自行整理档案，共同讨论档号的编制和目录的填写。

4. 教师评判

教师对每个小组整理的档案进行点评，重点检查档号的编制是否准确、规范，并由教师进行讲解。

任务四 实物档案的管理

相关知识

一、实物档案的定义和特点

（一）实物档案的定义

实物档案是指国家机构、社会组织或个人在工作活动中形成的，具有保存价值的荣誉证书、奖旗、奖状、奖杯、纪念品、工艺品等反映工作成绩和对国内外友好交往的特殊载体的档案。一个单位的实物会有很多，但并不都是实物档案，其中只有那些能够反映本单位的重要活动，具有凭证或纪念价值，能够作为其他档案的参考与佐证的实物才能划归入实物档案的范畴。

（二）实物档案的特点

实物档案具有真实性、凭证性、历史性、形象性的特点，能以直观的姿态展现在人们的面前，活灵活现，感染力强，更能说明问题。实物档案可以用来弥补某些档案的不足。有些实物具有较高的研究价值和凭证价值，有时是文字材料所无法替代的，需要同文字材料一起保存下来，以提供利用。

二、实物档案的基本范围

关于实物档案，目前档案界尚有较大争议：一种观点认为实物不应列入档案的范畴；另一种观点则认为实物记录或反映了单位发展历史的某个方面，应当视为档案。这里所讲的实物一般是指单位在各项管理工作中获得的表彰、奖励、认证证明及礼品等形式的物品。因此，在实际工作中，对于实物应区别对待。一个单位的实物有可能很多，但并不都是实物档案，只有其中能够反映单位的重要活动，具有凭证和纪念价值，与单位活动有密切关系且有文字记录，能够作为其他档案参考和佐证的实物才应作为实物档案保存。因此，与声像档案相似，实物档案的基本范围也应从以下两个方面来划定：

（1）从载体形式来说，实物档案的范围更广，形式更加多样，常见的有奖旗、奖杯、牌匾、盘、碟等。

（2）从内容来说，实物档案也可以分为两个部分：一是与其他种类档案同时形成的、反映同一活动或同一内容的，如表彰会议中获得的奖旗、奖杯、牌匾等；二是其他种类档案中没有的、内容独特的实物，如来宾赠送的各种纪念品、工艺品等。

三、实物档案的分类、整理与编目

（一）实物档案的分类

在档案常规分类大纲中，实物档案与声像档案并列为一级类目（大类），通常用"H"表示。虽然，从载体上来讲，实物档案属于特殊载体材料，但由于保管方式不同，故在类别设置中与声像档案有所区别。实物档案的分类实际实行的是二级分类，一般按照"载体形态"分类。目前，实物档案二级分类有以下不同的方法：

(1) 以外在形式为依据分为奖状、奖杯、奖旗(锦旗)、奖牌以及证书、证件、工艺品等(如图 5-8 所示)。这是一种直接分类方法，适用于实物档案的数量不多的企业，在实际工作中经常被采用。

(2) 以内容为依据分为奖品类、纪念品类、证书类等。这种方法适用于实物档案的数量较多、内容较为复杂的企业，相当于再分一个"性质"层次(如图 5-9 所示)。

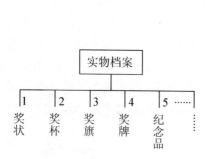

图 5-8　实物档案分类基本框架(一)

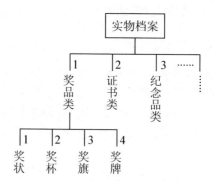

图 5-9　实物档案分类基本框架(二)

(二) 实物档案的整理

1. 整理方法

由于实物档案是已成型的物品，不需要经过组卷、编目、编制卷内目录等工序，因此，实物档案的整理重点在于分类编号，以"件"为单位编制"件号"，再将相关信息摘取后，填写实物档案"标签"，将"标签"粘贴在实物档案背面的四角或底座、印把等位置上，以不影响对实物的观瞻为宜。实物档案标签的内容各地的设计不尽相同，本书仅提供两种供参考(如图 5-10、图 5-11 所示)。

题名	
编制单位	
编制日期	
档号	

图 5-10　实物档案标签式样(一)

实物档案	
目录号	获得时间
类别	授予者或
序号	捐赠者
题名	

图 5-11　实物档案标签式样(二)

2. 档号编制

实物档案以"件"为一个保管单位编制档号，在同一类别(属类)之下，按照归档时间的先后次序进行流水编号，每件编制一个流水号。"件号"一经确定，不要随意变动。实物档案的档号结构模式如例 5-9 和例 5-10 所示。

例 5-9 A 单位实物档案编号的案例如下所示。

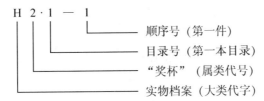

例 5-10 B 单位实物档案编号的案例如下所示。

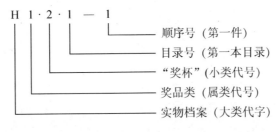

（三）实物档案的编目

实物档案的编目主要是编制案卷目录。由于实物档案也是特殊载体档案中的类型,因此其案卷目录的格式直接使用特殊载体档案目录,具体格式参见本模块任务二中表 5-3《特殊载体材料档案目录》。其各项目说明如下：

（1）序号：同一类别内实物档案的顺序号。

（2）载体类型：实物档案的类别,如奖杯。

（3）归档时间：整理编排的日期。

（4）案卷题名：实物档案的名称,如全国优秀旅游城市（奖杯）。

（5）档号：体现的是实物档案的分类,具体结构为大类代字属类代号.目录号—顺序号,例如 H2.1—1 或 H1.2.1—1（参见例 5-9、例 5-10）。

（6）编制单位：颁发实物的单位或捐赠者个人,如北京市教育委员会。

（7）编制日期：获得实物的时间。

实训练习

1. 实训材料

教师事先准备好获奖证书 4 本,奖状 4 张,锦旗 1 面,奖杯 2 座,工艺品 4 个,纪念品 4 种等实物（部分实物可以采取拍摄照片的方法拍摄后作为实训材料）;《特殊载体材料目录》1本,档案目录夹 4 个。

2. 实训内容

教师重点训练学生对实物进行鉴别,确定其是否属于实物档案;训练学生制作实物档案标签,并确定正确的粘贴位置。

3. 实训方式

教师将全班学生分为 4 个小组,然后将所有事先准备好的实训材料平均分发给每个小组,由每个小组的成员自行整理档案,共同进行分析,对提供的实物进行档案属性的判别,确定其是否可以作为档案保存。学生共同制作实物档案标签,完成本小组实物档案的全部整理工作。

4. 教师评判

教师对每个小组整理的实物档案进行点评。

模块六　档案信息化建设

> 21世纪,现代信息技术飞速发展,原来传统的手工作业已经无法满足档案管理的需要,各级政府、各类档案部门应加快档案信息化建设,保障数字档案、传统载体档案数字化成果等档案数字资源的安全保存和有效利用。

知识目标

1. 了解档案数据库建设的原则和方法。
2. 熟悉数字化存储设备。
3. 掌握电子文件的内涵和外延。

技能目标

1. 能正确使用电子档案管理系统。
2. 能完成电子文件的归档与管理。
3. 掌握纸质档案数字化的程序。

案例导入

小赵在学校时是个电脑高手,所以这次B公司要求各部门和各分公司档案管理统一实行计算机管理,他觉得自己的特长能够得到发挥。公司从广东C科技有限公司采购了一套国内最先进的档案管理软件,小赵积极申请参加软件使用培训。凭着自己多年积累的电脑知识,小赵很快就掌握了该软件的使用方法。在软件的安装和试用过程中,他还根据B公司的实际情况向C科技有限公司的技术人员提出了很多有益的建议,使这套软件更加契合本公司的工作需求。

陈主任对小赵的表现非常满意,让小赵负责各部门和各分公司档案工作人员的档案管理软件培训工作。这让小赵很有成就感,他没有想到在学校里学习的电脑知识会对自己的工作有这么大的帮助。

21世纪以来,计算机与现代信息技术相结合,组成了高新技术产业的主导,为知识的扩大再生产创造了有利的条件,为档案管理现代化创造了物质条件,提供了技术手段。高新技术的迅速发展,必将对档案工作也造成深刻的影响。

高新技术应用在档案工作中导致劳动方式、工作条件和管理体制等发生了一系列的变革。计算机信息技术在档案工作中的广泛应用,档案信息库的建立,加上现代信息通信网络系统的发展,将大大促进档案信息的存储、传播和交流。目前,计算机扫描、刻录技术、缩微技术、网络化管理等已对档案实行了全面自动化管理,从而把档案工作人员从体力劳动中解放出来,实现了档案管理、统计、编目和检索的自动化。这些新技术的应用又推动了传统的档案管理技术和方法的变革。

与此同时,由于计算机的普及、办公自动化和电子政务等技术的不断发展和普遍应用,电子文件正在大量产生,并将进一步成为档案的主体。做好电子文件归档与管理工作已经成为新时期档案工作人员面临的一个极大的挑战和难题。

总之,以计算机信息技术为代表的高新技术在档案工作中具有广阔的应用前景,计算机信息技术与档案已经密不可分。

任务一　档案机读目录数据库的建设与应用

档案信息资源建设是档案信息化建设的核心任务,是档案信息化建设取得实效的关键。加强档案机读目录数据库的建设与应用,加快推进档案信息资源的整合与共享,这是一项重要而迫切的任务。档案机读目录数据库建设的效率和质量既是检验档案信息资源开发与利用程度的一项基础指标,也是衡量档案信息化发展水平的一个重要标志。

档案机读目录数据库的建设就是档案工作人员利用现代通信技术,将档案信息和档案的管理信息按照一定的规则和格式转换成数字信息资源,建立起档案机读目录数据库。

一、档案机读目录数据库的建设原则

档案机读目录数据库的建设原则应符合国际和国家的规则,便于管理、传输、检索,符合档案著录规则,易于维护,通用性强,便于各系统之间数据的整合、迁移或应用。

(一) 规范化原则

档案机读目录数据库的著录如果不规范,比如数据著录项目的字段名与字段类型和著录项目的总数等各不相同,就会在客观上为档案机读目录数据库的规模化、网络化利用设置障碍。档案工作人员坚持规范化原则就可以扭转数据格式和元数据不统一的局面,建立一个操作性强、适用面广、科学实用的档案机读目录数据库系统。

档案机读目录数据库的规范化直接关系到档案信息资源检索体系的统一,概括起来主要有以下三个方面:

第一是档案著录标引规范,以保证各级档案部门所生成的档案信息条目一致。

第二是档案机读目录数据库结构规范,确保所生成的档案机读目录具有统一、简便的检索与交换格式。

第三是档案信息化系统软件开发技术规范,便于营造统一的信息著录平台,将各级档案部门所生成的档案机读目录集成于一体。

档案机读目录著录必须统一规范,否则就会出现同一检索点的条目前后不一致的问题,从而影响档案机读目录数据的检索和利用的质量和效率。

统一规范档案机读目录数据库的构成,对于档案信息化和网络化建设具有至关重要的意义。统一使用规范化、标准化的机读目录数据库格式,既有助于简化网上档案机读目录数据的交换检索与资源整合,也有利于各档案信息化系统对档案机读目录信息的规模化利用,从而发挥出档案信息资源检索体系的整体优势。

(二) 检索优先原则

档案机读目录数据库的建设旨在为各级政府、各行业和普通公众提供丰富的信息资源，实现资源共享，在信息化环境中拥有快速的检索功能体系。

第一，检索界面应简洁明了、易于操作，可以提供多途径检索（如主题词、责任者、分类号等），能实现各项相互之间的"与""或""非"的逻辑组配检索，并且可以实现标引词的位置算符检索，在一次检索结果的基础上实现多次循环检索，以提高查全率和查准率。档案机读目录数据库还应根据用户的需求，提供多种显示输出方式，以便用户根据自己的需要和喜好挑选满意的信息输出形式。

第二，标引体系系统应规范。档案机读目录数据库信息检索的实现以其对信息的标引为基础，以检索软件为依托，在网络条件下进行资源共享。所录入的档案信息等有关信息的标引必须统一规范与标准，实现与互联网上的信息资源检索的接轨。要想实现对档案信息规范化的标引就必须以一定的"分类法"与"词表"为基础，前者是实现对档案知识学科的标引，后者是实现对档案的主题内容的标引。所以，档案信息化系统开发应该根据《档案著录规则》(DA/T 18—1999)和其他有关档案和文献数据的标准标引，实现理想的检索效果。

二、文书档案机读目录数据的著录

文书档案机读目录数据的著录包括实行归档改革方式形成的档案目录、按照立卷归档方式形成的档案卷内目录和案卷目录，在实际操作中档案工作人员要注意区分。

(一) 著录细则

1. 题名

题名包括正题名、副题名、并列题名和案卷题名。

(1) 正题名。

正题名是档案的主要题名，一般是指单份文件文首的题目。正题名要写全，与文件要完全相符，不能随意删减、省略。若单份文件没有题名，应依据文件内容拟写题名，并加"[ ]"。单份文件的题名不能揭示或不能全面揭示其内容时，原题名照录，并根据文件内容另拟写题名附后，并加"[ ]"。正文与附件一般为一件，用正文的题名作为本件的题名。附件的题名必要时在附件项中著录。转发文与被转发文一般为一件，用转发文的题名作为本件的题名。转发文的题名不能揭示被转发文的主要内容时，原题名照录，同时著录被转发文的题名或另拟能揭示被转发文主题的题名附后，并加"[ ]"。来文与复文为一件时，用复文的题名作为本件的题名。

(2) 副题名。

副题名是解释或从属于正题名的另一题名。正题名能够揭示文件内容时，副题名不必著录。必要时，副题名照原文著录在正题名之后。

(3) 并列题名。

并列题名是以第二种语言文字书写的与正题名对照并列的题名，与正题名一并著录在题名项中，并列题名前加"="号。

(4) 案卷题名。

案卷题名是案卷的标题，它可以准确地揭示出卷内文件材料的内容与成分。

2. 文件编号

文件的发文字号一般由单位发文机关代字、发文年度和发文顺序号三个部分组成，要求照实抄录,填写完整齐全(没有文号的可以不填)。文件上有多个文件编号时,一般只著录主要责任者的文件编号,若立档单位是联合发文机关之一的,也必须著录立档单位的文件编号。文件编号之间以"/"分隔。

3. 责任者

责任者是对该份文件负有责任的单位或个人,分为团体责任者和个人责任者两种。

责任者只有一个时,照原文著录。责任者有多个时,著录列居首位的责任者。发文单位是责任者的必须著录,立档单位是责任者的必须著录,上级主管部门是责任者的必须著录,其余视需要著录。被省略的责任者用"等"表示。责任者之间以"/"分隔。多个责任者具有同一职责或身份又必须著录时,可以将职责或身份置于最末一个责任者后的"( )"中,责任者之间以"/"分隔。同一责任者有多个职责或身份又必须著录时,可以将多个职责或身份置于责任者后的"( )"中,职责或身份之间以"/"分隔。

机关团体责任者必须著录全称或规范的简称,并保持前后一致。个人责任者一般只著录姓名,必要时在姓名后著录职务、职称,并加"( )",个人责任者有多种职务时只著录与形成文件相关的职务。外国责任者的姓名前应著录易于识别的国名简称,其后著录统一的中文译名,必要时著录姓氏原文和名的缩写,国别、姓氏原文和名的缩写均加"( )"。少数民族个人责任者在著录时应按民族的署名习惯著录。文件所署责任者为别名、笔名时,均照原文著录,将其真实名称附后,并加"( )"。未署责任者的文件,应著录根据其内容、形式特征考证出的责任者,并加"[ ]"。文件责任者不完整时,应照原文著录,将考证出的完整责任者附后,并加"[ ]"。文件责任者有误的,应照原文著录,将考证出的真实责任者附后,并加"[ ]"。考证出的责任者依据不足时,在其后加"?",一并著录于"[ ]"内。

4. 密级与保管期限

(1)密级。

密级分为秘密级、机密级和绝密级。密级的标志采用汉字代码,即"秘密""机密""绝密"。一般按文件形成时所定的密级和涉密期限著录。对已升、降密级的文件,应著录新的密级和涉密期限;对已解密的文件,应著录"解密";案卷的密级为卷内文件涉密的最高密级。

(2)保管期限。

保管期限是鉴定档案保存价值和确定档案管理期限的依据和标准。按立卷方式整理的档案,一般分为永久、长期和短期三种;按《归档文件整理规则》(DA/T 22—2015)整理的档案,一般分为永久、定期30年和定期10年,分别以代码"Y""D30""D10"来表示。保管期限应据实著录,保管期限更改的,应著录新的保管期限。

5. 文件时间

文件时间著录需写全年、月、日。文件中有多个日期的情况,按照该文件的主要责任者所对应的日期著录。

文件时间的基本格式为"CCYYMMDD",用8位阿拉伯数字表示。其中,[CCYY]表示一个日历年,[MM]表示日历年内日历月的顺序数,[DD]表示日历月中日历日的顺序数,时间不详时用数字"0"表示。若文件时间没有月和日,只有年份,则分别用"00"代替月和日,例如"20220000";若文件时间没有日,只有年和月,则用"00"代替日,例如"20220700"。

6. 全宗号

全宗号是指档案馆给定每个全宗的代码。

7. 目录号

目录号是指全宗内案卷所属目录的代码。按档案目录本上的目录号著录,分别用"A1·X""A2·X""A3·X"表示,"X"为目录的流水顺序。

8. 案卷号

案卷号是指档案工作人员编制的案卷顺序号。

9. 顺序号

按立卷方式整理的档案,依据卷内文件的顺序号著录。

10. 件号

按《归档文件整理规则》(DA/T 22—2015)整理的档案,依据同一年度或归档先后时间顺序形成流水号,用4位阿拉伯数字著录,不足4位的,前面用"0"补足,如"0026"。

11. 页号

一般著录案卷内每一件文件的首页号,最后一件文件著录起止页号。档案工作人员应在页码后加"—"标示本卷结束,例如,"99—100";若最后一份文件只有一页也须用"—"表示结束,例如,"99—99"。

12. 页数

页数是指单份文件或案卷内所有文件的具体页数。

13. 文件份数

文件份数是指案卷内文件的份数。

14. 年度

依据文书立卷和按《归档文件整理规则》(DA/T 22—2015)整理的档案以年度分类结果著录。用4位阿拉伯数字标注公元纪年,如"2022"。

15. 人名

著录档案内容中涉及有关人物的姓名,档案工作人员必须如实录入,要求准确无误。多个人名之间以"/"或逗号分隔,如张三/李四/王五或张三,李四,王五。凡在干部介绍信或干部任免等类文件中,标题中标明"张三等"的,著录中必须根据正文的内容将省略的姓名完整地输入人名项,不能缺少任何一个人名。花名册文件视需要录入人名。

16. 控制标识

控制标识分为开放和控制两种。确定为开放的档案,著录为"开放";确定为控制利用的档案,著录为"控制"。

17. 编制单位

编制单位是指编制案卷的单位,如"××市档案局"。

18. 编制部门

编制部门是指编制案卷的部门,如"办公室"。

19. 起止时间

起止时间是指开始立卷和结束立卷的时间,以"年月日—年月日"表示,例如:"20220120—20220615"。两个时间之间必须以"—"分隔,不能使用空格或"/"。起止时间的表示,无论是本年度还是跨年度,著录时均不能省略年度。

20. 存放地点

存放地点是指档案实体存放的具体单位,一般著录存放单位名称。

21. 分类号

分类号依据《中国档案分类法》和《档案分类标引规则》(GB/T 15418—2009)等有关规定进行著录,多个分类号之间以"/"分隔。

22. 档案馆代码

档案馆代码依据《编制全国档案馆名称代码实施细则》所赋予的代码,据实著录。

23. 档号

按立卷方式整理的档案,卷内文件档号的结构宜为"全宗号-保管期限-目录号-案卷号-顺序号"。上、下位代码之间用"-"(短横)连接,如"0001-长期-001-062-002"。案卷档案机构宜为"全宗号-保管期限-目录号-案卷号"。上、下位代码之间用"-"(短横)连接,如"0001-长期-001-062"。

按《归档文件整理规则》(DA/T 22—2015)整理的档案,档号结构宜为"全宗号-档案门类代码·年度-保管期限-机构(问题)代码-件号"。上、下位代码之间用"-"(短横)连接,同一级代码之间用"·"隔开,如"0001-WS·2021-D30-BGS-0001"。

24. 机构(问题)

依据文书立卷和按《归档文件整理规则》(DA/T 22—2015)整理档案时,机构(问题)分类结果据实著录。

25. 盒号

盒号是指档案盒的排列顺序号,据实著录。

26. 缩微号

缩微号是指著录文件首页所在画幅的缩微号,可以为空值。

27. 电子文档号

电子文档号由档号、电子文件流水号和文件扩展名三个部分组成,格式为"档号-电子文件流水号.扩展名"。

例 6-1 档号为"0001-WS·2022-D30-BGS-0001"的纸质文件,所对应的电子文件仅1份,为 PDF 格式,则该电子文件的电子文档号表示为"0001-WS·2022-D30-BGS-0001-001.pdf"。

例 6-2 档号为"0001-WS·2022-D30-BGS-0002"的纸质文件,所对应的电子文件有2份,第一份文件为 TIFF 格式,则该电子文件的电子文档号表示为"0001-WS·2022-D30-BGS-0001-001.tif";第二份文件为 PDF 格式,则该电子文件的电子文档号表示为"0001-WS·2022-D30-BGS-0001-002.pdf"。

28. 稿本

稿本是指著录单位的文稿、文本和版本。稿本项依实际情况著录为草稿、定稿、草图、原图、蓝图、正本、副本、试行本、修订本、影印本、各种文字本等。

29. 主题词和关键词

（1）主题词。

主题词依据《中国档案主题词表》和《档案主题标引规则》（DA/T 19—1999）基本专业、本单位的规范化词表进行著录，各词之间用1个空格分隔。

（2）关键词。

关键词著录取自文件题名或正文用以表达档案主题并具有检索意义的词或词组，各词之间用1个空格分隔。

30. 附件

附件之间以"/"号分隔。

31. 摘要与附注

（1）摘要。

摘要项是对文件内容的简介，应反映其主要内容、重要数据。摘要的内容依汉语的语法和标点符号使用法著录。

（2）附注。

附注著录档案中需要解释和补充的事项。附注项的内容依各项目的顺序著录，项目以外需要解释和补充的列在其后。附注之间以1个空格分隔。

32. 载体

载体包括载体类型、载体数量和载体单位。

（1）载体类型。

载体类型一般可以分为甲骨、金石、简牍、纸、唱片、胶片、胶卷、磁带、磁盘、光盘等。以纸张为载体的著录单位，其载体类型一般不予著录，其他载体类型据实著录，用汉字表示。

（2）载体数量。

载体数量用阿拉伯数字表示。

（3）载体单位。

载体单位一般用"页""卷""盒""盘""米""片"等来标识。

33. 脱机载体编号

脱机载体编号由全宗号、存储载体代码、排列顺序号组成。其格式为"全宗号—存储载体代码—排列顺序号"：存储载体代码用字母表示，"CD"表示光盘，"MT"表示磁带，"MD"表示磁盘；顺序号用3位阿拉伯数字表示，如"071—CD—001"。

（二）各著录项目中需要注明的事项

1. 题名附注

题名附注是指档案工作人员注明同一文件的不同题名或其他称谓，如题名又称"工业三十条"。

2. 时间附注

时间系考证得出的，著录"时间系考证"；时间项著录的是非文件形成时间，应在附注中说明系何种时间。

（三）著录项目以外需要注明的事项

(1) 被著录文件有不同稿本者应予注明。

(2) 被著录文件另有其他载体形式者应予注明。

(3) 被著录文件的来源为捐赠、购买、交换、复制、寄存、征购、代为保管等情况时应予注明。

(4) 被著录文件经考证为赝品者应予注明。

(5) 与被著录文件关系密切的相关文件应予注明。

(6) 除上述附注内容外，需要注明的其他事项。

三、档案目录管理软件使用范例：欣档电子文档资源综合管理系统

(1) 欣档电子文档资源综合管理系统的功能结构如图 6-1 所示。

图 6-1 功能结构

(2) 欣档电子文档资源综合管理系统的登录界面如图 6-2 所示，档案资源管理平台如图 6-3 所示。

图 6-2 登录界面

图 6-3　档案资源管理平台

（3）欣档电子文档资源综合管理系统——归档文件录入。

① 档案工作人员登录档案资源管理平台选择"数据管理"模块，单击"已归管理"按钮，选择"文书档案"模块，单击"珠海市档案馆"按钮，出现目录展示界面（如图 6-4 所示）。

图 6-4　目录展示界面

② 档案工作人员单击"著录"按钮，弹出"条目"对话框（如图 6-5 所示）。档案工作人员

图 6-5　"条目"对话框

在文本框中输入需要归档文件的相关信息,然后单击右下角的"保存"按钮保存著录记录,系统在保存完成后自动返回如图6-4所示的目录展示界面。

(4)欣档电子文档资源综合管理系统——归档文件检索步骤图解。

① 档案工作人员登录档案资源管理平台,选择"数据管理"模块,单击"已归管理"按钮,选择"文书档案"模块,单击"珠海市档案馆"按钮。档案工作人员可以按多种条件进行检索,这里以目录字段"题名",关系为"类似于"查找为例。档案工作人员在检索框内输入"工作总结",单击右边的检索图标按钮(如图6-6所示)。

图6-6 "检索结果信息列表"对话框

② 档案工作人员在"检索结果信息列表"对话框,选择题名为"珠海市档案局2007年工作总结"的目录,单击"查看"按钮就可以查看选择条目的详细信息(如图6-7所示);单击"关闭"按钮则返回"检索结果信息列表"对话框。

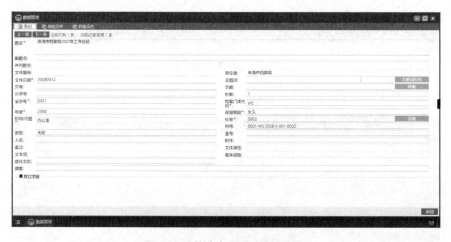

图6-7 "档案条目信息"对话框

(5)欣档电子文档资源综合管理系统——归档文件打印步骤图解。

① 当档案工作人员需要对某些归档文件的目录进行打印时,在"检索结果信息列表"对话框内,单击"打印"按钮,弹出"打印报表样式"对话框(如图6-8所示)。

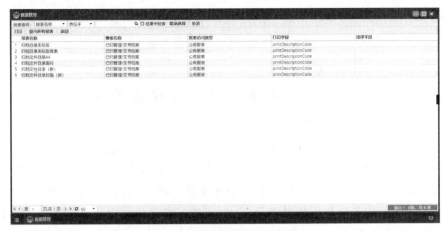

图 6-8 "打印报表样式"对话框

② 档案工作人员可以根据需求选择对应的报表样式,这里以"归档文件目录 A4 报表样式"为例。档案工作人员选择"归档文件目录 A4",单击"打印"按钮,系统弹出"归档文件目录"预览对话框(如图 6-9 所示),单击"打印"按钮,则按预览结果打印出档案目录。

图 6-9 "归档文件目录"预览对话框

实训练习

1. 实训材料

教师事先准备好 40 份文件材料,其中机关公文 30 份(要求包含不同单位、不同文种、不同年度),其他纸质材料 10 份。

2. 实训内容

教师重点训练学生进行机读目录数据的著录工作,学生能正确地著录文件。

3. 实训方式

(1) 教师将全班学生分为 4 个小组,同时将所有事先准备好的文件材料平均分发给每个小组。

(2) 小组内的每个成员按照教师讲授的知识,单独对文件材料进行著录。

(3) 学生将著录结果交给教师。

4. 教师评判

教师对每个学生的著录结果进行评判，并讲解正确答案。

任务二　电子文件的归档与管理

由于办公自动化、电子政务等技术的不断发展和普遍应用，电子文件大量产生，并逐步成为新产生文件和档案的主体。如何做好电子文件的归档与管理工作已经成为新时期档案工作人员面临的挑战和难题。目前，我们对电子文件的产生和运行特性已经有了一个基本的认识；对电子文件的归档与管理已经研究、制定了一些管理法规和技术标准；专门用于电子文件归档与管理的软件系统也已经投入使用。电子文件的归档与管理已经成为档案部门工作的重要内容。

一、电子文件和电子档案的概念

对"电子文件"的定义，我们可以从两个方面理解：首先，从形式层面上理解电子文件是文件，电子是文件的表现形式，因此，严格意义上的电子文件应该是在完全办公自动化、电子政务等环境下生成的文件。其次，从技术层面上理解电子文件的定义，电子文件是信息时代的产物，是计算机、网络等技术设备普遍应用的产物，它与纸质文件主要在产生的环境、外在表现形式等方面有本质的不同，这就决定了电子文件具有许多独特的特征，也决定了电子文件及其归档管理需要采取不同的技术方法。

在《电子文件归档与电子档案管理规范》(GB/T 18894—2016)中，电子文件是指国家机构、社会组织或个人在履行其法定职责或处理事务过程中，通过计算机等电子设备形成、办理、传输和存储的数字格式的各种信息记录。电子文件由内容、结构、背景组成。

电子档案是指具有凭证、查考和保存价值并归档保存的电子文件。

二、电子文件的基本特征

电子文件除具有一般文件的基本特征外，与纸质文件相比，还具有一些自身的特征，主要包括以下四个方面。

（一）对硬件和软件的相对依赖性

电子文件一般是由数字设备生成的，产生于一定的硬件和软件环境中。以前，由于信息技术发展水平的制约，数字产品的硬件、软件更新换代后相互之间兼容性较差，造成电子文件存储、读取等对原生成环境存在依赖性。

（二）非直读性

电子文件不能被人直接阅读，而是需要借助特定的数字设备和相关软件才能阅读，这就需要人们采取迁移等措施和手段保持电子文件的长期可读性。

（三）信息与载体的相对分离性

与纸质文件相比，电子文件的载体与信息的结合是松散的，电子文件虽然也需要依附于一定形式的载体上，但载体相对于信息内容来说不再具有原始性、一致性和唯一性。

(四) 信息共享的便利性和安全维护的复杂性

电子文件的信息共享相对比较便利，在标准化的前提下，信息共享可以无障碍实现。在信息共享便利的同时，保证电子文件的信息安全相对比较复杂，除采取必要的管理措施外，还要有相应的技术手段来保证信息的利用、传输的安全、保密。

三、电子文件归档

(一) 电子文件归档原则

1. 真实性

真实性是指电子文件的内容、逻辑结构和形成背景与形成的原始状况一致。真实性要保证电子文件的产生、处理过程合法、有效；保证记录归档电子文件形成、处理、归档过程的各类信息真实、可靠。

2. 完整性

完整性是指电子文件的内容、结构和背景信息齐全且没有被破坏、变异或丢失。完整性既要保证应归档的电子文件全部归档，也要保证每份电子文件的内容信息完整，还要保证电子文件著录和元数据等管理控制信息均归档保存。

3. 有效性

有效性是指电子文件应具备的可理解性和可用性，包括信息的可识别性、存储系统的可靠性、载体的完好性和兼容性等。有效性要保证归档保管的电子文件长期有效。

4. 安全性

安全性主要包括两个部分：一是指电子文件的处理、归档、保存与提供利用应符合国家的安全保密规定，二是要保证电子文件的处理、归档过程，电子文件归档保存数据的安全性。

5. 实行"双轨制"归档管理原则

电子文件归档实行"双轨制"归档管理原则。电子文件同时存储在相应的纸质或其他载体形式的文件时，电子文件与纸质或其他载体形式的文件一并归档，并须保证其在内容、格式、相关说明和描述上完全一致。具有永久保存价值的文本或图形形式的电子文件，如没有纸质等拷贝件，须制成纸质文件或缩微品等与电子文件一并归档，并要保证其在内容、格式、相关说明和描述上完全一致。

(二) 电子文件的归档范围

(1) 反映单位职能活动、具有查考和保存价值的各门类电子文件及其元数据应收集、归档。

(2) 文书类电子文件的归档范围按照《机关文件材料归档范围和文书档案保管期限规定》《企业文件材料归档范围和档案保管期限规定》等执行。

(3) 照片、录音、录像等声像类电子文件的归档范围参照《照片档案管理规范》(GB/T 11821—2002)执行。

(4) 科技类电子文件的归档范围按照《科学技术档案案卷构成的一般要求》(GB/T 11822—2008)等执行。

(5) 各种专业类电子文件的归档范围按照国家相关规定执行。

(6) 邮件类电子文件的归档范围按照《公务电子邮件归档管理规则》(DA/T 32—2021)执行。

（7）网页、社交媒体类电子文件的归档范围可以参照《机关文件材料归档范围和文书档案保管期限规定》执行。

（三）电子文件的收集

电子文件在形成和处理过程中，要求应齐全、完整地收集电子文件及其组件，电子文件的内容信息与其形成时保持一致。同时，应采取严密的措施，保证电子文件不被非正常改动。归档的电子文件应采取安全可靠的措施，保证电子文件不可修改，同时应随时对电子文件进行备份，存储于能够脱机保存的载体上。在收集积累的过程中，档案工作人员还须注意收集相关电子文件的管理控制信息，以保证电子文件的真实性、完整性、有效性。

（四）电子文件的归档方式

经过鉴定符合归档条件的电子文件形成后应及时或定期向档案部门移交，并按档案管理要求的格式将其存储到符合保管期限要求的脱机载体上。各立档单位应制定电子文件归档管理的方法，妥善保存产生的电子文件信息资源。

电子文件的归档，按照鉴定标识进行。归档时，档案工作人员应充分考虑电子文件的技术环境、相关软件、版本、数据类型、格式、被操作数据、检测数据等技术因素。档案工作人员应保证归档电子文件不被修改、删除、替换。加密的电子文件应解密后归档保存。

电子文件的归档方式分为在线归档和离线归档两种。

1. 在线归档

在线归档是指在计算机网络上进行，不改变原存储方式和位置而实现的将电子文件的管理权限向档案部门移交的过程。采取在线归档方式实时归档的网络系统，电子文件归档单位应制定确保归档电子文件安全存储的措施，数据量大或存储重要的电子文件时应配置专门的电子文件存储管理服务器。归档的电子文件管理权限在档案部门，任何人员包括计算机系统的管理人员对归档电子文件的任何操作都需经过档案部门的批准和授权。

2. 离线归档

离线归档是指电子文件归档单位把电子文件集中下载到可脱机保存的载体上，向档案部门移交的过程。完成在线归档的电子文件归档单位须及时制作脱机备份，并定期完成离线归档。凡不经在线归档而采取直接离线归档方式归档的电子文件，推荐采用在电子文件形成文件正本后即时归档的方式，即时归档有困难时可以采取定期归档方式。采用直接离线归档方式，档案部门须注意准确、完整地采集电子文件的元数据和背景信息，可以采用技术方式捕获元数据和背景信息。所有离线归档的电子文件须定期制作备份，并存储到耐久性好的载体上，一式3套，一套封存保管，一套供查阅使用，一套异地保存。备份制作和存储载体应按照规定执行。

（五）电子文件的整理

归档电子文件整理可以使用计算机档案管理软件，以件为单位进行整理，按照《归档文件整理规则》（DA/T 22—2015）等规定的要求进行。同一全宗内的电子文件按照"保管期限—年度—机构（问题）"或"年度—保管期限—机构（问题）"等分类方案进行分类。档案工作人员按电子文件的"保管期限—年度—机构（问题）"顺序，相对集中组织存储归档电子文件。电子文件著录项目参照《档案著录规则》（DA/T 18—1999）和电子文件基本数据信息规定的项目进行著录，档案工作人员可以根据本单位电子文件的特点进行增减，但必须满足保证电子文件的真实性、完整性、有效性的基本要求,将著录结果制成机读目录和纸质目录。

四、电子档案的保管

为更好地保管电子档案,根据《电子文件归档与电子档案管理规范》(GB/T 18894—2016),档案工作人员应做到以下几点:

(1) 应采用一次写光盘、磁带、硬磁盘等离线存储介质,参照《计数抽样检验程序 第1部分:按接收质量限(AQL)检索的逐批检验抽样计划》(GB/T 2828.1—2012)、《硬盘驱动器通用规范》(GB/T 12628—2008)、《CAD电子文件光盘存储、归档与档案管理要求 第一部分:电子文件归档与档案管理》(GB/T 17678.1—1999)、《磁性载体档案管理与保护规范》(DA/T 15—1995)、《档案级可录类光盘CD-R、DVD-R、DVD+R技术要求和应用规范》(DA/T 38—2021)等标准实施电子档案及其元数据、电子档案管理系统配置数据、日志数据等的离线备份。

(2) 电子档案离线存储介质至少应制作一套。可根据异地备份、电子档案珍贵程度和日常应用需要等实际情况,制作第二套、第三套离线存储介质,并在装具上标识套别。

(3) 应对离线存储介质进行规范管理,按规则编制离线存储介质编号,按规范结构存储备份对象和相应的说明文件,标识离线存储介质。禁止在光盘表面粘贴标签。

(4) 离线存储介质的保管除参照纸质档案保管要求外,还应符合下列条件:

① 应作防写处理。避免擦、划、触摸记录涂层。

② 应装盒,竖立存放或平放,避免挤压。

③ 应远离强磁场、强热源,并与有害气体隔离。

④ 保管环境温度选定范围:光盘17℃～20℃,磁性载体15℃～27℃。相对湿度选定范围:光盘20%～50%,磁性载体40%～60%。具体要求见《磁性载体档案管理与保护规范》(DA/T 15—1995)、《档案级可录类光盘CD-R、DVD-R、DVD+R技术要求和应用规范》(DA/T 38—2021)。

(5) 电子档案或电子档案离线存储介质自形成起一年内可送同级国家综合档案馆电子档案中心进行备份。

(6) 应定期对磁性载体进行抽样检测,抽样率不低于10%;抽样检测过程中如果发现永久性误差时应扩大抽检范围或进行100%的检测,并立即对发生永久性误差的磁性存储介质进行复制或更新。

(7) 对光盘进行定期检测,检测结果超过三级预警线时应立即实施更新。

(8) 离线存储介质所采用的技术即将淘汰时,应立即将其中存储的电子档案及其元数据等转换至新型且性能可靠的离线存储介质之中。

(9) 确认离线存储介质的复制、更新和转换等管理活动成功时,再按照相关规定对原离线存储介质实施破坏性销毁。

五、电子档案的利用

(1) 电子档案的提供利用应严格遵守国家相关保密规定。

(2) 应根据工作岗位、职责等要求在电子档案管理系统为利用者设置相应的电子档案利用权限。

(3) 利用者应在权限允许范围内检索、浏览、复制、下载电子档案、电子档案组件及其元数据。

（4）电子档案及其元数据的离线存储介质不得外借，其使用应在档案部门的监控范围内。

（5）对电子档案采用在线方式提供利用时，应遵守国家有关信息安全的相关规定，从技术和管理两个方面采取严格的管理措施。

六、电子文件归档管理系统实例：广州市从化区数字档案馆政务网——立档单位在线归档系统的功能说明

1. 基层单位发送移交进馆文件

（1）归档人员登录广州市从化区立档单位在线归档系统，进入归档系统主界面，单击"数据采集"→"已归管理"→"文书档案"→自身单位（这里以区工商联为例），如果存在未移交档案则记录不为空（如图 6-10 所示），可以成批发送移交请求。这样做不仅效率较高，而且还能生成请求单，方便管理。

图 6-10　立档单位在线归档系统未移交档案目录界面

（2）通过界面按钮对已经识别出的档案信息进行增、删、改和查等操作。归档人员需要对其中的几条进行归档时，在该条前面的选择框打上钩，单击界面"修改"按钮，进入补充著录页面（如图 6-11 所示）。

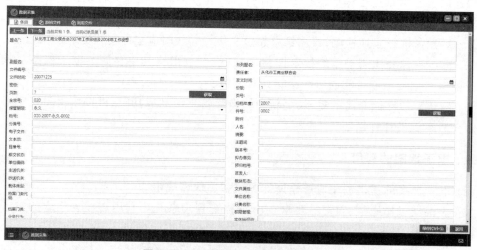

图 6-11　立档单位目录补充著录页面

(3) 补录完目录信息后,单击"原始文件"按钮,上传本档案目录关联的电子文件(如图 6-12 所示)。单击"保存"按钮后完成档案目录的整理。

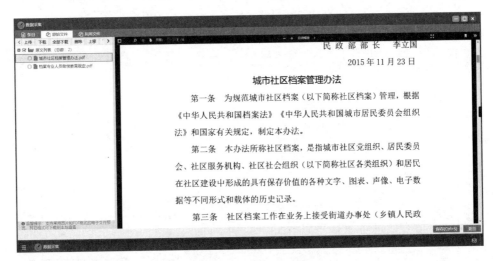

图 6-12 原始文件页面

(4) 需要对其中几条进行归档移交时,归档人员在该条前面的选择框打上钩,单击"移交"按钮。进入移交页面,系统对移交档案进行四性验证(如图 6-13 所示)。

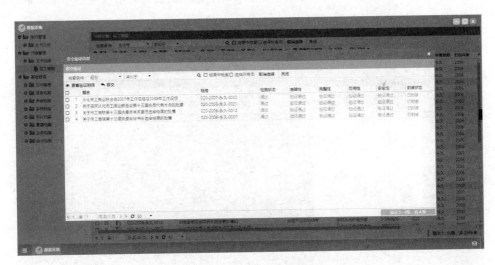

图 6-13 四性验证界面

(5) 四性验证通过的电子档案,单击界面"移交"按钮,正式提交进馆移交审核(如图6-14所示)。

2. 移交进馆审核的流程

移交进馆的流程为"移交进馆申请提交"→"提交归档单位领导审批"→"档案馆接收"→"档案馆审核盖章"→"结束"。

图 6-14　移交单填写界面

（1）初审由归档单位的领导审批，登录广州市从化区数字档案馆政务网平台（如图 6-15 所示）。

图 6-15　广州市从化区数字档案馆政务网平台登录界面

（2）归档单位领导单击"数据审核"→"移交审核单"，对移交数据的内容进行审核。移交的数据审核无误后，单击"完成"按钮，进入下一审批环节（如图 6-16 所示）。如果移交的数据不符合要求，则单击"退回"按钮，填写原因，退回给本单位归档人员重新检查。

（3）档案馆接收员登录系统，单击"数据审核"→"移交审核单"，对移交数据的内容进行审核，接收的档案无误后，单击"完成"按钮，进入下一审批环节（如图 6-17 所示）。如果移交的数据不符合要求，则单击"退回"按钮，填写原因，退回给归档单位重新检查。

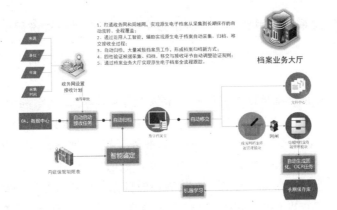

图 6-16　归档单位领导审核界面

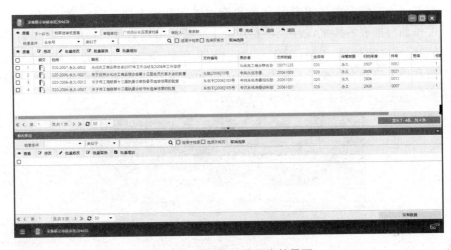

图 6-17　档案馆接收员审核界面

（4）档案馆接收盖章员登录系统，单击"数据审核"→"移交审核单"，对移交档案的内容进行审核，接收的档案无误后，设置审核下一环节，单击"完成"按钮，完成档案的移交接收入库工作（如图 6-18 所示）。如果移交档案不符合要求，则点击"退回"按钮，填写原因，退回给归档单位重新检查。

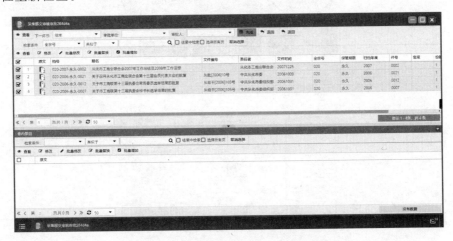

图 6-18　档案馆接收盖章员审核界面

七、数字化档案系统应用实例：珠海市数字档案馆应用模式说明

就目前全球数字化的概念而言，纸质档案已经很难满足用户的需求，因此，原本的纸质档案现在都逐渐开始走向数字化档案。

整体数字化档案系统就是以实现档案安全保管为主，以建设档案利用中心、档案知识中心和电子文件（档案）备份中心为目标，以建立档案数据信息的全集成、全管控、全服务、全覆盖、一体化、智能化、虚拟化为基础，从管理体制、业务工作、制度规范和设施设备等方面进行建设的全方位的数字档案馆系统。最终对电子文件的收集、整理、利用、处置等过程进行管控，达到规划管理、长期保存、安全保密、高效利用的目标。珠海市数字档案馆首创双窗口工作模式，通过对内、对外两个办事窗口，打造全面网络化、高度信息化、服务一体化的现代档案治理新形态。

珠海市数字档案馆开发并制定了电子政务环境下电子文件的归档规则与技术规范，接收市直各工作部门形成的档案，收集、征集社会上有价值的档案进馆保管。运用科学方法和先进技术，做好档案的整理、编目、保管、保护、修复、统计、鉴定、销毁等基础性工作，监督管理电子文档和档案信息在各类信息网络中的传输和使用。"珠海市档案业务大厅"就是实现数字化档案馆的平台（如图6-19和图6-20所示）。

图6-19 "档案业务大厅"界面图

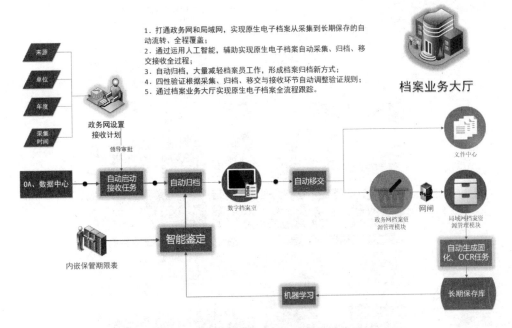

图 6-20 "档案业务大厅"业务流转示例

珠海市数字档案馆通过档案信息发布模块,公布开放档案,并通过"微信公众号""粤省事"等方式向政府部门或公众传递(如图 6-21 所示)。

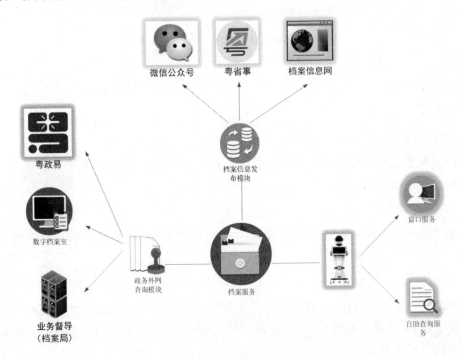

图 6-21 "档案业务大厅"对内业务流转示例

珠海市数字档案馆通过建设档案信息网站,运用计算机信息技术和网络技术向社会公众提供档案信息资源(如图 6-22 所示)。

图 6-22 "档案服务大厅"对外利用界面图

实训练习

1. 实训材料

教师事先准备好已经由学生著录完毕的电子文件和一台电脑,并事先安装通用档案信息化系统,接通投影设备。

2. 实训内容

教师重点训练学生实际操作数据录入、查询、归档工作,熟悉档案信息化系统的工作流程。

3. 实训方式

教师随机抽取 5 位学生,由这 5 位学生根据已经著录完毕的电子文件按照档案信息化系统的提示,将著录项目的内容录入、查询、归档至档案信息化系统,其余的学生进行观摩,并随时提出自己的看法。

4. 教师评判

教师对学生的操作过程进行点评。如有条件,教师可以安排专门的电教室,学生每 2 人一台电脑进行操作。

任务三 纸质档案的数字化

档案工作人员对档案文献进行数字化加工处理,是在加强档案原件保管质量的同时提高档案信息利用效率、完善档案信息利用方式的一项重要手段。随着电子政务和办公自动化的发展,人们对网上档案信息资源的需求也日益强烈。把传统的档案信息资源经数字化处理转换成数字档案信息资源,建立起数字档案信息中心,这将进一步完善我国以纸质档案为主体的档案信息资源体系,为社会各界提供更为丰富的信息资源服务。档案数字化已经成为档案信息化建设的一个重要组成部分。

一、档案数字化概述

档案数字化是指数字化加工人员采用各种数字信息采集设备将不同载体形式的档案转换成数字方式的过程。纸质档案数字化,就是数字化加工人员利用扫描仪等信息采集设备将纸质档案原件的图文信息分解为若干点阵式信息元(像素),并将光信号转换为电信号输入计算机;从而形成数字图像文件。

二、数字化处理方式的选择

数字化加工人员将纸质档案转换成计算机可处理的数字格式通常有两种方法:一是将纸质档案扫描并以图像方式存储[或进行 OCR(Optical Character Recognition)字符识别变成文本文件],二是利用已有的缩微胶片影像进行数字化转换或者直接用数码相机进行拍摄。对纸质档案进行直接扫描的方式比较经济和快捷。因此,纸质档案的数字化一般采取扫描的方法将其变成电子图像文件直接存储,再配合标引信息数据库的建立,实现档案资料电子影像的快速检索利用。

三、数字信息采集输入设备的选择

目前使用的档案数字化加工系统大多采用扫描仪作为数字信息采集输入设备。

(一)扫描仪的种类

扫描仪按扫描速度分为高速扫描仪和平板式扫描仪。高速扫描仪一般的处理速度可以达每分钟 20～120 页,还有单面扫、双面扫等不同功能可供选择。高速扫描仪的特点是扫描速度快,主要缺点是档案纸张的状况较差时易损坏原件,珍贵档案不太适合选用高速扫描仪进行加工处理。平板式扫描仪对原件的适用性强,透射稿、反射稿、薄的、厚的、硬的甚至三维实物皆能扫描,它的主要缺点是大部分平板式扫描仪的分辨率不高,处理速度较慢。

扫描仪按颜色还可以分为黑白扫描仪和彩色扫描仪。如果仅做文字输入,使用黑白扫描仪即可。

(二)扫描仪的性能指标

1. 扫描速度

扫描速度是表示扫描仪扫描快慢的指标。高速扫描有利于提高工作效率,缩短档案信息数字化的时间。

2. 扫描分辨率

扫描分辨率是决定图像质量的关键因素。分辨率的选择应根据用途、原件字体的大小来决定。分辨率是表示扫描仪精度的重要指标,反映了扫描仪对图像细节的表现能力。进行数字化加工时,分辨率不是越高越好,扫描精度提高一倍后,扫描仪的扫描速度会大大降低。因此,纸质档案数字化时,一般将扫描分辨率设置为 600 dpi×1200 dpi。

3. 色彩分辨率

色彩分辨率是表示扫描仪分辨率彩色或灰度细腻程度的指标。理论上,色彩的位数越多,颜色就越逼真。对于档案来说,因为一般的文稿或图片本身的质量就不高,所以一般 24 位以上的扫描仪就可以满足需要。

4. 动态密度范围

动态密度范围是表示扫描仪所能探测到的最淡颜色和最深颜色之间的差值。范围越宽,表示扫描仪可以捕获到的可视细节就越多。该指标对高性能专业扫描仪来说十分重要。

5. 灰度级

灰度级表示灰度图像的亮度层次范围,级数多说明扫描图像的亮度范围大、层次丰富。目前,多数扫描仪的灰度为 1024 级。

6. 扫描仪的接口方式

扫描仪的接口方式主要分为 USB 和 SCSI 两种。USB 接口的扫描仪,安装方便,可以带电拔插。SCSI 接口的扫描仪在安装时需要在计算机中安装一块接口卡,安装较复杂、价格较高,但扫描稳定,扫描时占用的系统资源少。扫描速度与扫描仪本身的性能相关,因而使用任何一种接口方式在扫描速度上并无太大差别。

(三)扫描技术参数的确定

为了保证扫描图像的质量,数字化加工人员必须认真选定图像扫描的有关技术指标与存储格式。与扫描图像质量有关的参数有很多,纸质档案的扫描主要应考虑以下三项参数。

1. 扫描分辨率

扫描分辨率越高,那么扫描出的图像就越清晰,但所占用的系统资源也就越多。纸质档案的扫描分辨率一般可以选 200~300 dpi。

2. 扫描模式

扫描模式即是选择灰度扫描还是黑白二值扫描。对于一般的文字型档案文件,数字化加工人员可以采用黑白二值扫描;需要表现档案原件细节的,则数字化加工人员可以采取灰度扫描。

3. 压缩存储格式

纸质档案扫描信息的压缩存储格式主要有 TIFF、BMP、JPEG、AWD 等几种。根据档案的实际应用情况,数字化加工人员一般选择 TIFF 格式。TIFF 格式可以存储多幅图像,其中以未压缩形式存储的 TIFF 文件可以通过 OCR 软件识别转换为可编辑的文本。

四、数字化存储设备的选择

大量档案原文的存储管理离不开存储技术的发展。光盘存储系统是目前海量存储的基本手段。完整的光盘存储系统包括光盘盘片、相应的光盘驱动器和光盘软件。光盘存储系统的优点如下。

（一）支持并发访问用户的数量

档案部门选择档案光盘存储系统最关键的因素应当是其可以同时支持在线并发访问用户的数量，对众多并发访问的支持是有效实现档案数据库利用价值的基本条件。否则，无论存储容量多大，都可能因档案光盘存储系统不能有效支持众多的并发用户而崩溃，进而导致整个网络系统的瘫痪。

（二）安全性及其安全管理体系

对于档案信息而言，确保其存储安全是十分重要的，对于镜像存放在光盘存储系统中的重要档案信息，系统管理员和合法用户在任何情况下均不得对其数据做任何的修改。因此，档案部门在选择档案光盘存储系统时，安全性是必须考虑的重要因素。

（三）对各种网络操作系统和网络结构的支持

在网络环境中，网络操作系统和网络结构千变万化，网络中服务器和客户机多种多样，这就要求档案光盘存储系统能够适应各种复杂的网络环境。

（四）存储容量

档案部门必须根据本单位数字化档案的数量、增长情况来选定光盘塔、光盘库可存储光盘的数量及其总的存储容量。存放档案信息的光盘数量每年在不断增加，因此档案部门选择档案光盘存储系统时应考虑系统是否允许采取自行添加硬盘的方式来对光盘塔和光盘库进行扩容。

五、纸质文书档案数字化步骤

纸质文书档案数字化一般包括档案整理，电子目录数据修改与补录，数字化扫描挂接，档案装订、归还四个步骤（如图 6-23 所示）。

（一）档案整理

1. 档案移交（调档）

数字化加工人员从档案库房借出需进行数字化的档案，按照要求办理调档登记手续，登记好档案的数量、状况等，并对档案逐页进行清点。

2. 拆卷

归档改革前整理的档案，数字化加工人员要将档案原件的装订拆除，排好顺序，并用夹子夹起防止散乱；归档改革后整理的档案，如果没有装订，数字化加工人员可以直接排好顺序。操作中，数字化加工人员不得对档案原件有任何损坏。

3. 修复

档案中若有装订金属物，需去掉；若有破损的地方需在卷内备考表中注明，如破损程度影响了内容，则需要进行修补；小于 16K 的档案需进行托裱；没有装订线的档案要另用纸加

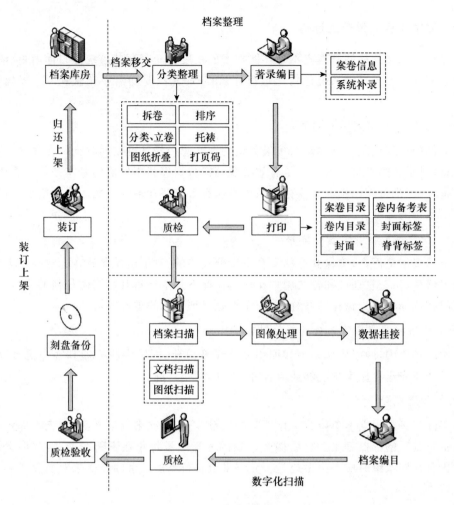

图 6-23　纸质档案数字化的步骤

宽(档案学把这种对装订边窄小的档案进行加边的技术称为接后背,操作时要注意两点:一是补纸与档案搭接处宜窄不宜宽,一般为 1~3 毫米;二是如需在档案的四周加边,应先加长边,后加短边);多份档案粘连一起时,需在不损坏档案载体信息量的前提下细心分开,如实在无法分开,则不分。

4. 档案目录的检查、整理

数字化加工人员应妥善保管档案目录,严禁批注、涂画、圈点。档案目录中出现繁体字或不规范的简化字时,一律参照国家标准的简体字补充著录;需手写补录的项目要求字迹工整,并逐份、逐页地仔细检查,不符合要求的应予以纠正。检查整理时,数字化加工人员主要应注意以下三个方面:

(1) 检查档案的顺序。数字化加工人员检查档案的顺序时应遵循的基本原则是:档案页号按顺序连续排列。需要在档案原件上重新标注页号时,必须使用标准档案页码章,加盖在档案的右上角,位置须统一,并不得用手写页码。

如果档案原件中出现有档案漏编页码时,可视下列情况具体处理:

① 中间任意两页之间的空白页需以"X-1,X-2……"补编页码,如第 7 页与第 8 页之间

有 4 页没有编页码,则依次编为"007-1,007-2,007-3,007-4"。若空号为一份档案的首页,则将该页编为正码,其他依次编为副码,如第 7 页与第 8 页之间有一页未编码,而该页正好是第 8 页所在档案的首页,则将空白页编为"008",而原第 8 页编为"008-1"。以上补编页码需在电子目录与卷内文件、案卷内的目录、档案目录上依次注明增加的实际页数。

② 若前后两份档案的内容完整且连贯,但编码时跳号,如第 1 页与第 2 页分别编码为"001"和"004",则需在电子目录与卷内文件、案卷内的目录、档案目录上依次注明"P2,P3 为跳号,无实际内容"。

(2) 检查档案目录所有的项目(包括题名、文件编号、责任者、日期、顺序号、页号、备注),保证其准确、完整,并与档案原件内容一一对应,要求一份档案对应一条目录,仔细检查每份档案是否完整。如有档案漏编目录,应补编目录。正式档案若为复印件,需在该档案首页的右下角加盖"复印件"章,字号为 5 号字。

(3) 检查案卷封面上的项目——全宗名称、类别名称、案卷题名、案卷所属年度、保管期限、卷内文件件数、页数、全宗号、目录号、案卷号是否与案卷的实际内容一致。

5. 校对档案目录

数字化加工人员按照档案(案卷)和目录检查、整理的结果,对实体档案与电子目录进行核对,确保实体档案和电子目录的准确性和一致性。

6. 打印

数字化加工人员将案卷目录、卷内目录、卷内备考表、封面、封面标签、脊背标签按整理后的结果进行打印。

(二) 目录数据修改与补录

1. 电子目录数据修改与补录

数字化加工人员对照查改后的电子目录,新的电子目录数据修改和补录后要注意经常保存,以免数据丢失,主要应注意以下著录项的修改:

(1) 档案题名:题名要写全,照实著录。

(2) 责任者:录入多个不同的责任者时必须用"/"分隔开,如张三/李四/王五。

(3) 文件编号:录入多个不同文件编号之间必须用"/"分隔开,如××/××/××。

(4) 文件时间:需写全年、月、日,格式为"CCYYMMDD",用 8 位阿拉伯数字表示。其中,[CCYY]表示一个日历年,[MM]表示日历年内日历月的顺序数,[DD]表示日历月中日历日的顺序数,时间不详时用数字"0"表示。若文件时间没有月和日,只有年份,则分别用"00"代替月和日,如"20220000";若文件时间没有日,只有年和月,则用"00"代替日,如"20220800"。档案中有多个日期的情况,按照该档案的主要责任者所对应的日期著录。

(5) 人名:凡档案内容涉及有关人物的姓名,必须如实录入,要求准确无误。多个人名之间必须用"/"分隔开,如张三/李四/王五。花名册档案无须录入人名。

(6) 页号:填写首页页号即可,但每卷最后一份档案的起止页号都要填写。数字化加工人员应在页码后加"—"标示本卷结束,例如"99—100";如最后一份档案只有一页也须用"—"表示结束,例如"99—99"。

(7) 密级:按档案标注的密级著录,无密级的无须标注"无密"。

(8) 页数:录入该份档案的页数。

(9) 全宗号:输入时必须采用 4 位数,不足 4 位数的在前面补 0,如"15"应为"0015"。

(10) 保管期限：按档案目录本上标注的保管期限著录。

(11) 目录号/年度：归档改革前的档案，按档案目录本上的目录号著录，分别用"A1·X、A2·X、A3·X"表示，"X"为目录的流水顺序。归档改革后的档案，按文件归档的年份著录。

(12) 案卷号/机构：归档改革前的档案著录案卷号，案卷号必须采用3位数，不足3位数的在前面补"0"，如"15"应为"015"。归档改革后的档案，该处均录入"0"。

(13) 顺序号/件号：归档改革前的档案著录顺序号，必须采用3位数，不足3位数须在前面补"0"，如"15"应为"015"。归档改革后的档案著录件号，必须采用4位数，不足4位数的须在前面补"0"，如"15"应为"0015"。

2. 花名册、介绍信和其他类型档案的修改与实录

花名册的整理方法如下：

(1) 题名按花名册全称著录。

(2) 责任者一律为花名册上印章所对应的批准单位。无批准单位印章的以填报单位所写字样为准录入。

(3) 花名册和其他名册均不需著录人名。

(4) 日期写填报日期或批准日期，若有多个日期的则录入一个即可。

介绍信、报到证、工资转移证、农转非存根的整理方法如下：

(1) 以上类别档案中的人名必须如实录入，要求准确无误。少量看不清楚的字迹要核实后再作修改，如"党员介绍信存根（张三、李四、王五）"。

(2) 责任者和日期应为档案中印章所对应的单位和日期。

此外，任免、出访、优秀人员批件（教师、党员、干部……）等档案中涉及有关人物的姓名必须在题名项中照实著录。如"有关张三等同志的任免通知"，必须根据正文的内容将"张三等"后面省略的人物姓名如"李四""王五"完整地著录。

3. 目录数据检查

数字化加工人员对照修改后的电子目录进行检查，保证档案的电子目录、卷内文件、卷内目录和案卷目录四者一致。

(三) 档案扫描挂接

1. 档案扫描

在档案扫描过程中，数字化加工人员要严格执行有关档案阅览利用、保管保护和保密制度，注意保护好档案原件。

(1) 档案扫描必须选用专业的文件扫描仪，按照 CCITT Group4 压缩标准格式或者标准 TIFF 格式。纸质档案扫描以黑白为主，对于原件不清和字迹较淡的档案，扫描时必须用灰度或真彩模式进行扫描。扫描件的打印效果不得比原件差，打印出的页面比例尺寸与原件要相同，同时分辨率不低于 300 dpi。

(2) 档案扫描一般采用逐页手工扫描，纸张较好的档案可以采取连续进纸方式扫描。

(3) 数字化加工人员发现档案原件粘连在一起时，则需在不损坏档案载体信息量的前提下分开，将可以识别的信息全部扫描。

(4) 扫描过程中，应采用《档案数字化项目流程工作单》跟踪纸质档案所在的具体流程。

(5) 图像处理。数字化加工人员应对扫描后的图像，根据《纸质档案数字化规范》

(DA/T 31—2017)的最新要求,进行逐页纠偏、去污、图像拼凑、裁边处理和排列顺序调整,应遵循展现档案原貌的原则,处理过程中不得去除档案页面原有的纸张褪变斑点、水渍、污点、装孔等痕迹。

(6)存储格式按多页 TIFF 的格式进行保存,每份卷内文件为一个多页 TIFF 文件。保存多页 TIFF 文件时,数字化加工人员要注意核对好页码的顺序,不得缺漏页。

(7)文件命名由档号、电子文件流水号和文件扩展名三个部分组成,其格式为"档号-电子文件流水号.扩展名"。

例 6-3 档号为"0001-WS·2021-D30-BGS-0001"的纸质文件,所对应的电子文件仅1份,为 PDF 格式,则该电子文件的电子文档号表示为"0001-WS·2021-D30-BGS-0001-001.TXT"。

例 6-4 档号为"0001-WS·2021-D30-BGS-0002"的纸质文件,所对应的电子文件有2份,第一份文件为 TIFF 格式,则该电子文件的电子文档号表示为"0001-WS·2021-D30-BGS-0001-001.tif";第二份文件为 PDF 格式,则该电子文件的电子文档号表示为"0001-WS·2021-D30-BGS-0001-002.pdf"。

(8)扫描完成后,档案部门必须指定专人对加工扫描的数据(图像质量、编目质量、著录质量、装订)进行核查。

2. 数据存储

数字化加工人员将扫描形成的图片文件采用刻录或硬件存储,一式两套,以作备份,并填写详细的清单。光盘刻录完成后必须有专人负责检查光盘的内容是否有错漏,光盘能否正常打开等。

3. 数据检查

档案部门要有专人专机对每天完成的数据进行检查,要求保证扫描形成的图片文件与卷内文件一致,编号无误,清晰度和格式符合标准。

4. 数据挂接

数字化加工人员将扫描获得的每个图像文件对照档案目录数据库原有的目录数据,逐份点击链接导入数据库。在将图像文件存储到相应的文件夹时,数字化加工人员要认真核查每份图像文件的名称与档案目录数据库中该份文件的案号是否相同,图像文件的页数与档案目录数据库中该份文件的页数是否一致,图像文件的总数与目录数据库中文件总数是否相等。通过每份图像文件的文件名与档案目录数据库中该份文件的文档号的一致性与唯一性,建立起一一对应的关联关系,实现档案目录数据同步更新。

(四)档案装订、归还

数字化加工人员按检查整理阶段确定的顺序将扫描完的档案装订好。装订时,数字化加工人员必须保持档案的原貌,不得更换卷皮,不得缺漏页,按照档案原有的线孔装订。装订好后,数字化加工人员要将档案检查一遍,看案卷装订是否结实、有没有脱页,顺序对不对,档案和目录齐不齐。检查完毕后归还档案库房,办理归还手续。

实训练习

1. 实训材料

教师事先准备好 40 份纸质文件材料。

2. 实训内容

教师主要训练学生开展档案数字化处理的前期准备工作。

3. 实训方式

教师将全班学生分成 4 个小组,同时将事先准备的纸质文件材料平均分发给每个小组。每个小组按照课本讲授的内容共同进行讨论,对纸质文件材料进行扫描前的准备工作,熟悉工作流程和工作要求,并将准备的结果反馈给老师。

4. 教师评判

教师对每个小组进行操作录入的学生的操作过程进行点评。

模块七 档案保管

> 档案保管是关系档案保存环境、保存方法与保存寿命的重要工作。在我们生活和工作的环境中存在着许多影响档案的完整与安全的因素,档案工作人员只有认真地研究这些因素,并采取有针对性的有效防护措施,才能更好地延长档案的寿命,使其更加长久地发挥档案社会化作用。

知识目标

1. 了解档案保管的含义、任务和要求。
2. 熟悉影响档案寿命的因素。
3. 掌握档案保管的条件与设施。

技能目标

1. 能够使用全宗卷等档案保管材料。
2. 掌握档案库房的温度、湿度的调节方法。
3. 能够分辨档案的种类,正确地进行排列上架。

案例导入

一天,B公司的领导要查阅一份去年的文件。小赵找到这份文件时大吃一惊,因为文件已经被污损,部分文字看不清楚了。他赶紧拿着这份文件去问老徐,老徐看了也很吃惊,经过他的回忆,前几年公司的档案工作不规范,只有一位兼职的档案工作人员,年底档案室在整理档案时人手不够,又招了两名实习生来帮忙。为了降低成本,提高效率,档案工作人员在批发市场买了胶水,用了黏接法装订档案。经过一段时间,因为受潮胶水已经浸到了文字所在的部位,而且还有一些地方开始发霉,文件变得面目全非。

小赵有些着急:"那我们该怎么办,领导等着要呢。"

老徐说:"别急,我们先去复印一下,先用着复印件,原件再作技术处理。"

小赵说:"问题是复印件也会出现有污损的痕迹呀。"

老徐说:"没关系,我们试试看。"

老徐走到复印机前,首先对复印机的灰度进行了调节,果然复印出来的文件几乎看不出污损的痕迹了。等小赵把文件送给领导再返回时，老徐已经开始对原件进行技术处理了。

老徐感慨地说："企业要想做好档案保管工作，最重要的是防患于未然，否则等到出问题就晚了，再好的补救都会对档案造成新的损害。"

档案客观、真实地记载了一个单位所有工作真实的历史面貌，加强单位档案工作和规范档案管理能够提高工作效率，不断地为单位各项工作提供优质、高效的档案服务。

任务一　档案保管概述

相关知识

档案保管既是整个档案管理业务的一个环节，又是一个相对独立的工作活动。由于档案保管对档案管理的重要意义以及其特有的科学性、技术性和专业性的要求，目前档案保管工作已经形成了一个专门的研究领域——档案技术学。本书主要从文档管理的角度来探讨档案保管工作的内容、意义和常用的技术手段。

一、档案保管的含义

我国《档案法》第五条规定："一切国家机关、武装力量、政党、团体、企业事业单位和公民都有保护档案的义务，享有依法利用档案的权利。"这里所说的"保护"具有广义和狭义之分：广义的保护泛指任何组织和个人都应当积极保护好国家和单位的各种档案材料不受破损或丢失；狭义的保护是指国家机关、武装力量、政党、团体、企业事业单位要建立、健全本单位档案管理制度，用科学的管理制度、先进的管理方法、良好的设施有效保管好本单位具有保存价值的各种载体形式的文件材料。本书所讨论的保管，更倾向于狭义的保护，泛指档案的日常管理工作。而作为科学管理档案的一项具体业务，档案保管是指根据档案的制成材料，使用一定的设备和装具，采取适当的措施和方法，妥善地保存档案，确保档案的安全，延长档案的寿命，以便档案信息的永久可利用。

档案保管主要包括以下三个方面的内容：

（1）库房内档案的日常管理工作。

（2）档案在流动过程中一般的安全保护。

（3）利用专门的措施和方法延长档案的寿命，如为延长档案的寿命而采取的复制和修补等各种专项技术处理。

二、档案保管的重要性

《档案法》第五条明确指出了保管好档案是党和国家赋予档案部门的神圣职责。档案保管在整个档案工作中具有重要意义。

（一）从微观上来看，档案保管决定着档案寿命的长短

档案是物质的，物质运动规律使档案不可能永久保存下去。档案都有消亡的一天，但档案保存的寿命长短与档案所处的环境直接相关。如果保存环境得当，保管方法科学，档案的寿命就会大大延长，就能够发挥更加长久的作用，产生更大的社会效益和经济效益。一旦保

管方法不当,恶劣的保存环境就会加速档案的损毁,档案的寿命就会缩短,以致造成不可估量的损失。

尤其是目前人类生存的环境日益恶化,危害档案寿命的因素也空前增多,如空气中的酸污染、沙尘、各种有害气体及对于磁记录载体档案影响严重的电磁污染,令人防不胜防。这些都对档案保管工作提出了更新、更高的要求。如果档案部门不能加速档案保管工作的研究,采取更加有效的应对措施,那么档案的安全将受到严重威胁。

(二) 从宏观上来看,档案保管决定着档案事业的兴衰

档案保管质量的高低对提高档案工作水平具有决定性的影响。档案保管得好,就为整个档案工作的顺利进行提供了最基本的物质前提,使档案的整理、鉴定、统计和利用等工作得以顺利开展。反之,如果档案得不到安全的保护,残缺损毁,失密泄密或保管杂乱无章,前期的收集、整理等工作就会前功尽弃,也就谈不上检索利用,其他环节都会受到影响而不能正常开展工作。保管不当甚至会直接造成档案的损毁,从而给国家的档案和其他相关方面造成不可估量的损失。因此,档案保管质量在一定程度上体现了整个档案工作的质量,它在整个档案工作的进程中占有重要的位置。

三、档案保管的任务、基本原则和要求

档案作为各种社会实践活动的原始的历史记录,需要档案部门按照其形成规律进行有机系统地保存,但是社会和自然的许多因素都可能使档案材料受到危害甚至遭受损毁,档案的系统性和政治安全就可能受到破坏。档案保管的任务就是要求档案工作人员了解和掌握档案损坏的规律,通过采取专门的技术措施,最大限度地防止和减少档案的损毁,延长档案的寿命,维护档案的系统性和完整性,保证档案的安全。

(一) 档案保管的任务

《档案法》第四条规定:"档案工作实行统一领导、分级管理的原则,维护档案完整与安全,便于社会各方面的利用。"这是我国档案工作最基本的原则和对档案工作最基本的要求,而保管是实现维护档案的完整与安全的重要环节和直接手段。

档案保管的具体任务包括以下三个方面。

1. 防治损坏

防治损坏是档案保管最主要的一项任务。从总体上来看,档案的损坏是不可避免的,这就要求档案部门采取必要的措施,尽可能消除危害档案的因素,改善档案保存的环境,让档案得到更妥善的保护。

2. 延长寿命

延长寿命是档案保管的总体目标。防治损坏只是手段,延长寿命才是目的。所有的保护措施和技术手段都应该围绕延长档案的寿命展开。在档案保管工作中也出现过为了解决某一种危害而对档案进行处理,结果造成了新的损害的案例,这就有违于延长寿命的要求。

3. 维护安全

维护档案的安全主要包括档案物质载体和档案信息利用的安全。一方面从档案物质载体保管而言,要求档案部门时刻牢牢守住档案安全底线不动摇,围绕档案安全治理目标,既要为实体档案的安全保管积极创造良好的环境,也要定期排查档案库房存在的安全隐患,做

到单位实体档案的安全不受威胁,确保档案载体永久可利用;另一方面从档案信息利用而言,档案部门在提供档案利用过程中必须严格按照《档案法》和本单位有关档案管理制度向社会提供档案信息利用服务,杜绝国家档案秘密和本单位的档案秘密信息泄露,造成政治上的不良后果。这也是档案保管工作的重要任务所在。

(二)档案保管的基本原则

档案保管应坚持"以防为主,防治结合"的基本原则。"防"是指预防档案的损坏,防止档案丢失,防止人为或自然对档案的污染和损毁;"治"是指治理已经损坏的档案,对破损档案进行复制和修补。

在档案保管中,"防"是主导,"治"是补充。如果档案部门不把"防"放在首位,对档案不利的因素就会越来越多,那么"治"的任务必然会很重。而且,目前保存的档案大部分是完好的,因此保证大量完好无损的档案的安全与完整才是首要任务。

同时,"治"也很重要。不治,已经损坏的档案就不能被利用,档案受害的范围、程度还会继续扩大和加深,使濒临损坏的档案遭到毁灭。所以,在"防"的同时,档案部门也要做好"治"的工作,只有防治结合才能维护档案的完整和安全。

(三)档案保管的要求

档案保管的要求包括以下三个方面:

(1)档案应集中保存,综合管理。这既符合档案工作的基本原则,也能使档案工作的其他环节得以顺利开展,有利于综合开发与利用档案。

(2)档案保管应体现管理的科学性。档案部门要按照档案的保管期限、不同种类和不同载体分别编号,统一管理。

(3)档案保管的目的是为了提供利用,因此档案部门必须坚持"利用促保护,保护为利用"的原则。在保管过程中,档案部门必须采取一系列安全防护措施,确保档案的完整与安全。

四、档案保管与档案工作的其他环节的关系

档案保管是整个档案工作的基础,与档案工作的其他环节有机结合,有着密切联系。档案保管不能离开档案工作的其他环节而孤立进行,必须与其他环节密切配合。档案工作人员要掌握档案工作的其他环节对档案保管的促进和制约作用,并注意在其他环节工作中保护档案。

档案是由文件转化而来的,因此文件信息的载体和书写材料的质量与档案的耐久保存有密切的关系。为了更好地保管档案,档案部门有责任向文书部门要求和推荐适合的载体和书写材料,以便能最大限度地延长需要永久保存的重要文件的寿命。

此外,档案保管不是单纯地"为了保管而保管",其最终目的是为了保证党和国家机关、企业事业单位和个人的各项工作对档案的有效利用,如果档案部门只片面强调地保护而不提供方便的利用,保管工作就失去了意义。但若档案部门只强调方便利用而损毁了档案,利用工作也就没有了基础。因此,档案保管的一切措施、制度、办法直至具体的技术处理都要既有利于保护档案,又要保证当前和长远利用档案的方便,这是档案保管的出发点和检查档案保管工作做得好坏的重要标准。

五、影响档案寿命的因素

影响档案寿命的因素包括社会因素和自然因素两个方面。

（一）社会因素

社会因素也即人为的因素，主要表现在以下三个方面：

（1）由于权力斗争和其他各种政治原因，一直存在着对某些档案进行有计划、有意识的破坏现象，使该历史时期或事件无法完整或真实地记录下来。

（2）由于档案工作人员或其他接触档案的有关人员麻痹大意、玩忽职守，或不遵守规章、制度，或缺乏档案学知识等，导致管理或使用不善而造成档案的丢失、损坏或档案整体系统的混乱。

（3）在档案日常管理和利用的过程中，人为造成的档案材料的老化和磨损。

（二）自然因素

自然因素主要包括以下三个方面：

一是从档案形成载体而言，档案载体质量的高低会影响档案的生命周期，如纸张、胶片、磁带等载体材料。

二是从档案形成来源过程而言，档案文件材料的书写墨水、油墨及印刷材料等，这些材料的运动变化耐久性因素等会直接影响档案的寿命。

三是从档案保管条件而言，档案所处的环境和保管档案的库房条件会严重影响档案的生命周期，这些因素主要包括以下十个方面。

1. 温度

档案库房里的温度太高不仅会破坏纸张的纤维，而且还会加速其他有害因素的影响；温度太低则会使纸张和塑料载体变脆，容易造成档案载体损坏，因此档案库房的温度应控制在 $14 \sim 24℃$。

2. 湿度

湿度是指档案库房的相对湿度，即在特定温度下空气中的水分子含量。相对湿度过大不仅会引起纸张纤维素的水解，而且还会加速空气中碱性物质的危害。同时，充足的水分也是生霉、生虫的必要条件，因此档案库房的相对湿度应控制在 $45\% \sim 60\%$。

3. 有害气体

有害气体主要是指空气中的有害酸碱气体。这些气体附着在纸张或其他档案载体上，不仅会直接腐蚀档案载体，加速档案的老化，而且还会导致书写材料的变色和褪色，造成档案载体所记录的信息消失，从而影响档案利用。

4. 光线

在普通条件下，空气中的氧对纤维素的氧化速度很缓慢，但如果有光的照射，纤维素的氧化速度就会大大加快，此反应称为光氧化反应。此外，阳光及某些灯光中的紫外光能量很强，可以破坏档案载体的结构，使纸张、塑料等载体的机械强度下降，出现变脆或老化现象。

5. 档案害虫

档案害虫的种类很多，几乎所有的档案库房害虫都可能危害档案，而且档案害虫造成的损失是无法挽回的，因此防虫也成为档案库房的一项经常性的任务。

6. 灰尘

灰尘是一种固体杂质，它的形状不规则，多是带有棱角的粉粒。灰尘落在档案上以后，在整理、保存、利用的过程中，随着纸张的移动、翻阅会引起灰尘颗粒对纸张的摩擦，使纸张和字迹受到损坏。此外，灰尘中还夹杂着一些酸碱类有害物质，附着在档案上后会逐渐发生作用。灰尘的一些有色的细小颗粒也会污损档案。

7. 老鼠

老鼠对档案的破坏非常严重，档案被老鼠啃噬的部分完全无法复原。另外，老鼠的排泄物、食物残渣也会污损档案载体。

8. 真菌

真菌对档案的影响体现在三个方面：一是真菌在生长、繁殖过程中会产生有机酸，这种酸会造成档案载体的腐烂；二是真菌会因生活条件的不同产生不同颜色的色素，这种色素非常稳定，不易去除，会直接导致档案变色，污损字迹；三是真菌在生长的过程中还会分泌出一种能使纤维素水解的酶，能够在3个月内把纸张纤维毁去10%～60%。因此，档案库房防霉的任务也非常重大。

9. 火灾

档案库房多为易燃物，一旦着火，后果不堪设想。而且档案库房不能用水或干粉灭火，只能用灭火气体灭火，否则会加速档案的损坏。因此，防火对于档案库房的重要性不言而喻。

10. 磁场

各种设备、仪器所发出的电磁场对磁记录档案的影响是非常明显的。现在，磁记录载体的数量增多，运用也越来越广泛，档案库房防磁场也成为一个新的课题。

以上这些因素中有很多是看不见、摸不着的，还有一些危害是非常严重、无法挽回的。总之，档案工作人员对以上这些因素都需要给予足够的重视，应尽可能消除这些因素的影响。

档案制成材料和所处环境的影响是相互作用的。例如，纸制档案材料易受潮、长霉、发黄、变脆，这些现象与保管档案时的温度、湿度、有害气体、灰尘和微生物有密切的关系。同时，字迹扩散、褪色与水溶、光、酸、碱、摩擦有很大关系，因此，温度、湿度、光线、灰尘、害虫、老鼠、水、火及机械磨损等都是造成档案被破坏的原因。又如，档案库房的温度过高会使耐热性比较差的书写材料（如圆珠笔、复写纸）的字迹发生扩散，有利于档案有害生物的生长和繁殖，加速各种有害化学杂质对档案制成材料的破坏作用；而低温则会使档案纸张里的水分产生冰结。再如，档案库房的湿度过高会加速档案纸张材料中纤维素的水解，会使耐水性较差的纯蓝墨水、红墨水等字迹发生扩散褪色，有利于档案有害生物的生长和繁殖，还会促进空气中的有害气体、灰尘等不利因素对档案制成材料的破坏作用；但湿度过低又容易使纸张变硬、变脆。

实训练习

1. 实训材料

教师根据上课学生的人数分组进行实训，并且提前准备好以下实训材料：

(1) 5张白纸,上面分别用铅笔、圆珠笔、红墨水、水性笔、碳素墨水写上字;再用激光打印机和喷墨打印机各打印1张,并把其中1张复印好。

(2) 一个装水的容器。

2. 实训内容

教师主要训练学生了解档案制成材料的耐久性。

3. 实训方式

(1) 每个小组的成员将事先准备好的8张纸放入容器中用水浸泡10分钟左右。

(2) 每个小组的成员将浸湿的纸取出,观察上面字迹的变化。

(3) 每个小组的成员将纸贴在窗户的玻璃上,并在下次上课时再取下来,客观、真实地记录字迹的变化情况。

(4) 每个小组的成员查找有关资料,分析字迹发生变化的原因,并完成实训报告。

4. 教师评判

教师根据每个小组的实训报告进行评分,并逐一进行点评。

任务二　档案保管的物质条件

相关知识

一、档案库房

档案库房是档案保管最基本的物质条件,因为档案库房一旦建成或选定,则在短时间内很难再变动。此外,档案库房对档案的影响是长期、持续的,如果建筑不符合标准或选址不当会给档案保管带来很多的不利影响。

(一) 档案库房选址的要求

根据防水、防湿的要求,档案库房一般不能选在靠近江河湖泊或地势低洼的地方,也不能选在地下水位高的地段,以免地下水通过地面影响了库房内的湿度,使档案库房变得潮湿。为了避免有害气体和灰尘的不利影响,档案库房也不应选在靠近工业区或者污染较大的单位或人流、车流量大的繁华街道。

(二) 档案库房的建筑要求

档案库房的建筑要求主要包括库房的屋顶、外墙和地面,重点需要解决的问题是防光、隔热和防潮。

现代建筑的屋顶有平顶和坡顶两种,其中,坡顶房屋的防热性能更好,排水效果更理想,也不易发生渗漏,维修容易。所以,按档案库房的要求选择坡顶房屋的效果较好。档案库房的屋顶还要求有专门的隔热和防水处理,颜色最好以浅色为主,以尽可能减少房屋对热量的吸收。

档案库房的外墙也有隔热和防水的要求。档案库房尽量不要有西晒,不能有渗水现象,墙壁可以采取加厚、填充隔热材料来隔热和防潮。墙面最好刷成浅色,表面要尽可能光滑,以减少太阳辐射热的影响。

档案库房的地面也应进行专门的防潮处理,特别是在一楼的档案库房,如果防潮措施不当,那么以后即使采取吸潮、降湿等方法,效果都不会太理想。

(三)档案库房温度、湿度的控制与调节

档案库房内的温度、湿度是直接影响档案"自然寿命"的环境因素,因此,档案库房温度、湿度的控制与调节是档案保管工作的一个重要部分。为了掌握档案库房的温度、湿度情况,应配置精确、可靠的温度、湿度测量仪器,随时测量并记录档案库房的温度、湿度的具体指标状况。控制和调节档案库房温度、湿度的方法很多,大致可以归结为以下两种:

一是对档案库房实行严格密闭,隔绝档案库房内外温度、湿度的相互交流,在档案库房内采用空调或恒温、恒湿技术设备,将档案库房的温度、湿度调控在适宜档案存放环境的指标范围之内,但这种方法所需的费用较大。

二是采用一些机械性或自然性的措施对档案库房的温度、湿度进行人工调控。其具体的措施大致又可以分为以下三种,档案工作人员在实际工作中可以同时或交叉使用:

(1)使用增温、增湿或降温、降湿等机械设备进行调控,使原有的温度、湿度有所改变。

(2)利用档案库房内外温度、湿度的差别,采用打开门窗或排风扇、换气扇等方法进行自然通风,用档案库房外自然的温度、湿度来改变、调节档案库房内的温度、湿度。

(3)采用一些更为简便的人工方法来对档案库房的温度、湿度进行调节,如在档案库房内放置水盆、湿草垫,在地面上洒水等以适当增湿,在档案库房内或装具中放置木炭、生石灰、氯化钙、硅胶等物品以适当降湿。但这些方法的效果只是局部的,而且很有限。

此外,真菌等微生物对档案的破坏性很大,因此档案要保持清洁,避免污染。同时,档案工作人员使用一些防霉剂及给档案库房消毒等也有一定的防护作用。霉菌虫害生长最适宜的温度是22~35℃,最适宜的湿度是70%~90%,故当档案库房的温度、湿度在这个范围时将会有利于档案有害生物的生长和繁殖,给档案制成材料带来破坏作用。因此,保护档案较适宜的温度是14~20℃,比较适宜的相对湿度是45%~60%,这样的温度和湿度可以使档案纸张达到标准的含水量(7%),从而较有利于更好地保护档案。

(四)档案库房日常的防光措施和防尘措施

1. 防光措施

光对档案制成材料耐久性的影响有三个方面:一是光辐射热;二是光氧化;三是光能的破坏作用。为了防止或减少光对档案制成材料的破坏作用,档案工作人员一般可以采取以下措施:

(1)为了防止阳光的直接照射,档案库房的窗子要少,东西向不宜开窗,南北向的窗子要小而窄。

(2)为了防止或减少漫射光中的紫外线进入档案库房,在档案库房窗户的玻璃上应采取一定的措施,如加设百叶窗、使用毛玻璃、在窗户玻璃上涂刷紫外线吸收剂等。

(3)为了防止或减少人工光源中的紫外线,档案库内使用的灯光以白炽灯(即普通的钨丝灯泡)为好。

2. 防尘措施

档案库房内应防止灰尘和有害气体的影响。灰尘含有一定的酸碱性,落在档案上会对纸张和字迹起到破坏作用,还会脏污档案,影响字迹的清晰度;同时,灰尘还是真菌孢子的传播者。有害气体会影响档案制成材料的耐久性,使字迹发生氧化褪色。因此,档案部门应采取以下措施防止有害气体和灰尘:

(1) 正确地选择档案库房的地址,不要把档案库房的地址选在工业区、大居民点或繁华的街道上,从而大大减少有害气体与灰尘的影响。

(2) 档案库房要实行密闭。档案存放可以采取密封或相对密封的方法,以减少有害气体(特别是灰尘)对档案的破坏。

(3) 绿色植物对环境保护有着积极作用。在档案库房的周围进行绿化,可以减少有害气体和灰尘对档案库房的影响。

(4) 使用空调装置净化和过滤灰尘与有害气体,一般能起到较为理想的效果。

(5) 档案入库前应进行除尘处理。

(6) 经常做好档案库房的清洁卫生工作,也能有效地降低库房内的含尘量。

二、档案装具

档案装具是档案库房内的主要设备,也是存放和保护档案的基本条件。由于档案装具用量大,其形式、用材、结构、规格等是否合理会直接影响档案的保管条件。

档案装具的种类很多,目前普遍使用的主要有档案架、档案柜和档案箱。档案部门在设计档案装具时,应注意所选用的材料不应对档案有任何的损害;档案装具的形式要便于调阅档案,并便于合理利用档案库房的空间;档案装具要经久耐用,并符合节约的原则;尽量做到整齐划一、便于管理。

(一) 档案装具的用材

目前,档案装具的用材有金属与木质两种。金属装具耐久,有利于防火,搬动不易损坏,但造价高,防潮隔热不如木质的装具好。木质装具的造价低,可以就地取材,有利于防潮隔热,但易生虫,不如金属装具耐久,不利于防火。木质装具要注意选材,所用木材应当不生虫、不出油、结实耐久。在加工木质装具时应注意干燥、去脂,或浸以一定的药剂,涂抹防火材料等,以提高木质装具的质量。

(二) 档案装具的形式、结构

档案架的造价低,比较经济,调用档案方便,可以提高档案库房的有效使用面积。但是,档案架要求具有较理想的档案库房保管条件,否则各种不利因素对架中档案的影响将大于档案柜和档案箱。

其中,档案箱因自成一个密闭的环境,故可以减少外界的不利因素对档案的负面影响。但是,档案箱的结构复杂,一套箱子消耗的材料较多,提高了成本。此外,使用档案箱还会降低档案库房面积的利用率,并且调用档案不如档案架方便。

档案装具中还有一种左右活动式的轨道密集架。这种档案密集架在档案库房内是紧密排放的,目前档案行业推广应用的档案密集架主要有手动和智能控制两种模式,档案库房内留有少数的通道作为移动架子和取放档案之用,从而大大提高了档案库房面积的利用率。采用档案密集架的优点在于它是一个封闭式的整体,有利于减缓各种有害因素对档案的侵害。但是,这种密集架的造价要高一些,且增加了建筑的负荷,如果档案库房各楼层均使用这种左右活动式轨道密集架,那么库房建筑的投资就要增加。此外,使用这种档案密集架调用档案时也不如一般的档案架方便。

总之,在档案装具的选用问题上,各单位的档案部门应根据自己的实际情况而定。档案部门所保存的档案数量多,保管条件较好时,以用档案架为宜。机关档案室所保存的档案的数量少,保管条件差,则可以用档案柜、档案箱。档案柜的优点和缺点与档案箱相近,但造价比档案箱的造价便宜。

三、温度、湿度测量仪器和控制调节设备

为了有效地控制温度、湿度,档案库房内应配置温度计和湿度计,并对库房内的温度、湿度的状况进行连续性的记录。此外,档案部门还应配置去湿机、排气扇和空调机等。

(一) 常用的温度、湿度测量仪器

常用的温度、湿度测量仪器有水银温度计、酒精温度计、双金属自记温度计、普通干湿球温度计、旋风式干湿球温度计、自记式毛发湿度计、自记式电子温湿度计等。

(二) 常用的温度、湿度控制调节设备

常用的温度、湿度控制调节设备有轴流式窗用排风机、去湿机、加湿机、窗式空调机、分体空调机和柜式空调机等。在一般情况下,利用空调机基本上就能够达到控温、去湿的效果,但有时也可以单独使用去湿机去湿。

去湿机根据去湿量有2千克/小时、3千克/小时、6千克/小时等几种规格。档案部门在选择去湿机时要考虑档案库房的密封程度、面积的大小及空气潮湿程度。一般情况下,面积在50~60平方米的密封严实的档案库房配置一台3千克/小时的去湿机,每周开机7~8小时,这样便可以将相对湿度控制在档案库房技术管理规定标准范围之内。使用去湿机时,档案库房应密闭,且不宜在温度为15℃、相对湿度为50%以下时使用去湿机。

四、灭火设备和除尘设备

(一) 灭火设备

基于防火的要求,档案库房应配备合适的灭火设备。我国通常使用的灭火器很多,如化学泡沫灭火器、清水灭火器、酸碱型灭火器、二氧化碳灭火器、干粉灭火器、四氯化碳灭火器、1211灭火器和912灭火器等。这些灭火器中,有一些不适宜档案灭火,如化学泡沫灭火器、清水灭火器、酸碱型灭火器、二氧化碳灭火器、干粉灭火器和四氯化碳灭火器等。比较适合档案灭火的有1211灭火器和912灭火器。灭火器应悬挂在醒目、易取拿的地方。

1211灭火器是一种储压式气体灭火器,具有灭火效率高、毒性低、腐蚀性小、久贮不变质、灭火后不留痕迹、不污染物品、绝缘性能好等优点,主要用来扑灭电器、油类、图书、档案、资料等的初期火灾。

912灭火器是一种储压式卤代烷强力灭火器,内装912灭火剂,具有灭火效率高、灭火速度快、毒性低、腐蚀性小、久贮不变质、灭火不留痕迹、不污染物品、绝缘性能好等优点,还可以在带电场合使用。手提式912灭火器除可以扑灭煤气、油类和变压器等初期火灾外,还特别适合档案、文物和图书馆等使用。

(二) 除尘设备

档案库房内除尘不宜使用鸡毛掸子等工具,否则会造成尘土飞扬;使用干抹布的效果也不佳;使用湿抹布会引起库房湿度的增高。档案库房除尘应使用吸尘器,它不仅可以除掉桌面、装具表面的灰尘,而且还可以除掉案卷封面等处的灰尘以及墙壁、屋顶的灰尘,而且除尘彻底,不会造成尘土飞扬。

五、档案修复设备

档案修复工作就是对破损或变质的档案进行及时的修补、复制或其他技术处理。修复设备包括复印机、照相机、录音机和修补档案专用的工具。

修补档案的工具中最常见的是排笔(毛笔)、棕刷、油纸、喷水壶、划尺板、裁板、裁刀、锥子、压力机、吸潮纸及各种修补材料,如宣纸、毛边纸、棉纸、白报纸、透明纸、封皮纸等。另外,还有脸盆、镊子、大头针、铁夹等工具。

档案修复应该有专门的工作台,工作台的表面应平整光滑、无裂缝,以便于修复工作的开展。

六、档案库房内的照明采光设备

档案库房内的照明采光设备要满足安全和光线中紫外线含量少的要求,宜选用加乳白色灯罩的白炽灯。若采用荧光灯,则应有过滤紫外线和安全防火的功能。

档案库房内的照度以 50~100 勒克斯为宜,以 16 平方米面积的库房配备一只 60 瓦的白炽灯为标准;阅览室的照度以不低于 150 勒克斯为宜。档案库房内的灯光安排要均匀,线路采用穿金属管暗敷,要尽量简捷,并设置分开关。

实训练习

1. 实训内容

教师重点训练学生了解档案保管的物质条件。

2. 实训方式

(1)教师对参加实训的学生进行分组。
(2)每个小组选择一个档案库房进行参观考察。
(3)每个小组的成员观察档案库房所处的位置,判断该档案库房的选址有何利弊。
(4)每个小组的成员观察档案库房有无温度、湿度控制调节设备,确定其控制调节的效果如何。
(5)每个小组的成员观察档案库房主要的档案装具是什么,讨论各种装具有何利弊。
(6)每个小组选派一名代表在班上进行交流。

3. 教师评判

教师根据每个小组的交流情况进行评分,并做出点评。

任务三 档案库房的日常管理

相关知识

档案库房的日常管理工作是档案保管工作的基础,只有做好了档案库房的日常管理工作才能做好档案保管工作,并为档案工作的其他环节的顺利进行创造条件。

一、档案柜、档案架的排列与编号

在档案库房内,档案柜、档案架的排列管理与档案柜、档案架的合理使用、档案库房内的

工作秩序及档案的取放都有直接的关系。因此,档案库房内档案柜、档案架的排放应符合下列要求:

(1) 档案柜、档案架的布置应成行地垂直于有窗的墙面,以避免强光直射档案,采光窗宜与档案柜、档案架间的通道相对应。在没有窗户的档案库房中,档案柜、档案架的排列应注意不要有碍通风。

(2) 档案柜、档案架不应紧靠墙壁,档案柜、档案架与墙之间的距离要在10厘米以上。要最大限度地利用档案库房的地面与空间,同时也要便于档案的搬运与取放,不要太松或太紧。为了便于管理和通行,主要通道应正对库房门,净宽不小于1.5米。非密集架的排列,两行间的净宽以不小于0.8米为宜。

(3) 档案柜、档案架应排列一致,横竖成行,要整齐美观。

(4) 档案柜、档案架应统一编号。为了便于对档案库房内档案的管理,档案工作人员能够迅速地提取档案,档案部门应将所有的档案柜、档案架统一编号。其编号方法为:从门口开始依次从左至右编档案柜、档案架号;每个档案柜、档案架分栏的,自左向右编栏号,每栏由上至下编格号。档案库房的面积较大,档案柜、档案架较多时,档案部门可以绘制档案库房存放档案位置的平面图置于库房入口通道左边的墙面上,以便快捷地查找档案。

二、档案的排列存放

一般来说,我国的档案部门保存的档案应按全宗排列、整理和保管。全宗的排列方法主要有全宗顺序号流水排列法和全宗分类排列法两种。如果一个档案库房内同时存放多个全宗、类别的档案,则全宗与全宗之间、类别与类别之间不能混淆。档案部门要注意它们之间的有机联系,联系密切的全宗、类别档案要放在一起,应尽量保持它们相互之间的联系,以便于档案的管理与利用。

一个全宗的档案应排放在一起。同一个全宗的档案,按档案案卷的顺序号,依据柜、栏、格的顺序编号,依次排列上架。有的全宗内可能还包括一部分声像档案、技术图纸或会计报表等档案,这些不同载体和不同类型的档案可以分别保管,但应填写说明卡放置于原全宗内,指明该部分的存放地点,以保持其应有的联系。

案卷的存放上架可以采用竖放或平放两种方式。竖放是目前档案部门采用比较广泛的一种方式,其优点是提取、存放案卷比较方便。平放虽然取放不方便,但对保护档案有利,故平放适用于保管珍贵的档案和不宜于竖放的档案。为了避免压力过重,堆叠高度最好不超过40厘米。

科技档案要根据其载体材料和类型特点选择最适宜的存放方法。

底图(描图纸)档案的制成材料比较特殊,而且多次复印使用,为延长其寿命,一般应在特殊的底图柜内存放,并且平放。对于特大、特长幅面的底图,卷成圆筒存放为好,其优点是节省面积,但取放不够方便。

照片、胶片、磁带等特殊材质和特殊形式的专门档案材料应放在特制的胶片页夹、密封盒和影集盒袋,按编号顺序排列在防火柜内。缩微母片和拷贝片应分别存储。

三、档案存放地点索引

档案存放地点索引是指档案部门为了方便档案库房的日常管理,帮助档案工作人员更好地掌握档案存放情况和迅速地取放档案而编制的一种以档案存放具体位置为线索的管理工具。

档案存放地点索引按其作用可以分为以下两种：

（1）以全宗内各类档案为单位，指明档案存放地点（参见表 7-1）。

表 7-1　档案存放地点索引（一）

全宗名称			全宗号			
案卷目录号	案卷目录名称	目录中案卷起止号	存放地点			
			楼	层	档案柜（架）	栏	格

（2）以档案库房和柜（架）为单位，指明库房保存档案情况（参见表 7-2）。

表 7-2　档案存放地点索引（二）

			楼：	层：	房间：		
档案柜（架）	栏	格	存放档案				
			全宗号	全宗名称	案卷目录号	案卷目录名称	目录中案卷起止号

档案存放地点索引可以制成簿册式和卡片式，还可以制成图表，悬挂在合适的地方。索引的详细程度和项目可以依实际情况进行增减。

四、档案代卷卡

由于提供利用或档案室编研、修补、复制档案等工作的需要，要将在档案库房已上架的档案暂时移出库房外，此时为了便于档案工作人员掌握档案流动情况和进行安全检查，应编制档案代卷卡（或称代理卡），放在被提出案卷的位置上。档案代卷卡的格式参见表 7-3。

表 7-3　档案代卷卡

全宗号	目录号	案卷号	移出日期	移往何处		库房管理人员签名（移出）	归还日期	库房管理人员签名（收回）
				单位名称	经手人姓名			

五、全宗卷

全宗是在档案部门的工作中专门为了保存和管理某一全宗而形成的能够说明全宗历史

情况的文件材料。以全宗为单位组成的专门案卷,称为全宗卷。全宗卷不能与全宗内的案卷混同,在管理上应单独存放,并按全宗顺序保管。当全宗内的档案转交给另一个档案部门保管时,其相应的全宗卷也必须随同全宗移交。

全宗卷是档案保管工作的一个重要管理工具和管理手段。它是在档案部门本身管理活动工作中形成的一种档案,通常包括移出和接收档案的文据、立档单位和全宗历史考证、全宗整理工作方案和档案分类方案(分类表)、全宗内档案数量和状况的检查登记表册、档案保管期限表、档案销毁清册、全宗指南等。

(一)全宗卷的编制原则

(1)档案部门对其所管的每个全宗都应以全宗为单位编制全宗卷。

(2)全宗卷的各种文件材料(包括凭据、清册、报表)应做到准确、齐全、规范。

(3)对于全宗卷内的文件材料,应按照其固有的特点,保持文件之间的有机联系,反映全宗管理的历史面貌,以便于保管和利用。

(二)全宗卷的主要内容

(1)档案收集:包括档案交接文据,档案移交目录表,档案接收、征集记录表,档案来源和价值的说明等。

(2)档案整理:包括整理工作方案、分类方案、案卷目录说明、整理工作小结等。

(3)档案鉴定:包括鉴定小组成员名单、档案保管期限表、鉴定档案分析报告、销毁档案的请示与批复、销毁档案的清册等。

(4)档案保管:包括档案安全检查记录、报告,重点档案采取的特殊保护措施,档案的抢救与修复情况报告等。

(5)档案统计:包括档案收进、移出登记,案卷基本情况统计和重要的利用统计表等。

(6)档案利用:包括全宗指南(全宗介绍),开放利用和控制范围说明,档案汇编和公布出版情况及报批文件,档案产生社会效益或经济效益的典型事例等。

(7)其他:包括档案管理新技术的应用缩微复制和计算机辅助管理等情况的文字说明材料。

(三)全宗卷的整理

全宗卷内的文件材料是随着全宗管理的延续而逐渐增加的,因此档案工作人员在平时必须注意积累,把全宗管理中产生的文件材料先归入预设的卷夹内,当文件材料积累到一定数量时应及时进行整理组卷,数量较多的可以设分卷。

在整理组卷时,档案工作人员必须认真检查、鉴定文字材料的完整程度及其保存价值,对于有重要遗缺或无保存价值的应予以补齐或剔除。

卷内文件材料按"问题—时间"进行系统排列,排列顺序如下。

1. 全宗情况

全宗情况的内容包括:全宗指南(全宗介绍);立档单位大事记;组织机构沿革;成立档案馆(室)的通知;成立档案工作领导小组的文件材料;档案工作机构工作人员的任免文件;档案工作人员的岗位职责、档案部门的各项工作制度;历年来档案工作人员名册;档案管理组织示意图;档案管理体系网络图。

2. 档案收集

档案收集的内容包括:档案交接文据(包括各种门类,如文书、会计、基建、照片档案的移交表);档案移交目录;接收档案记录;征集档案记录;档案来源和价值说明等。

3. 档案整理

档案整理的内容包括:档案分类大纲、分类方案、归档范围和保管期限表;档案检索工具(包括归档文件目录、专题目录、文号索引、人名索引、全宗指南、干部任免索引)的编制情况和说明;档案整理工作计划(方案)、小结等。

4. 档案鉴定与销毁

档案鉴定与销毁的内容包括:鉴定小组成员名单和成立或调整机关档案鉴定、销毁领导小组成员的通知;档案保管期限表;鉴定档案分析报告;销毁档案的请示与批复;销毁档案的清册等。

5. 档案保管

档案保管的内容包括:档案安全检查记录、报告(或档案库房"九防"情况检查报告);对馆(室)藏重点档案采取特殊保护措施记录;档案抢救与修复情况报告;档案库房温度、湿度登记(或记录)。

6. 档案统计

档案统计的内容包括:档案馆(室)基本情况统计台账;档案基本情况统计;档案分类统计表和分析报告;档案复制抢救情况统计;档案收进、移出登记和情况统计;重要的利用统计表。

7. 档案利用

档案利用的内容包括:档案编研材料(包括大事记、组织沿革、基础数字汇编、专题概要、发文汇集、专题文件汇编)的编制情况;开放利用和控制使用范围说明;档案汇编和公布出版情况和报批文件;档案利用事例汇编;档案利用事例刊登报道材料;档案利用效果登记分析;档案查阅、借阅登记分析。

8. 档案管理新技术的应用

档案管理新技术的应用的内容包括:机关办公自动化开发情况;计算机辅助管理的文字说明材料(含计算机软件安装和使用说明情况);计算机管理软件系统盘。

9. 机关档案工作目标管理情况

机关档案工作目标管理情况的内容包括:单位档案工作目标管理晋升省级的报告和批复;单位档案工作目标管理考评申报表;单位档案工作目标管理自检打分情况表;单位档案工作目标管理自查情况汇报;单位档案工作目标管理考评工作记录。

六、温度、湿度的记录、控制与调节

(一) 温度、湿度的记录

不适宜的温度、湿度不仅会直接影响档案制成材料的耐久性,而且还会加速一些不利因素对档案制成材料的破坏作用。因此,档案工作人员应定时测量温度、湿度,一般一日3次,当基本掌握档案库房温度、湿度的规律时,次数方可减少。

档案工作人员所记录的材料是掌握档案库房内外温度、湿度的重要资料,应妥为保存,其格式参见表7-4。

表 7-4　温度、湿度记录表

库房号 _____　　　　　　　　　　　　　　　　　　　　　　　　_____年

测定时间				天气	温度		相对湿度		库房保管人	采取措施及效果
月	日	时	分		库内	库外	库内	库外		

（二）温度、湿度的控制与调节

档案工作人员应根据测量记录的档案库房内外的温度、湿度状况，随时采取适当的控制与调节措施。

1. 密闭

密闭就是当档案库房内的温度、湿度在标准范围内，密闭档案库房的门窗。其作用是防止或减少档案库房外不适宜的温度、湿度对库房内的影响。密闭只有控制作用，没有调节作用。

2. 通风降温、降湿

通风降温的依据容易掌握，只要档案库房外的温度低于库房内的温度就可以通风。但是，通风时温度的变化也会引起湿度的变化，因此档案工作人员在调节温度时必须考虑对湿度的影响。

通风降温、降湿要根据以下三项原则来进行：

（1）档案库房外的温度和湿度都比库房内低时，可以通风；反之，则不能通风。

（2）档案库房内外的温度一样，库房外的湿度低于库房内，可以通风；反之，则不能通风。

（3）档案库房内外的湿度一样，库房外的温度低于库房内，可以通风；反之，则不能通风。

此外，还有去湿机去湿、硅胶局部减湿、氯化钙吸湿等去湿方法，在实际工作中档案工作人员可以依据实际情况选用。

七、档案的安全检查

档案库房一定要有严格的管理制度，因为有许多的档案是有机密性的。因此，档案工作人员应做好防盗、防泄密工作。非库房管理人员未经批准不得随便入库。档案工作人员不得随便谈论档案中的内容，要定期和不定期地对档案进行检查，这应作为档案库房管理工作中的一项重要工作，这也是维护档案的完整与安全的重要措施。

定期检查可以根据档案部门的具体情况制定，一般可以一年 1 次。针对工作头绪多、库房分散、设备简陋、安全条件较差的情况，档案工作人员应勤做检查。

不定期检查主要在发生意外事件以后，如发生火灾、虫害、鼠害、霉烂、被盗或档案工作人员调动等。检查内容主要包括档案是否有毁灭、遗失、被盗、受损等情况和数量，档案的收进、移出、借阅登记是否准确，档案的数量是否相符，以确保档案的完整与安全。此外，档案工作人员还要检查档案的自然损毁现象、档案库房内的安全设施和日常管理执行情况等。

检查完后档案工作人员应进行登记,发现问题要及时处理。

档案安全检查记录表的格式参见表 7-5。

表 7-5 档案安全检查记录表

被检查全宗(或类目)名称:
检查出的问题:
整改意见:
检查人(签字)_____　　　　　　　　　　　　　　检查日期___年___月___日

记录以全宗为单位进行,最后档案工作人员应根据记录做出检查报告。

实训练习

1. 实训内容

教师组织全班学生对本地的综合性档案馆进行专项调查,重点调查档案保管的方法、设施、技术手段,了解档案保管工作的现状和存在的问题。

2. 实训方式

(1) 学生观察档案库房的环境,了解该库房的各种数据,如面积、温度、湿度、库房利用率及调查单位所采取的档案保护措施等。

(2) 学生与调查单位的档案工作人员交谈,了解档案工作人员对档案保管工作的认识,加深对档案保护工作重要意义的认识。

(3) 每位学生完成一篇调查报告,着重反映档案部门保管工作的开展情况。

3. 教师评判

教师对学生的调查报告进行评分,并做出点评。

模块八　档案的提供利用与编研

> 收藏档案的根本目的之一就是满足广大档案用户对档案信息资源的利用需求。档案部门只有将档案纳入利用实践,使档案所具有的特殊功能与档案用户的利用需求发生一定的关系,才能充分发挥档案的积极作用,为社会创造更多的物质财富和精神财富。

知识目标

1. 了解开放档案的基本知识。
2. 熟悉档案利用服务的基本内容。
3. 掌握不同档案利用服务方式的特点。

技能目标

1. 能参与档案开放工作的开展。
2. 能根据档案利用方式的特点组织利用工作的开展。
3. 能够完成常见档案参考资料的编纂工作。

案例导入

B公司总经理秘书小邓着急地跑到档案室:"小赵,你快把去年公司董事会会议纪要给我,老总等着要。"小赵赶紧拿出目录让小邓查找,小邓把目录一推:"我哪看得明白你们的目录,你快帮我找找。"

小赵一边让小邓别急,一边连忙为他查找目录。老徐见状,起身走进档案库房,不到两分钟便拿着会议纪要出来了。

小邓一看:"哎呀,太好了,你们再帮我复印10份吧。"

小赵连忙去复印会议纪要,老徐在一边跟小邓聊天:"你记不记得今年年初我找你收这份文件时,你也是找了半天,还是放在档案室里方便吧。"

小邓说:"是呀,我那里文件太多了,老总经常是说要就要,万一找不到可就麻烦了,以后我一定定期交到档案室来。"

小邓走后,小赵笑着对老徐说:"这小邓以前对档案工作是最无所谓的,总觉得跟他的工作没有关系,去找他收文件也是推三阻四的,这下知道档案管理的重要性了吧。"

老徐说:"档案的利用可是档案工作的窗口,无论我们管理得多好,别人来找文件找不到或者时间太久,都会影响我们的工作,也会影响别人对我们的看法。所以,我们平时一定要对常用的文件非常熟悉,不能等到要用时临时去查找目录,这样也会影响效率的。"

老徐对 B 公司档案的熟悉程度一直让小赵很佩服,通过这件事他又学到了如何在利用中适时宣传档案工作这一招,以后再遇到需要各部门支持的时候也就方便多了。

档案反映了我国党政机关、企业事业单位工作的真实历史面貌。档案部门建立、健全档案收集归档制度,严格按照档案整理分类方案科学整理归档,编制档案案卷目录,建立档案数据库,实现档案精准全文检索,是提高党政机关、企业事业单位档案管理水平和服务能力的基础。为此,党政机关、企业事业单位应当加强对本单位档案工作的领导,充分利用现代信息技术,构建现代化档案管理信息平台,充分发挥档案的利用价值。

任务一　档案的提供利用

相关知识

一、档案提供利用工作概述

(一) 档案提供利用工作的含义

档案提供利用工作是档案馆(室)直接传递档案信息为党和国家各项工作服务的环节,它既是档案工作的重要环节,也是实现档案价值、发挥档案作用的途径,又称档案的利用服务工作。

(二) 档案提供利用工作的基本内容

(1) 了解和熟悉馆(室)藏档案信息的内容与成分,了解各种档案检索工具的使用方法。
(2) 分析和预测社会对档案信息的需求特点,把握档案利用需求的发展规律。
(3) 向档案用户介绍和展示馆(室)藏中相关的档案信息线索,积极开展档案咨询服务。
(4) 向档案用户提供他们所需要的档案文献。

(三) 档案提供利用工作的指导思想

1. 全面地为档案用户服务

档案馆(室)对那些具有正当利用目的的档案用户,应当通过各种服务方式与服务方法,满足其利用需求。从档案用户的组成结构来看,既有单位档案用户,也有个体档案用户,他们都是带着问题来查阅、利用档案的。就个体用户而言,档案馆(室)一方面应当主动地向他们提供馆(室)藏中有关的档案信息,另一方面也应当向档案用户推荐、介绍与其利用需求相关的、收藏于其他馆(室)的档案线索,从而使档案用户的利用需求得以全面满足。全面性服务的内容不仅体现在为档案用户查找档案方面,而且也体现在为馆(室)藏档案寻找用户方面。档案馆(室)应当全面了解档案用户的利用需求的内容与范围,并帮助档案用户正确地将需求的内容准确地表达出来。

2. 及时地为档案用户服务

档案用户都希望自己的利用需求能够得到档案馆(室)的及时满足。"求快"是档案用户在档案利用实践中普遍存在的一种心理状态。许多档案用户是为了解决工作和生产中存在的问题而来档案馆(室)利用档案的。这种类型的利用需求具有突出的时间性特点,有时错过了时机,不但档案用户的利用需求不能实现,而且某些档案的保存价值也会受到影响,甚至丧失发挥作用的可能性。为此,档案馆(室)必须建立科学的检索体系,同时档案工作人员也应当熟悉库藏档案的内容与成分,这样才能及时地满足档案用户的利用需求。

3. 准确地为档案用户服务

首先,档案馆(室)要准确地分析和把握档案用户的利用需求。实践表明,有的档案用户由于缺乏利用经验,往往不能准确地表达自己的利用需求。遇到这种情况时,档案工作人员应依据档案用户的利用目的,帮助他们筛选有用的档案信息线索,将模糊的需求表达转变为有针对性的利用提问,从而有效地减少误检和漏检等问题的产生。其次,档案馆(室)应准确地向档案用户提供所需的档案与资料,不能超出用户利用需求的范围提供一些无关的档案与资料。

4. 有效地为档案用户服务

一方面,档案馆(室)要积极主动地为档案用户查找档案与资料,努力提高档案利用服务工作的质量;另一方面,档案馆(室)应当组织人力和物力,大力开发库藏档案信息资源,建立完善的检索系统,编辑出版各种档案史料,不断地提高档案馆(室)为社会提供档案信息服务的能力,主动为档案用户服务。

(四)档案提供利用工作的要求

根据《档案法》《机关档案工作条例》《档案馆工作通则》的有关规定,档案提供利用工作的基本要求是:档案馆(室)应当为档案的利用创造条件,简化手续,提供方便,主动开展档案的利用活动,及时掌握档案的利用效果。

1. 档案馆(室)应为档案用户利用档案创造方便条件

档案馆(室)要根据社会发展的需要,积极加强自身基层工作建设,了解和掌握档案用户利用需求的新特点,科学地做好供求关系的调整工作。目前,档案利用需求呈现出一些新的特征,如要求提供档案及其信息加工品的用户增多且范围广、时间长、数量大,史学研究部门和文献编辑部门要求全面、系统地提供中华人民共和国成立前和成立后的档案与资料等。因而,档案馆(室)应根据档案需求的变化,加强基层工作,编制必要的档案目录、索引等检索工具,为档案用户提供必要的检索手段,同时应编辑机关档案用户需要的档案文件汇集(文集)以及其他的参考资料。

档案馆(室)应以有关法律、法规为依据,适应社会的需要,开放历史档案和保管已满30年左右的档案,以扩大档案的利用范围和服务面;同时改善阅览条件;编制必要的检索工具和开放档案目录,印发档案馆指南、全宗指南、专题指南;积极开展档案史料的编纂、辑录工作等。档案馆(室)还应当努力革除一些不必要的利用限制,简化利用档案的手续,消除人为障碍,从而方便档案用户开发利用档案信息资源。

2. 档案馆(室)应主动开展档案利用工作

档案馆(室)应当走出传统的"查查看""你查我调"式的樊篱,变被动服务为主动服务,广开档案利用之门,拓展提供服务之路,预测和了解档案用户的利用需求,主动为档案用户找档案、为档案找用户,充分发挥库藏档案的各种积极作用。实践表明,哪个档案馆(室)的工作主动,其档案管理与利用工作就会充满生机,并得到广大档案用户的重视和支持;反之,则会死气沉沉,缺乏活力。

档案馆(室)主动服务主要表现在以下两个方面:

一方面是思想主动,具有明确的为本单位档案用户或社会档案用户服务的思想意识,认识到档案的利用价值只有在利用实践之中才能实现。

另一方面是工作主动,即主动了解档案用户的利用需求,主动宣传报道馆(室)藏,主动为档案用户提供研究和解决有关工作或生产问题的档案信息线索,预测和分析档案用户的利用需求的趋向与特点,开展咨询服务活动,主动为档案用户查找他们所需的档案及其信息加工材料。

3. 档案馆(室)应当注意掌握档案的利用效果

档案提供利用工作不能只重过程,而忽视工作的结果。档案馆(室)应当把档案的利用效果的收集、整理、分析和研究作为一项基本的工作任务来抓。所谓档案的利用效果,是指档案用户在利用档案馆(室)提供的档案信息后所获得的工作、生产的结果。档案馆(室)不但应当注意了解和掌握档案用户利用档案后所取得的经济效益与社会效益,还应当全面了解和掌握档案用户利用档案后没有产生积极效果的情况。只有这样,档案馆(室)才能全方位地把握馆(室)藏各类档案与资料的利用价值,从而为改善馆(室)藏档案与资料的质量、加强各项基础工作的建设提供可靠的科学依据。

二、档案提供利用服务的方式

档案馆(室)的档案利用服务工作可以采取多种方式。根据档案馆(室)提供给档案用户的利用对象的不同,利用服务方式的划分如图 8-1 所示。

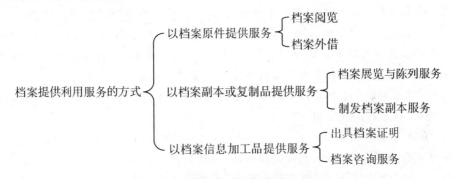

图 8-1 档案提供利用服务的方式

(一) 通过提供档案原件,满足有关档案用户的利用需求

1. 档案阅览服务

档案阅览服务即档案馆(室)在特定的场所开辟阅览室向有关档案用户提供档案信息。这是目前我国档案馆(室)提供档案信息服务的最主要形式。

档案阅览服务的具体活动内容如下:

(1) 档案馆(室)要开辟档案阅览室,即在档案馆(室)内设置专供查询、使用档案与资料的场所。

(2) 档案馆(室)要为档案用户提供必要的阅览条件,这些阅览条件包括人员条件、物质条件和制度条件等。

① 人员条件。

人员条件是指档案阅览室里应配有熟悉馆(室)藏、了解有关专业知识或历史知识、业务能力强、工作热情的档案工作人员。

② 物质条件。

物质条件是指档案阅览室内应装备必要的物质设施,并为档案用户准备诸如检索工具、工具书、参考资料等常用的参考或查寻材料。

③ 制度条件。

制度条件是指建立与健全旨在维护国家档案完整与安全的有关阅览规则和阅览制度,对接待对象、阅览范围、阅览要求与阅览手续及其他相关事项都应做出较明确的规定。

例8-1 以A市档案馆为例,其档案查阅制度的相关规定摘录如下:

查档手续

中华人民共和国公民和组织持介绍信或工作证、身份证等合法证件,可以查阅本馆开放档案;查阅未开放档案,须持所在单位或街道办的正式介绍信,说明查档范围和利用目的,经本馆同意,即可查阅利用。

外国人或外国组织,持我国有关主管部门介绍信和本人来华有效证件,并提前与本馆联系,经同意可以利用本馆开放档案。

查档须知

(1) 利用者可以直接到本馆阅览室查阅档案,特殊情况可以通过信函、电话、网上预约等方式,委托利用接待室代查档案。

(2) 检索工具须由本馆工作人员提供,计算机检索须由本馆工作人员操作。

(3) 抄录档案须经本馆接待人员同意。不得抄录与所查问题无关的内容。抄件经接待人员同意后方可带走。需要复制档案时,可以提出申请,经批准后本馆代为复制。未经本馆同意,任何单位和个人不准自行公布馆藏档案内容。

(4) 阅卷完毕,利用者将档案清点后交还接待人员核对,接待人员检查档案的数量和完好情况,确定无误后注销。

(5) 档案资料原则上不外借,只限馆内查阅,如确需借出的,须经馆领导同意,履行登记手续。借期不超过3天,到期必须归还,继续利用可以续借。

(6) 查阅密级档案者,必须是中共党员,并经馆领导批准;查阅市委常委、市政府党组会议记录、纪要,须经市委、市政府秘书长或办公室主任批准。严守党和国家机密,不得泄露有关内容。

(7) 查档者必须对档案资料妥善保管,严加爱护,严禁折叠、涂画、损坏档案资料,确保档案完整。

(8) 严禁在阅览室喝水、抽烟、喧哗。

(9) 自觉维护公共卫生,保持阅览室清洁、肃静。

(10) 查档者应主动提供档案利用效果,如实填写有关表格,及时反馈档案利用信息。

查档程序

来访接待→查阅登记→检索查询→调卷阅览→复制→摘抄→查档交费→出具证明→案卷检查→入库上架。

A市档案馆档案利用审批登记表如下表所示。

A市档案馆档案利用审批登记表

姓名		单位		联系电话	
联系地址				到馆时间	
证件名称		证件号码			

请利用者协助填写知道的以下查档线索。

1. 档案的大致年代：

2. 拟查阅档案的内容：

3. 解决什么问题：

4. 档号或文件号：

5. 其他线索：

登记利用	用途	
	利用要求	阅览室阅览、复印、翻拍、底片加印、原件仿制、(光盘、磁盘)拷贝
	是否要公布档案内容	利用者签名

（证件复印件粘贴处）

以下项目由本馆工作人员填写

调档清单		利用目的	编史修志（　　卷）
			工作查考（　　卷）
			学术研究（　　卷）
			经济建设（　　卷）
			宣传教育（　　卷）
			其他（　　卷）

交接与审批记录	审批意见： 年　月　日	经办人： 年　月　日
	归还经办人： 年　月　日	

查阅统计			复印（页）	其他复制（　　　　　　　）	
天数	人次	卷次	张（页）	幅	盘

查档收费

为保护档案原件，凡利用本馆档案均需收取部分保护、复制、证明等费用；利用本单位或本人形成、移交、捐赠、寄存的档案，原则上无偿提供服务。本馆收费按本市物价部门制定的标准执行。

> **预约查档**
>
> 为了更方便您查询档案资料,我们在××档案信息网(www.××××.gov.cn)设置了查档预约窗口。我们将根据您的预约内容及时查找,给予回复,以节省您的宝贵时间。
>
> 网上查档预约操作方法:登录www.××××.gov.cn网站→新用户注册、登录查档预约窗口(老用户可以直接登录)→填写预约内容和来馆阅览时间→使用您注册过的用户名和密码登录,查看预约回复。

(3) 接待档案用户,解答档案用户提出的相关问题。

接待工作是一项业务性和政策性较强的服务工作。档案工作人员要想做好接待工作应深入了解档案用户的需要,积极满足档案用户的合理利用需求,耐心讲明不能向档案用户提供有关档案文件的原因,切实帮助档案用户准确地表达自己的利用需求,确定查阅档案的范围,为档案用户提供较为完整、系统的档案信息材料。由于保密和保护的需要或因馆(室)藏的局限等原因,暂时不能向档案用户提供的档案与资料,档案工作人员要向档案用户解释清楚不能提供使用的原因。

(4) 通过有效方式满足档案用户的需要。

在清楚地了解了档案用户的需要后,档案工作人员就可以选择恰当的方式来满足档案用户的利用需求。档案工作人员应首先考虑可否采用档案副本或复制件、参考资料和档案编纂成果等形式来满足档案用户的需要,以便最大限度地保证档案原件的物质安全。如若没有副本与资料可以利用,也可以提供档案原件,直接满足档案用户的需要。

2. 档案外借服务

档案外借服务即档案馆(室)为满足某些需要档案原件或副本做证据等特殊的利用需求,暂时将档案借出馆(室)外使用。在档案馆(室),档案一般是不借出档案馆(室)外利用的。档案馆(室)将档案原件外借给本单位的领导和有关业务部门的情况比较多些,有时,如必要,档案馆(室)还可以采取"送卷上门"的主动服务方式,充分发挥档案的作用。在档案馆(室)的提供利用活动中,档案工作人员对那些珍贵的或易损的文件、古老文件以及特殊载体的档案一般不能借出馆(室)外使用。

(1) 档案外借服务必须建立、健全制度。只有当档案用户,特别是党政领导机关或司法机关必须以档案原件作为证据的特殊情况,才可以将档案原件借出档案馆(室)外使用。外借档案的时间不宜过长,以免遗失、失密与泄密。借出档案时,档案馆(室)应履行严格的交接手续,并清点外借档案文件的份数状况;外借档案的数量应予以控制,一次借出档案馆(室)外的档案数量不宜过多,以免影响其他档案用户的查阅使用。档案借出后,档案馆(室)应填制代卷卡(单),放置在档案原来的位置上,以便掌握档案的流动和利用情况。归还档案时,档案工作人员必须认真清点,并在借阅登记簿上注销,如果发现外借档案存在被污损、拆散、撕破、抽换、散失等情况,应及时向有关领导或主管部门汇报,以求妥善处理。

(2) 档案馆(室)应做好外借档案的登记与记录工作,监督档案用户填写清楚档案借阅单,并做好借阅登记簿的记录工作。登记与记录的内容一般包括案卷题名、档号、页(件)数、密级、借阅时期、归还日期、用户所在单位名称和借阅人的姓名、归还签收人等。开展此项工作的目的在于掌握有关档案用户借阅了哪些档案和副本,了解有关外借档案的去向,控制档案的归还时间,明确借阅使用档案的责任。

(3) 为了确保外借档案能按时归还,档案馆(室)还应建立催还制度。对于外借档案到期不归还者,档案馆(室)不可坐等,而应及时向有关档案用户催还。催还的主要目的在于减少档案原件在同一用户手中的滞留时间,防止影响其他档案用户的查用,提高档案的利用率,避免档案因外借时间过长而出现损坏、散失、失密等问题。对于个别的档案用户,如确系工作或生产需要,不能按时归还者,经过批准则应办理续借手续。

(二) 通过提供档案副本或复制品,满足有关档案用户的利用需求

1. 档案展览与陈列服务

档案展览与陈列服务是指档案馆(室)按照一定的主题,以展出档案原件或其复制品的方式系统地揭示和介绍馆(室)藏中有关档案的内容与成分的一种具体服务方式。

(1) 档案展览与陈列服务的工作内容。

① 确定展览或陈列的主题(专题)。
② 选择合适的展出方式。
③ 确定展品和展览(陈列)的艺术形式。
④ 确定展览与陈列的组织方式。
⑤ 确定展览与陈列的服务对象。
⑥ 记录与分析展览、陈列的实际效果。

(2) 档案展览的形式。

① 根据展览的时间长短,档案展览可以分为长期性档案展览和短期性档案展览。

长期性档案展览通常是在档案馆内设立长期的、较固定的展厅或展室,全面、系统地陈列馆藏中反映国家、民族或一个地区和档案馆自身发展情况的档案新闻公报或其复制件。它可以使档案用户充分认识档案与档案工作的意义。

短期性档案展览是档案馆根据有关工作的需要而举办的反映某类档案价值(如明清档案、民国档案、革命历史档案等)、有关事件专题或人物的档案展览。

② 根据参展的档案文献的内容,档案展览可以分为综合性档案展览和专题性档案展览。综合性档案展览主要是一些综合性、复杂性的档案事件史料,专题性档案展览主要是围绕某一特定历史时期特定事件的档案史料来开展的档案展览。

③ 根据展出的地点和方式,档案展览可以分为固定式档案展览和巡回式档案展览。固定式档案展览主要是以传统的档案展览为主,在选取特定的、唯一的地点开展;巡回式档案展览主要是采取流动式的档案展览。

2. 制发档案副本服务

制发档案副本服务即档案馆(室)根据档案用户的合理需要,以档案原件或已有的档案副本为依据,通过复制(包括静电复印、照拍、晒印、摹写、抄录等)、摘录等手段,向档案用户提供档案复制品的一种具体服务方式。这种方式具有以下优点和特点:

(1) 速度快,准确度高。
(2) 机动灵活,不受时间和空间的限制。
(3) 有利于档案原件的保护和长远流传。

（三）通过提供档案信息加工品，满足有关档案用户的利用需求

1. 出具档案证明

档案证明是档案馆(室)根据有关档案用户的询问和申请，为核查某种事实在馆(室)收藏档案中的记载情况(有无记载和如何记载)而摘抄编写的一种书面证明材料。档案馆(室)依法出具档案证明，也是其开展档案提供利用服务工作的一种方式。

出具档案证明是一种政治性、政策性很强的服务方式，档案馆(室)应严格按程序出具档案证明。出具档案证明要注意以下 5 个方面的问题：

（1）档案证明必须根据机关、团体和个人的申请才能制发。在申请书中应写明申请发给档案证明的目的及根据所要证明问题的范围应提供的有关材料。

（2）档案馆(室)是管理档案的机构，不是国家的公证机关，所以，档案馆(室)出具档案证明，只是根据档案向有关单位或公民个人证明某个事实在本档案馆(室)所保存的档案中有无记载和如何记载的，而不对该事实下结论或做任何解释。因此，在编写档案证明时，档案馆(室)应以引述或节录档案原文内容为主要方法。如果材料比较分散，档案工作人员需要加以综合概括或摘要叙述时，也必须忠实于原文的内容，不可擅自加以解释，更不能随意加以评论。与申请书无关或未获准证明的内容不准列入档案证明中。

（3）编写档案证明时，要确保提供材料的准确性。一般来说，档案证明应依据档案正本或可靠的副本来编写，并在档案证明上加以说明(如该证明材料来源于未经领导签署审批的材料、属于草稿或试行草案等)。如发现档案中有关同一事实的记述互有矛盾时，档案馆(室)应当将几种不同的材料同时列入档案证明中，以供利用者分析、研究。

（4）在档案证明中，档案馆(室)必须注明所提供材料的出处，以便必要时加以核对。出处一般要注明所采用档案的全宗号、目录号、案卷号和文件页码，并填写证明的制发日期。档案中的某些名词、术语或字迹难以判辨处可做必要的说明。

（5）档案证明写好后，档案馆(室)必须对内容和文字进行认真的校对，并经有关负责人审查批准，而后加盖档案馆(室)或机关公章。档案用户办完并得到档案证明的申请应该履行签收手续：机关应出具书面收据；个人应在留存的档案证明的副本(或底稿)上签名，并注明身份证号码和获取日期。

2. 档案咨询服务

档案咨询服务是档案馆(室)答复档案用户的咨询，指导其利用档案信息资源的一种服务方式。这也是一种经常的、重要的档案提供利用服务方式。

（1）档案咨询服务的范围。

档案咨询服务的范围包括两个部分：一是解答咨询，通过口头或书面等形式答复咨询；二是协助检索，指导档案用户使用检索工具，为查找馆(室)藏档案资料提供新的线索。

（2）档案咨询服务的种类。

档案咨询按不同的方式可以分为不同的种类，主要分为以下几类：

① 事实性咨询、指导性咨询和检索性咨询。

按内容的性质，档案咨询可以分为事实性咨询、指导性咨询和检索性咨询。

事实性咨询是指档案馆(室)解答档案用户关于特定的事项或数据的咨询，如关于特定事件、会议、人物、文件的相关事实与数据的询问。

指导性咨询是指档案馆(室)对档案用户在查阅档案与资料时遇到的疑难问题进行指导

服务,如指导档案用户掌握查找所需档案与资料的方法、了解和把握各种档案检索工具的特点和使用方式等。

检索性咨询是指档案馆(室)根据有关档案用户的利用需求,对已经确定的工作、科研或生产等活动,主动地提供有计划、有组织的档案情报咨询服务。

② 一般性咨询和专门性咨询。

按档案咨询的难易程度,档案咨询可以分为一般性咨询和专门性咨询。

一般性咨询是指档案馆(室)针对档案用户提出的关于本档案馆(室)的基本情况、档案利用制度、库藏档案的种类和内容成分等方面的咨询所进行的一般性解答服务。

专门性咨询是指档案馆(室)根据对有关档案文件的分析研究结果,解答档案用户关于特定档案文件的研究价值、文件中记载事实或数据的真实性与可靠性、文件中某些术语的含义以及有关专题档案文件的范围等方面的咨询。

③ 口头咨询和书面咨询。

按档案咨询的形式,档案咨询可以分为口头咨询和书面咨询。

口头咨询是指档案馆(室)以口头解答或电话答复等方式回答档案用户在查阅、使用档案活动中的有关难题的一种咨询服务。

书面咨询是指档案馆(室)以正式的书面材料形式解答档案用户提出的有关档案、档案目录、档案机构等方面的一种咨询服务。

(3) 档案咨询服务的步骤。

档案馆(室)答复咨询的过程,就是分析和解决问题的过程。档案咨询服务一般按下列程序进行。

① 接受档案用户的咨询。

档案馆(室)要先审查、核实档案用户询问有关问题的目的、内容、范围和需要解答问题的程度,以便选择咨询服务的具体方式与途径。在审核档案用户咨询的问题和要求时,档案馆(室)要弄清本档案馆(室)有无解答询问的档案材料和承担咨询任务的能力。凡尚未搞清楚的咨询问题,档案馆(室)不可贸然解答,而应当进一步询问清楚,以免出现无效劳动或答非所问等现象。对比较复杂的用户咨询,档案馆(室)不能即刻解答的,可以让档案用户先填写《档案咨询登记表》,注明咨询的题目、咨询的内容等事项,以便在分析、研究后酌情处理并予以满足。

② 分析档案用户咨询的问题。

接受档案用户的咨询后,档案馆(室)要进行较为深入细致的分析、研究,确定查找档案的步骤,做好查找档案的相关准备工作。在接受了较大型的问题后,档案馆(室)的咨询工作人员和有关的专业工作者还应共同进行分析和研究,协作制订切实可行的工作方案,以便使咨询活动有计划地进行。

③ 帮助档案用户查找档案。

根据档案咨询问题的分析研究结果,档案馆(室)确定查找档案的范围,选定档案检索工具,明确解决问题的方法和途径,并据实查找有关的档案文献。

④ 答复档案用户的咨询。

答复档案用户的咨询的具体方法和具体形式主要有:为档案用户直接提供有关咨询问题的答案,如按档案用户的要求提供有关事实、数据,介绍检索工具的使用方法;为档案用户提供相关档案的信息线索,如文件的责任者、形成时间、档号、文件字号等;对于无法确定准确答案的咨询问题,也可以为档案用户提供选择性的答案或档案材料,由档案用户自行决定取舍等。

⑤ 建立咨询档案。

对已经答复的或未能答复的咨询问题,档案馆(室)应当有目的地建立相应的咨询档案。凡是具有长远的、重要保存价值的,或者今后有可能重复出现的,以及未能解答的咨询问题材料,包括各种咨询服务记录、反映解答咨询问题过程及其结果的材料等,档案馆(室)均应归档保存。档案工作实践表明,建立咨询档案,对考察咨询工作情况,总结实际工作经验,发现与探索档案咨询服务工作的特点与规律等,均具有重要作用。

三、开放档案工作

(一) 开放档案的含义

档案开放原则是1789年法国大革命的一项重要成果。1790年法国颁布的《国家档案馆条例》中规定,法国国家档案馆每周对外开放3天,法国公民可以免费查阅和使用档案。1974年颁布的《穑月七日档案法令》进一步明确规定了法国所有的公共档案馆实行开放原则。自此之后,档案是国家的公共财富,任何公民都享有利用档案的平等权利的思想越来越深入人心。体现档案开放原则的《穑月七日档案法令》被人们誉为"档案的人权宣言"。两百多年来,档案开放的道路也被人们开拓得越来越宽。从历史档案的开放到现行文件的公开,从公共档案馆的档案开放到单位档案利用服务社会化概念的提出,档案开放的范围和途径已经呈现出一种多元化的发展态势。档案的开放也使越来越多的人认识到:档案是一种人类文明的记录,是一种社会性的文化存在;利用档案、了解档案中的信息内容是公民的一种基本的民主权利,是公民知情权利的一种实现方式。档案开放是一个社会文明发展程度和水平的重要标志之一。

所谓开放档案,是指档案馆(室)将一般可以公开的和保密期满的档案解除"封闭",向社会开放,允许档案用户在履行简便的手续后即可通过一定的方式进行开发利用。开放档案的具体含义包括以下三个方面:

(1) 确立了开放档案的范围。即一般可以公开的和保密期满的档案均应向社会开放。

(2) 明确了开放档案的用户对象。即向社会开放,"向一般的公众开放"。档案向社会开放,意味着任何依法利用馆(室)藏档案资源的法人和自然人均有权开发使用档案馆(室)已开放的档案。

(3) 简化利用手续是开放档案的基本特征之一。档案用户利用馆(室)藏档案的手续是否得到简化,这是衡量档案开放工作质量的一个重要标志。

(二) 开放档案的意义

开放档案是具有理论依据、实践依据和法律依据的,其具有重要的现实意义。

(1) 开放档案有利于社会进步。

(2) 开放档案是现代化档案馆(室)自身发展的一项重大措施。

(3) 开放档案可以促进档案馆(室)的各项业务建设。

(三) 开放档案的期限

《档案法》第二十七条规定:"县级以上各级档案馆的档案,应当自形成之日起满25年向社会开放。经济、教育、科技、文化等类档案,可以少于25年向社会开放;涉及国家安全或者重大利益以及其他到期不宜开放的档案,可以多于25年向社会开放。国家鼓励和支持其他档案馆向社会开放档案。档案开放的具体办法由国家档案主管部门制定,报国务院批准。"

(四)开放档案的公布

1. 开放档案的公布权

《档案法》第三十二条规定:"属于国家所有的档案,由国家授权的档案馆或者有关机关公布;未经档案馆或者有关机关同意,任何单位和个人无权公布。非国有企业、社会服务机构等单位和个人形成的档案,档案所有者有权公布。公布档案应当遵守有关法律、行政法规的规定,不得损害国家安全和利益,不得侵犯他人的合法权益。"

2. 公布档案的方式

根据《档案法实施办法》第二十二条的规定,公布档案的全部或者部分原文的主要方式有:

(1)通过报纸、刊物、图书、声像、电子等出版物发表。
(2)通过电台、电视台播放。
(3)通过公众计算机信息网络传播。
(4)在公共场合宣读、播放。
(5)出版发行档案史料、资料的全文或者摘录汇编。
(6)公开出售、散发或者张贴档案复制件。
(7)展览、公开陈列档案或者其复制件。

实训练习

1. 实训内容

教师将全班学生分为若干个小组。每个小组到本校或学校附近的公共图书馆进行调查,了解图书馆提供服务的方式。

2. 实训方式

每个小组在调查中讨论以下问题,并根据讨论结果撰写实训报告:

(1)图书馆和档案馆提供利用的方式有何异同?
(2)在图书馆提供利用的方式中,有哪些方式可以在档案的提供利用上加以借鉴,哪些不能借鉴?
(3)思考信息资源一体化的发展趋势和如何有效地实现信息资源一体化。

3. 教师评判

教师根据每个小组的实训报告进行评分,并做出点评。

任务二 档案的编研

相关知识

档案的编研是档案工作中的一个重要环节,同时也是档案馆(室)主动、系统、广泛地开展提供利用服务的一种有效方式,是档案的利用服务工作的进一步深化。

一、档案编研的基本内容、意义和特点

编研是带有很强的研究性的编纂工作,在各项档案基础业务工作中最具有创造性,也是最能体现档案工作人员水平的一个环节。

(一)档案编研的基本内容

档案编研是指档案工作人员以馆(室)藏档案为基础所进行的编辑和研究工作,其内容主要包括以下四个方面:

1. 档案史料和现行档案文件汇编

档案史料和现行档案文件汇编通常称为档案文献汇编,即档案馆(室)按照作者、专题、时间或文种等特征,把档案文件选编成册,在一定范围内使用或公开出版,如各种专题的档案史料汇编、现行机关的重要文件汇编、政策法规汇编等。将档案原文汇编成册,虽然改变了档案文献的存在形式,若经出版,档案还转化为图书,但是由于其并未改变档案原文,因此仍属于一次文献。根据汇编档案的内容、材料成分及详略程度的不同,编研成果可以采用不同的题名,如汇编、丛编、丛刊、辑录、选编、选集等。

档案文献汇编具有以下三个特点:

(1)原始性。原始性,即汇编所纂辑的都是档案的原件,而不是任何档案的加工品。

(2)系统性。系统性,即每一部汇编都围绕一个主题,内容互有联系,编排有序且具有逻辑性。

(3)易读性。在汇编的过程中,档案馆(室)通过对档案文件的标点与分段,对错字和残缺文字的校正和恢复,对档案上批语、标记、行款格式的处理等文字加工,可以使档案用户更加易于阅读档案的内容;通过对档案的编排,可以进一步揭示其中的历史联系;通过备考、注释、按语、年表、插图、目录、索引以及序言、范例等的撰写和编制,可以帮助档案用户理解有关专题档案的内容、历史背景和价值,便于档案用户查找汇编内的档案文件。

2. 编辑档案文摘汇编

档案文摘汇编是对档案原文的缩写,它以简练的文字概要地揭示了档案原文的主要内容,是一种二次文献。档案文摘可以作为一种检索工具编制和使用,如档案著录中的提要项实际上就是档案文摘的一种形式,它在著录项目中起到介绍、报道档案文件内容的作用,可以为档案用户提供较为具体的查找线索。根据一定的专题或采用定期的方式将档案文摘汇集起来加以公布也是档案编研的一项内容。与档案文献汇编相比,它在编辑方法和报道功能上具有较为灵活、简便、及时等特点。

3. 编写档案参考资料

档案参考资料是档案馆(室)按照一定的选题,根据档案内容而编写的文字材料,如大事记、组织沿革、专题概要、会议简介、统计数字汇集等。

4. 参加编史修志

档案馆(室)以库藏档案为基础,参加历史研究和编史修志。例如,协助或参与史志编修工作,进行与库藏内容相关题目的历史研究,撰写专门的文章和著作等。

（二）档案编研的意义

1. 档案编研是主动、系统、广泛地开展提供利用服务的一种方式

档案编研工作的突出之点表现在工作成果的研究性、提供方式的主动性、材料的系统性及作用的广泛性。可以说，开展档案的编辑和研究工作是档案的整理和利用工作的一种高级形式，也是开放历史档案的一项重要措施。

2. 档案编研是提高档案馆（室）工作水平的一个重要途径

收集、整理、编目等基础工作是开展档案编研工作的基础和前提。而档案编研工作的开展既对基础工作提出了新的要求，又能检验和推动各项基础工作的全面发展。同时，编研作品的出版和发行可以减轻社会各界来档案馆（室）进行查阅的压力，使档案馆（室）有更多的时间和精力去进行改进和提高工作。此外，只有通过研究档案内容、汇编档案史料、参加编史志等研究和服务活动，才能进一步扩大档案工作的影响，赢得社会各方面对档案工作的重视和支持。

3. 档案编研是保护档案原件和长远流传档案史料的一种措施

提供编写的参考资料和编辑的档案史料来代替档案原件提供利用，可以避免档案原件遭到损坏和流失，有利于档案原件的世代长传。档案只靠单份和一处保管，难以千古无失。编印档案汇编和以档案为基础的资料，发行量大，存放点多，即使遇有不测也会此失彼存，得以辗转流传。迄今我国保存下来的相当数量的古代和近代的档案史料就是有力的证明。我国现存明清以前的档案几乎没有，所能见到的都是一些前人编纂的史料。

（三）档案编研的特点

档案编研的主要特点在于它的研究性、思想性和政策性。

1. 研究性

档案编研工作中的"编"与"研"不是两个各自独立的概念，而是相互统一的，即编中有研、编研结合。档案编研工作的每一项内容都带有很强的研究性，不仅在编史修志中需要研究，而且在编辑档案史料汇编以及编写档案参考资料时也要以大量的研究工作为基础。从编研题目的选定、材料的选择、考订，到文字加工、编排，这些都需要档案馆（室）进行认真的研究，包括史实研究、史料研究、体例研究、文字研究及需求研究、政策研究等许多方面。档案编研的质量管理要着力抓研究，不仅应就选定的题目本身加以研究，而且还要注意学习和研究相关理论、相关知识、相关动态，不断地提高档案编研人员的思想认识水平和业务水平。

2. 思想性

档案编研不仅是对档案原文的简单照录，它还必须反映档案编研人员的观点和认识，具有明显的思想性。档案编研的成果不同于一般的出版物，它是以档案为基础编辑或编写的，带有一定的权威性，档案用户往往会将其作为依据性材料加以使用。但是，社会的发展变化是复杂的，档案的形成过程和来源也是十分复杂的，档案的真实并不等同于历史的真实，这就要求档案编研人员要将辩证唯物主义和历史唯物主义的思想方法贯穿在选题、选材乃至加工、编写的每一个环节中，使编研成果反映历史的真实面貌。

3. 政策性

档案编研的成果通常要在一定的范围内公开使用,因而涉及的许多政策和法律方面的问题需要档案编研人员认真注意。例如,规章制度汇编主要是将某一行业领域中的指导性及纲领性文件、制度规范、综合性管理规定、工作组织机构等文件,进行汇总编排。如果在这些方面出现差错,不仅可能引起某些纠纷,而且有时还会给国家、集体、个人造成不应有的损失。

二、档案资料汇编与档案参考资料

现行档案文件汇编、档案文摘汇编(二者都属于档案资料汇编)和编写档案参考资料既是档案编研工作的三大基本内容,也是一般档案馆(室)日常档案编研工作的重要内容。本书将重点介绍现行档案文件汇编、档案文摘汇编和档案参考资料及其编写实用技巧。

(一) 现行档案文件汇编

现行档案文件汇编是将中华人民共和国成立后形成的各种档案文件编辑汇总,这是档案馆(室)为了满足社会各方面的现实需要而开展的一项重要的工作内容。

现行档案文件汇编的种类很多,常用的有以下六种。

1. 法规文件汇编

法规文件是指党和国家各级权力机关及其所属业务主管部门颁发的以强制力推行的用以规定各种行为规范的文件,如法律、法令、规定、决定等。法规文件汇编就是将这些文件汇编成册。

(1) 法规文件汇编的类型。

法规文件汇编分为综合性汇编和专题性汇编。前者如将《中华人民共和国海南自由贸易港法》《中华人民共和国数据安全法》《中华人民共和国个人信息保护法》《中华人民共和国监察官法》《中华人民共和国法律援助法》等汇编成《中华人民共和国法律汇编》,后者如将《城市社区档案管理办法》《档案管理违法违纪行为处分规定》《国家档案局优秀科技成果奖励办法》《重大活动和突发事件档案管理办法》《科学技术研究档案管理规定》等汇编成《档案法规汇编》。

(2) 法规文件汇编的编辑出版。

法规文件汇编一般由有权制定法规的单位进行编辑出版。它所收录的文件应现行有效,要有时间断限,一般按内容分类后再按时间排列。

(3) 法规文件汇编的特点。

法规文件汇编具有权威性、准确性、资料性的特点。权威性体现了法律的刚性,要求公民必须严格遵守法律法规,法律面前人人平等,违法必究。准确性体现了法律的信任度,得到社会的普遍认同。资料性体现了法律的工具性,为社会组织、公民个人从事公共事务或科学研究提供了有效的参考资料。

2. 重要文件汇编

重要文件通常是指有关方针、政策方面的规定性、领导指导性文件,档案馆(室)将这些文件汇编成册,即为重要文件汇编。重要文件汇编的内容大多是综合性的,编辑时需档案馆(室)分门别类后按发文时间顺序排列。

3. 发文汇编

发文机关将本机关的发文定期(通常按年度)集中成册,即为发文汇编。发文汇编一般按发文号顺序排列。

4. 会议文件汇编

档案馆(室)将会议中产生的具有一定参考利用价值的文件汇集成册,即为会议文件汇编。档案馆(室)一般要选择在社会或机关发展中、工作中有重要作用的会议编制文件汇编。档案馆(室)可以将一次会议的文件汇成一册,也可以将同一种会议的若干届会议文件汇成一册,但不能将不同性质的会议产生的文件混为一册。

5. 公报、政报文件汇编

公报、政报文件汇编主要是围绕党和国家机关正式发布的有关方针、政策的规定性、领导性、政策性的文件展开选材,一般以正式下发的文件为主,选用领导讲话时要确保所选取的材料客观真实。

6. 其他类型专题文件汇编

除上述汇编形式外,比较常见的其他类型专题文件汇编还有规章制度汇编、工作规范汇编、调查研究文件汇编、学术文件汇编、范例类文件汇编、专门业务文件汇编、成果材料汇编等。

档案文件汇编一般包括汇编题名、编辑说明、序言、目录、正文和附录等六个部分。

(二) 档案文摘汇编

档案文摘是指以提供档案文摘汇编为目的,不加评论和补充解释,简明、确切地记叙文献重要内容的短文。档案文摘汇编是指将库藏档案的各类型档案按照不同的问题进行简要摘录汇编。

1. 档案文摘汇编的主要特点

(1) 信息密度高,容量大。

档案文摘汇编言简意赅地揭示了文件的主要内容,档案用户可以用较短的时间获得大量的信息。

(2) 具有引导利用作用,针对性强。

档案文摘汇编具有引导利用的作用,档案用户可以借用档案文摘汇编选择自己所需要的档案原件,有针对性地进行查阅和利用。

(3) 信息及时、更新快。

档案文摘汇编的编辑出版形式多样,可以及时报道各种文件中的最新信息。

2. 档案文摘汇编的编写

独立使用的档案文摘汇编有统一的格式,它一般由以下六个项目组成:

(1) 文摘号:即档案文摘在档案文摘汇编中的顺序号,具有表示排列顺序和检索的作用。

(2) 文摘题名:即档案文摘的标题,概括地揭示了摘录文件的内容,可以使用原文标题。

(3) 原文作者:即档案文件的作者。

(4) 原文出处:即档案原文的存址,可以填写档案馆(室)的名称和档号。

(5) 文摘员:即编写档案文摘的人员,填写此项意在表示负责。

（6）正文：即对档案文件原文内容的概括介绍。

档案馆(室)在撰写档案文摘汇编时应注意以下三个方面：

① 要忠于原文，客观、如实地叙述档案文件的主要内容，不能带有编写人员的主观意见。

② 档案文摘汇编应具有客观性和独立性，使档案用户不阅读原文也能从中获得必要的信息。也就是说，档案文摘应是一篇完整的短文，可以独立使用。

③ 文字要简练、准确，表述要清楚，要注意使用标准科学术语，一般不用图标、公式、缩写词等，篇幅一般在200~400个字左右。

3. 档案文摘汇编的形式

档案文摘汇编的编辑、出版形式比较灵活，可以汇集成册，也可以在刊物上定期或不定期地登载；可以按专题加以汇集并公布，也可以不分专题随时公布。一次收录的文摘多可达数百条，少可收录三四条，不拘一格，档案馆(室)可以根据需要加以选择。

档案馆(室)要密切结合社会需要选择档案文摘汇编题目，并将那些在科学研究、工作和生产中具有较高参考价值和推荐意义的档案文摘收录进来。比较常见的档案文摘汇编形式有三种，即学术论文文摘汇编、科技成果文摘汇编和专题档案文摘汇编。

（三）档案参考资料

从广义来说，凡是可供人们进行工作和研究问题时参考的材料，如书籍、报刊、照片、图表等，都可以成为参考资料。档案界通常所说的参考资料是档案馆(室)根据档案内容综合编写出来的一种材料，它是档案提供利用的一种方式。

档案参考资料具有与其他提供利用方式不用的特点，主要表现在以下三个方面：

（1）档案参考资料的内容来源于档案，但又与档案原文不同，它是根据一定的专题对有关档案材料的内容加工编写而成的系统材料，具有问题集中、内容系统、概括性强的特点。

（2）编写出来的"产品"是一种介于档案文献与学术论著之间的"半成品"，是一种"三次文献"。

（3）其内容具有实际参考作用，但不具体指明内容的出处。

档案利用工作中编写的参考资料的种类很多，名称不一，用途也较为广泛，归纳起来大致可以分为三种类型，即大事记、组织沿革和专题概要。

实训练习

1. 实训内容

教师让学生了解档案编研的方法：（1）学习档案编研的基本理论知识；（2）认识单位档案室档案资料汇编的种类；（3）理解档案编研的选题。

2. 实训方式

（1）教师将全班学生分为若干个小组。

（2）每个小组选择一个本校的专业，到校档案室对近5年来该专业学生的就业情况进行调查。

（3）每个小组根据调查结果编写一份统计数字汇编，反映调查结果，并对该专业的发展进行预测。

3. 教师评判

教师根据每个小组的统计数字汇编进行评分,并做出点评。

任务三　常用档案参考资料的编制

相关知识

一、大事记

大事记是指按照时间顺序简要记述一定范围内发生的重大事件、重大活动的一种档案参考资料。

(一) 大事记的种类

大事记的种类很多,名称不一,如"大事记""大事年表""大事记述""大事编年""大事记要""大事辑要""纪年""月表""日志"等。大事记可以作为一种独立的参考资料,也常常作为年鉴、专业辞书、史料汇编、专著等的附录附在正文之后。按照所记载的对象和内容的不同,大事记大致可以分为以下四种。

1. 机关大事记

机关大事记是指记载一个机关在一定时期内的重要活动,如《国务院南水北调办公室2012年南水北调大事记》《审计署2011年大事记》等。

2. 国家或地区大事记

国家或地区大事记是指记载全国或一个地区在一定时期内的重大事件,如《中华人民共和国大事记(1949年10月—2019年9月)》等。

3. 专题大事记

专题大事记是指按照专题记载国家或某一地区、某一机关在一定时期内某一方面的重大事件,如《珠海市新冠疫情防疫大事记》《2016年第一季度中国货币政策大事记》等。

4. 个人生平大事记

个人生平大事记是指记载著名人物的生平重要活动,通常也称年谱,如《孙中山生平活动》《鲁迅年谱》等。

(二) 大事记的选择标准

1. 大事的选择

所谓大事、小事是相对而言的,受一定的时间、空间的制约,此时、此地为大事者,彼时、彼地不一定为大事,反之亦然。因此在确定大事时,档案编研人员应从大事记对象的实际出发进行选择,一般可以从以下三个方面进行分析和判断:

(1) 影响方面。

大事记是记载一个地区在特定时期内发生的重事、要事,其内容具有全局性、专题性。反之,那些局部的、只有一般意义的事件和活动可以作为小事。

(2) 特色方面。

反映大事记对象的性质、任务、主要职能活动等方面特点的事件和活动应作为大事，反之，那些反映非主要职能活动、不具有自身特点的事件和活动可以作为小事。

(3) 背景方面。

大事记所记载的历史事件应当是反映党和国家的方针、政策及本地区、本单位中心工作的事件和活动，反之，那些只反映当时、当地的一般性、常规性事件和活动的可以作为小事。

2. 大事的范围

根据一些档案馆(室)编写大事记的经验，涉及以下方面的事件和活动可以作为大事加以记述：

(1) 党政机关、企业事业单位在执行党和国家的有关路线、方针、政策、法令、规章、制度过程中的重大举措、活动安排。

(2) 有关重要会议和重大政治活动。

(3) 有关地区或机构的组织沿革。

(4) 有关各条战线的重大变革与重大成就。

(5) 有关外交与外贸。

(6) 重大事故、特殊事件等。

3. 大事材料的收集

编写大事记要广为取材以求全，审慎核准以存真，从而保证大事记能成为一部"信史"传于今人与后人。

在进行大事记材料的收集时，档案馆(室)既要尽可能全面地查阅有关档案文件广为积累，也要寻找主要途径重点搜索。以地区性大事记为例，档案馆(室)收集大事记材料可以重点从以下六个方面着手：

(1) 党政领导机关的简报、快报、月报、要闻简报、动态等。这些材料记载了该地区各个领域发生的各种类型的大事和要事，所述事实准确、清楚，是大事记材料的重要来源。

(2) 报刊、电台、电视等新闻媒介的报道。尤其是当地的新闻媒介会经常宣传、介绍本地的一些大事、要事、奇事，档案馆(室)从中可以获得一些值得载入大事记的材料。

(3) 地方史志、年鉴等纪实性资料。这些资料系统地记述了该地区各方面的情况，其中包括一些重大事件和重大活动可以供档案馆(室)编写大事记进行参考。编写历史较久远、时间跨度较长的大事记时，这一材料来源更为重要。

(4) 口碑传闻。有些大事未见于正式记载，而是在群众中广为流传。这种口碑传闻中也有一些确属事实，也可以收入大事记中。

(5) 有影响的大事。档案馆(室)从本地区各机关编写的大事记中可以挑选出在全地区范围内具有影响的大事。

(6) 大事记录。有些机关建立了日常的大事件记录制度，由专人负责，按照事先确定的大事的范围和记录要求，随时把发生的大事记录下来，这可以成为编写大事记的系统材料来源。大事记录是保证大事记材料全面、准确的一个好方法。大事记录材料应随机关当年文件同时归档保存。

4. 大事材料的核准

大事记作为一种历史资料，内容应力求准确无误。由于大事记材料的来源广泛，其中失实或部分失实的情况并不少见,因此,大事记编写人员对所收集的材料要多闻阙疑,认真考订核准,以免将不实、不确之事录入大事记中。档案编研人员核准大事记材料的方法很多,他们可以将多种记载相互对照核实,也可以向事件发生机关或当事人查询核实。

(三) 大事记的体例和结构

1. 大事记的体例

(1) 编年体大事记。

编年体大事记即按年、月、日的顺序逐年逐月逐日记载历史事实,一事一条。

> **例 8-2** 《××市大事记》就是采用编年体,按时间先后顺序记载大事、要事的。以下为其正文的摘录:
>
> **2022 年××市大事记**
>
> 1 月
>
> 1 日　××市城乡居民最低生活保障标准调整到 980 元/(人·月),提高幅度为 9.4%;××市现行特困人员基本生活标准提高至 1568 元/(人·月),提高幅度达 9.4%。
>
> 3 日　人力资源和社会保障部发布《全国人力资源诚信服务示范机构名单》的通知,××市南方人力资源服务有限公司成为××地区唯一入选机构。
>
> 5 日　由××市组派的××省第 29 批援赤道几内亚医疗队启程赴非洲。这是××市第二次派医疗队赴赤道几内亚,人员 27 人,服务为期一年半。
>
> △××本地首张电子工商营业执照签发。
>
> 7 日　××市文化体育旅游局和市旅游发展中心赴××省××市举办"悦享暖冬,浪漫城市"2022××旅游推介会,落实两市对口合作工作计划。
>
> ……

(2) 纪事本末体大事记。

纪事本末体大事记即档案编研人员以事件为中心,按事列目,然后按时间顺序从头到尾详细、完整地叙述事件的始末。

(3) 分类编年体大事记。

分类编年体大事记即档案编研人员将史实先按内容或性质进行分类,然后分别按编年体的写法将同类的史实按时间先后顺序予以记载。

> **例 8-3** 《中华人民共和国大事记》采用的就是分类编年体。全书先分政治、财政经济、军事、文化教育、中外关系 5 个大类,每一类下再分若干个属类,每个属类下将大事按年、月、日排列。如"财政经济"类下面再分"工业交通""农林水利""财政·金融·贸易"3 个属类,内容摘录如下:

> **财政经济**
>
> 工业交通
>
> 1949.11.7　陇(陕西省宝鸡)海(江苏省连云港)铁路全线通车,全长一千二百二十六公里。
>
> 1949.11.17—11.30　全国首届煤矿会议在北京举行。会议计划一九五〇年产煤三千多万吨。
>
> ……
>
> 农林水利
>
> 1949.10.10　中共中央华北局发布关于新解放区土地改革的决定。
>
> 1949.11.8—11.18　水利部在北京召开全国解放区水利联席会议,傅作义部长致开幕词并作会议总结报告。李葆华副部长作关于水利建设方针和任务的报告。
>
> ……
>
> 财政·金融·贸易
>
> 1949.10.1　新华社报道,人民币五百元及一千元新钞发行两周以来,各地物价保持平稳。
>
> 1949.12.2　中央人民政府委员会第四次会议通过一九五〇年度全国财政收支概算和关于发行人民胜利折实公债的决定。
>
> ……

2. 大事记的结构

一部独立编印的叙述式大事记一般由以下七个部分组成:

(1) 题名。

题名即大事记的标题,应包括大事记的对象、内容、时间、名称等要素,如《岳阳改革开放30年大事记(1978—2008年)》等。有些大事记的题名虽无具体的时间范围,但有历史时期的名称,如《中国近代教育大事记》。

(2) 编辑说明。

编辑说明也称前言或编者的话,其主要内容包括:

① 编写目的和读者对象。

② 指导思想和原则。

③ 时间断限和选材标准、材料来源。

④ 编排体例、结构和某些需要说明的编辑方法。

⑤ 编者情况。

例 8-4 《岳阳改革开放 30 年大事记》的编辑说明如下：

编辑说明

一、《岳阳改革开放 30 年大事记》(简称《大事记》)以马列主义、毛泽东思想、邓小平理论、"三个代表"重要思想、科学发展观为指导,遵循历史唯物主义和实事求是的原则,力求全面、系统、准确地反映岳阳改革开放 30 年来的大事、要事,特别是民本岳阳和谐崛起的轨迹。

二、《大事记》记述 1978~2008 年发生的对岳阳经济社会发展有影响的重要活动、重大事件;重点记述市(地)一级大事,发生在县(市、区)范围内且对全市有较大影响的活动、事件,也予以记述。

三、《大事记》使用语体文,不加评议,以第三人称记述。本书为编年体,兼采纪事本末体之长。采取逐年逐月逐日记述,日期不明者放本月之下,称本月;月份不明者,放本年之下,称本年;一件大事延续时间较长者,一般将起止时间放在大事开始日期记述;凡一天内有两件以上大事者,则按事情重要程度排列,以△表示。

四、《大事记》遵循"少宣传个人"的原则,力求因事系人,人从事出;记述相关人事活动时,坚持详近略远,原则上只记述市委、市人大、市政府、市政协、岳阳军分区主要负责人。

五、《大事记》力求做到事必有据、宁缺毋滥。凡证据不足、事实不准、争议较大或无法定论的,暂不收录。因限于篇幅,对出处依据均不另作注释。

六、《大事记》中的市是指岳阳市,即 1978 年 1 月~1983 年 6 月的县级市;1983 年 7 月~1986 年 1 月的省辖市;1986 年 2 月撤地并市,实行市管县体制。境内县级市均用全称。

七、《大事记》所记逝世人物,原则上只记本籍党和国家领导人、军队中将以上职务者,市委、市人大、市政府、市政协、岳阳军分区主要负责人,个别对岳阳发展贡献较大的可予以录入。

八、《大事记》所记地名、机构、职官、党派名称均按当时称呼,不加褒贬;中国共产党岳阳市委员会简称市委,中国共产党县(市、区)委员会简称县(市、区)委,岳阳市人民代表大会常务委员会简称市人大,岳阳市人民政府简称市政府,中国人民政治协商会议岳阳市委员会简称市政协,中国人民解放军岳阳军分区简称岳阳军分区,中国共产党岳阳市纪律检查委员会简称市纪委。所记单位、组织、事件名称,首次出现用全称,并加括注;长岭炼油厂自建厂至今,单位名变更频繁,在此一律简称长炼。

九、鉴于时间仓促,少数单位未报相关资料,难免挂一漏万。

(3) 序言。

序言通常用来介绍大事记记述对象的概况,如介绍有关地区的历史发展,建制变化;介绍有关机关的组织沿革、基本职能;介绍有关专题的基本内容和特色;介绍有关人物的主要生平事迹的社会影响等。

(4) 目录。

目录也称目次,是帮助读者查找大事条目的线索。对于大事记的目录编排体例编写,编年体大事记可以按历史时期或年代列出大事条目所在页次,分类编年体大事记可以按所分类目列出大事条目所在页次。

> **例8-5** 《广州市大事记(1949.10—1994.12)》的目录摘录如下:
>
> 基本社会主义改造时期(1949年10月—1956年)
> 1949年……………………………………………(1)
> 1950年……………………………………………(12)
> 1951年……………………………………………(30)
> ……
> 全面开始建设社会主义时期(1957年1月—1966年4月)
> 1957年……………………………………………(127)
> 1958年……………………………………………(150)
> 1959年……………………………………………(171)
> ……
> "文化大革命"时期(1966年5月—1976年9月)
> 1966年5月………………………………………(294)
> 1967年……………………………………………(305)
> 1968年……………………………………………(318)
> ……
> 社会主义建设新时期(1976年10月—1994年)
> 1976年10月………………………………………(404)
> 1977年……………………………………………(407)
> 1978年……………………………………………(417)
> ……
> 1994年……………………………………………(841)

(5) 正文。

正文是大事记的主体部分,具体编写要求将在"大事记正文的格式"部分详细介绍。

(6) 按语和注释。

按历史时期编排和分类编排的大事记,档案编研人员可以在每个时期或类目之前加按语,简要介绍这一部分的历史背景和大事要点,起到总括下文、引导阅读的作用。大事记中某些记述历史事实的词句具有特定含义,有些人物、地名、背景不为人所熟知,档案编研人员可以用注释的形式加以说明,以便读者理解。

(7) 附录。

附录即大事记的辅助材料,放在正文之后,以便读者查阅。附录的种类根据大事记的内容和读者对象的特点而定,参考书目、大事主题索引、人名索引、地名索引、行政区划图以及该地区、机关、企业具有代表性的数据或图表均可作为大事记的附录。

例 8-6 《广州市大事记(1949.10—1994.12)》将"中共广州市委、市人大常委会、市人民政府、市政协历任主要负责人名单"作为该书的附录,摘录如下:

附录

中共广州市委历任主要领导人一览表
(1949 年 10 月—1994 年 12 月)

年限	届次	机构名称	职务	姓名	任职时间
1949.10—1956.6		中共广州市委	书记 代理书记 第一书记 第一书记 书记	叶剑英 朱光 叶剑英 何伟 王德	1949.10—1952.9 1949.12—1952.3 1952.10—1952.12 1952.12—1954.10 1954.11—1956.3
			书记	王德	1956.3—1956.6
1956.6—1959.3	第一届	中共广州市委书记处	第一书记	王德	1956.6—1959.3
	第二届				
……		……		……	……

(四)大事记的条目的编写方法

1. 编写要素

大事记的条目通常由大事时间和大事记述两个部分组成。

(1)大事时间。

大事时间应力求记载准确的日期,即写明某年、某月、某日,有些特殊事件还应写明确切的时、分、秒。对原材料来源中没有注明时间或时间不准确的事件,档案编研人员应尽力进行考证。日无可考者,该条目附于月末,称为"是月"或"本月";月无可考者,该条目附于年末,称为"是年"或"本年";年无可考者一般不记。历史事件除公元年号外,同时还要标明当时的朝代年号。

(2)大事记述。

大事记述是对史实的记述,是大事记中最重要的部分。档案编研人员编写大事记述不仅要有较高的思想水平、知识素养和文字能力,而且还要讲究编写技巧,力求将丰富的史实凝聚于简洁的笔墨之中。

2. 大事记的条目编写的基本要求

大事记的条目编写的基本要求如下:

(1)一条一事,不能将几件事放在一个条目中综述。
(2)大事记述文字要简明。
(3)大事记述要注意将其始末因果交代清楚。
(4)编写大事记要以辩证唯物主义和历史唯物主义为指导,要注意观点的正确。
(5)编写大事记可以在客观记述的基础上作适当的评价。

3. 大事记正文的格式

大事记正文的格式主要包括大事条目的段落安排、大事时间的标示方式及同一时间有两条以上大事条目的标示方式。

（1）大事条目的段落安排。

① 首行缩进式。

首行缩进式即每一条条目的第一行都向右缩进两格。

例 8-7 首行缩进式段落安排的案例。

2017 年 7 月

　　7 月 1 日　全国海关通关一体化正式实施，企业可以在全国范围内任意一个海关完成相关海关手续。

　　同日　我国全面实施检察机关提起公益诉讼制度。

　　7 月 3 日　扶贫领域监督执纪问责工作电视电话会议举行。王岐山讲话。

　　7 月 3 日—9 日　习近平对俄罗斯、德国进行国事访问并出席在汉堡举行的二十国集团领导人第十二次峰会。7 日，在二十国集团领导人峰会上发表《坚持开放包容，推动联动增长》的讲话。同日，主持金砖国家领导人非正式会晤并作引导性讲话和总结讲话。

　　7 月 7 日　港珠澳大桥主体工程全线贯通。大桥总长 55 公里，是连接香港、珠海和澳门的超大型跨海通道，也是世界最长的跨海大桥。

　　7 月 7 日、8 日　青海可可西里、"鼓浪屿：历史国际社区"入选《世界遗产名录》。至此，中国有 52 个项目列入世界遗产名录，位列世界第二；31 个项目列入人类非物质文化遗产代表作名录，7 个项目列入急需保护名录，1 个项目列入优秀实践名册，总数位列世界第一。

　　……………

② 首行悬挂式。

首行悬挂式即每一条条目的第一行日期向左突出。

例 8-8 首行悬挂式段落安排的案例。

2 日　拱北公安派出所被评为全国一级公安派出所，今日挂牌。

3 日　珠海友通科技有限公司近日通过 CMM（能力成熟度模型）三级认证。是珠海市第一家通过此类认证的企业。

③ 首行齐头式。

首行齐头式即每一条条目各行的开头都齐头顶格书写，条目与条目之间空一行，并且将每一条条目开头的月份字体变粗以示区分。

> **例 8-9** 首行齐头式段落安排的案例。
>
> **2019 年**
>
> **1 月**
>
> 1 月,根据××市机构改革方案,在市科技和工业信息化局的工业和信息化相关职责基础上,组建市工业和信息化局,于 2019 年 1 月 20 日正式挂牌成立。
>
> **4 月**
>
> 4 月 12 日,广东省工业和信息化厅发布《广东省培育世界级电子信息产业集群行动计划(2019—2022 年)(征求意见稿)》,其中有 20 处提及"5G",并明确提出在珠三角城市群启动 5G 网络部署,加快 5G 商用步伐,将粤港澳大湾区打造成万亿级 5G 产业集聚区。5G 时代来临,粤港澳大湾区蓄势待发。
>
> 4 月 26 日,中国通信服务股份有限公司××公司(以下简称"中国通服××公司")举行揭牌仪式,××市政府有关负责人、中国通服广东公司有关负责人出席仪式并为××公司揭牌。××市工业和信息化局、××市信息协会、××技术公司、高等院校等单位代表应邀参加仪式。

(2) 大事时间的标示方式。

① 年度突出,月日开头。

这种标示方式广泛用于历史大事记中。时间跨度大、每年编入内容不多的(特别是有时整个月都无大事条目的)大事记,适宜采用这种方式。

> **例 8-10** 《横琴新区 2016 年大事记》中采用的就是"年度突出,月日开头"的标示方式,摘录如下:
>
> **2016 年**
>
> **1 月**
>
> 16 日　由区金融服务局、横琴金融投资有限公司和道口教育共同举办的自贸区金融论坛在横琴澳门青年创业谷举行。
>
> 20 日　横琴新区管委会在市委宣传部会议室举办横琴自贸片区成果汇报新闻通气会,通报横琴"十二五"期间和 2015 年主要工作成果,以及"十三五"时期的发展规划思路。
>
> **2 月**
>
> 3 日　横琴新区"'我们的中国梦'——文化进万家"迎春游园会活动在风情广场举行。
>
> 15 日　珠海市召开推动中国(广东)自由贸易试验区珠海横琴新区片区建设工作领导小组会议,会议听取了《横琴新区国民经济和社会发展第十三个五年规划纲要》(征求意见稿)编制情况说明,研究讨论了《2016 年广东自贸试验区珠海横琴片区改革创新发展总体方案》(征求意见稿)。

② 年月突出，日期开头。

这种标示方式在现行大事记中较常见。时间跨度短（尤其是只有一个年度的），每月内容较多的大事记，采用这种方式较好。

> **例 8-11**　《××市大事记》中采用的就是"年月突出，日期开头"的标示方式，摘录如下：
>
> 2018 年 3 月
>
> 　　1 日　　珠江禁渔自零时起至 6 月 30 日 24 时止。××市禁渔范围包括：磨刀门口，以珠海大桥和泥湾门大桥为界向珠江一侧水域；鸡啼门口，以鸡啼门大桥为界向珠江一侧水域；虎跳门口，以南门大桥为界向珠江一侧水域；前山河，以昌盛桥为界向前山河一侧水域均属禁渔水域。××禁渔渔船共计 295 艘。
> 　　△　××市停止核发机动车环保检验合格标志。
> 　　△　《××经济特区公安机关警务辅助人员管理办法》实施。
> 　　△　××市入户新政正式实施。
> 　　7 日　　拱北海关缉私局和市交通执法局签署《反走私合作备忘录》，标志着××市反走私执法部门强化协作机制取得新成果，将共同推进反走私综合治理进入新阶段。
> 　　9 日　　国家中医药管理局办公室等多个部委联合公布 2017 年全国综合医院、专科医院、妇幼保健院中医药工作示范单位名单。××市第五人民医院（××市平沙医院）是××市唯一一家新申报上榜医院。
> 　　……

③ 同一时间有两条以上的大事条目的标示方式。

同一时间有两条以上的大事条目，可以采取在首条前写时间，以后各条前面加"同日"或加"△"等符号进行区别的办法。

> **例 8-12**　同一时间有两条以上大事条目的标示方式的案例。
>
> 4 月
>
> 　　26 日　　横琴云计算资源产业联盟正式挂牌。联盟旨在依托国家部委、央企国企和各地政府间的资源，推动港澳及珠三角地区云计算资源产业的交流合作。
> 　　△　珠海横琴新区国际知识产权保护联盟宣告成立，并召开第一届理事会议，发布横琴国际知识产权保护联盟标志。该联盟由横琴新区工商局牵头，联合 33 个横琴与澳门的单位发起成立，是开放性、国际性的知识产权保护联盟。

二、组织沿革

组织沿革是指一种系统地记载某一机构、地区或行业的体制、职能等基本状况变迁过程的参考资料。

(一) 组织沿革的作用、特点和种类

1. 组织沿革的作用与特点

(1) 组织沿革的作用。

① 便于查考和研究本地区、本机关、本系统的机关和人员发展变化情况。

② 可以为研究国家机关史、地方史、革命史及各种专业史提供组织建设方面比较系统、全面的参考资料。

③ 可以为档案馆(室)编写立档单位历史考证提供系统的材料,并有助于提高档案收集、整理、鉴定等业务工作的水平。此外,还可以帮助档案用户了解立档单位的情况和认识档案的价值。

(2) 组织沿革的特点。

① 内容的专题性,即专门记载有关组织建设方面的情况。

② 事实的连续性,即展示有关方面自往而今的发展变化过程。

2. 组织沿革的种类

组织沿革的种类主要有机关组织沿革、地区组织沿革和专业系统组织沿革三种。

(1) 机关组织沿革。

机关组织沿革主要记载一个机关及其内部组织机构和人员的演变情况,如《珠海市地方税务局组织沿革》。

(2) 地区组织沿革。

地区组织沿革主要记载一定区域内(如省、市、县等)所属党、政、群各级组织的设置和变化,如《广东省组织沿革》。

(3) 专业系统组织沿革。

专业系统组织沿革主要记载一定专业系统(如教育系统、金融系统等)所属组织的设置和变化,如《珠海市卫生系统组织沿革》。

(二) 组织沿革的内容和体例

1. 组织沿革的内容

组织沿革的内容主要包括机关名称改变、地址迁移、成立和撤并时间、隶属关系、性质和任务(职能)职权范围、领导人员变动、人员编制以及内部组织机构设置等变化情况。概括起来,组织沿革主要包括以下五个要素:

(1) 单位的性质和主要职能。

(2) 隶属关系。

(3) 人员编制。

(4) 内部机构设置。

(5) 领导成员的组成。

2. 组织沿革的体例

编写组织沿革通常采用编年法、系列法和阶段法三种体例。这三种体例各有特点,档案编研人员在编写组织沿革时可以根据自身的实际情况加以选择,在编写过程中也可对这三种体例作适当的结合或变通使用。

(1) 编年法。

编年法即按年度记述某一机关(地区、专业系统)的组织概况。

使用编年法时,档案编研人员先将材料按年度分开,然后在每个年度中分别记述各方面的问题。编年法的优点是每一年度中有关该组织的材料集中,且自成体系,便于按年度查找;缺点是每个方面的问题都分散在各个年度之中,内容分散,系统性不强,不便于把握某一方面问题的发展脉络,而且有些多年没有变化的情况在历年中反复记述,造成大量的重复。这种体例适合历史较短、规模较小、组织机构不太稳定的机关组织沿革。

(2) 系列法。

系列法即以组织或机构问题形成系列,分别记述其沿袭变化的始末概况。

系列法以组织机构为系列者,按机关内部组织机构的实际设置分别记述其各方面的发展与变化情况;以问题为系列者,可以分为机构体制、职能与任务、隶属关系、机构与人员编制、干部任免、印信等若干个方面分述其发展、变化情况。在系列之下,通常按年度顺序加以记述。

系列法的优点是:能够比较系统地揭示各个组织机构或各方面问题的发展脉络,便于档案用户了解一个机构或一个问题的历史与变化。但由于这种体例将机构全貌按系列分割开来记述,因此不便于档案用户了解每一段时间内整个机关的组织概况;而且内部机构设置比较复杂或变化比较频繁的机关不适宜按机构来设置系列。这种体例适合组织机构稳定且各自独立性较强的机关及地区或专业系统的组织沿革。

(3) 阶段法。

阶段法即根据机关(地区、专业系统)发展变化的特点划分为若干个历史阶段,在各个历史阶段中再分别记述各方面的情况。

阶段法在一定程度上吸收了前两种体例的优点,兼顾了时间和系列纵横两个方面的适当结合。阶段法与编年法的相似之处在于均以时间为主线,与系列法的相似之处在于均按问题分述情况。由于阶段法的时间段落比较长,避免了按年度记述的某些重复和完全按系列记述整体感不足的缺点,从而使各方面的情况得到了相对集中,结构上也显得比较紧凑,可以使档案用户对机关各个历史阶段的概况一目了然。当然,阶段法也必然使一个年度或一个系列的全部情况有所分散。采用这种体例时一个十分重要的问题是合理地划分历史阶段,使之符合本机关的发展特点,并长短适当。因此,这种体例适合具有一定发展历史的机关、地区、专业系统的组织沿革。

例 8-13 下面以《××市城市管理监察大队组织沿革(1987—2001)》为例,说明阶段法中每个阶段的具体编写方法(注:原文全部采用文字叙述式,为了更好地说明如何选择适宜的体例和合适的表达方式,编者对原文进行了必要的改动,主要是将原文中有关领导和组织体系部分改用表格的形式来表达,原文缺省的内容略)。××市城市管理监察大队组织沿革具体分为两个阶段,现摘录第一个阶段中的内容如下:

第一个阶段

单位名称:××市城市管理监察大队。

级别:正科。

起止时间:1987—1995年。

小序

××市城市管理监察大队于1986年4月由××市政府成立批准,1987年5月由×××副市长授旗正式执证上岗。主要职责是查处违章建筑,维护市政公共设施、园林绿化和市容环境秩序,协同有关部门搞好市容卫生、建筑施工和公共交通秩序的管理和执法工作。××市城市管理监察大队属于××市建设委员会下属的科级事业单位,成立之初有在编人员47人,到1996年更名时人员增加到218人。

一、单位领导

设大队长、教导员各1名,历任如下:

职务	姓名	任职时间	备注
大队长	陈平	1986—1989年	名单按任职先后顺序排列
大队长	招高喜	1990—1993年	
大队长	陈炎光	1994—1995年	
教导员	招高喜	1988—1989年	名单按任职先后顺序排列
教导员	王金平	1990—1991年	
教导员	谭日深	1992—1995年	

二、组织系统

1. 办公室 1987—1995年。主管(略)。历任负责人如下:

职务	姓名	任职时间	备注
(略)	罗海通	1987—1988年	名单按任职先后顺序排列
(略)	罗瑞海	1989—1990年	
(略)	江志强	1991—1994年	
(略)	张佩英	1995年	

2. 业务股 1989—1995年。主管(略)。历任负责人如下:

职务	姓名	任职时间	备注
(略)	曾钦泉	1989—1990年	名单按任职先后顺序排列
(略)	梁小和	1991—1995年	

3. 监察股 1990—1995年。1995年更名为人事监察科。主管(略)。历任负责人如下:

职务	姓名	任职时间	备注
(略)	林仲伦	1990—1994年	名单按任职先后顺序排列
(略)	黎仁良	1995年	

4. 财务科 1995年。主管(略)。历任负责人如下:

职务	姓名	任职时间	备注
(略)	杨元贵	1995年	

5. 直属中队(略)
6. 香洲中队(略)
7. 拱北中队(略)

（三）组织沿革的结构与表达形式

1. 组织沿革的结构

组织沿革一般由封页或总题名、编者说明、目录、总序或概况、正文和附录六个部分构成。

（1）封页或总题名。

封页或总题名包括组织沿革的标题、起止时间、编者等几项内容，封页的示例如图 8-2 所示。

广东省人民政府组织沿革
(1949—1999年)

广东省人民政府办公室编
二〇〇〇年十二月一日

图 8-2 封页的示例

（2）编者说明。

编者说明主要说明组织沿革的编写目的、体例、材料来源、组织沿革编写工作的组织与参加人员等。

（3）目录。

目录可以以阶段名称或时间问题名称为条目，单位时间短、阶段少的也可以不设目录。

> **例 8-14** ××市税务局组织沿革(1953—1993年)目录摘录。
>
> 目　录
>
> 一、概述……………………………………………………………………1
> 二、××县建制时期的税务机构……………………………………………2
> 　附表：县建制时期的税务机构演变示意图
> 　　　　县建制时期基层所(站)演变示意图
> 三、××市建制时期的税务机构……………………………………………4
> 　附表：市建制时期的税务机构演变示意图
> 　　　　××市税务局历任领导一览表
> 　　　　××市税务局系统各科、室及县区分局主要负责人一览表
> 　　　　一九九三年××市税务局人员构成统计表
> 　附录
> 　　　　××市税务局机关各科、室职能…………………………………9

(4) 总序或概况。

总序或概况是对单位的名称、单位的性质、主要职能、隶属关系、人员编制及其历史沿革作一个总体概述。

(5) 正文。

正文由按照一定体例编写而成的,主要包括组织沿革的五个要素的内容组成。

(6) 附录。

与组织沿革有关的各种图、表可以作为附录收于组织沿革之中。

2. 组织沿革的表达形式

组织沿革的表达形式大致有三种,即叙述式、表格式和图示式。叙述式在此不多介绍,表格式的示例参见表 8-1 和表 8-2,图示式的示例如图 8-3 和图 8-4 所示。

表 8-1 表格式的示例一(编年法)

年度	内部机构	人员编制		主要职能	主要负责人
		定编	实有		
2021 年	办公室				
	人事处				
	财务处				
2022 年	办公室				
	人事处				
	财务处				
	技术处				

表 8-2 表格式的示例二(系列法)

年度	办公室		财务处		人事处		技术处		单位领导人	
	编制	负责人	编制	负责人	编制	负责人	编制	负责人	姓名	任期
2017—2018 年										
2019—2020 年										
2021—2022 年										

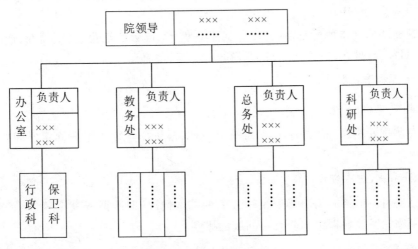

图 8-3 图示式的示例一

中共珠海市（县）委隶属关系沿革示意图

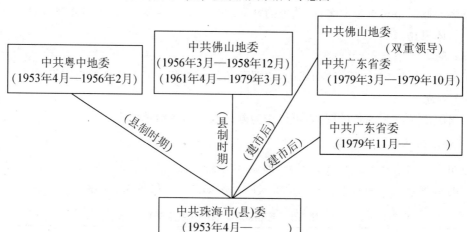

注：1953年珠海建县前和1959—1961年4月并入中山县，珠海党组织隶属中共中山县委。

图8-4　图示式的示例二

组织沿革既可以采用文字叙述或图表的形式，也可以图文并用。在编写中宜文则文，宜表则表。通常，对历史沿革、主要职能、任务用文字进行叙述，机构、人员变化用图表的形式表述，这样既能减少篇幅，又条理清楚、方便查阅。

三、专题概要

专题概要是指档案编研人员以文章叙述的形式，简要说明和反映某一方面的工作、生产或其他社会现象和自然现象的产生、发展、变化的某种类型的专题资料。专题概要不是这种参考资料的具体名称，其一般称呼和专题的具体名称有很多，如《××专题概要》《××专题资料》《××基本情况》《××简况》《××综述》《××简介》《××汇编》等。有些专题概要只有主题名称，如《××地区矿产资源分布》《发展中的南山邮电》；也有些专题概要直接用单位的名称作为题名，如《中山大学》。

就专题概要的具体种类而言，大致有五种类型：基础数字汇集；会议简介；产品、工程设备、科研项目简介；地区(机关)综合情况简介；专门问题简介。

（一）专题概要的特点

1. 主题鲜明，内容统一

一部专题概要所提供的是某一方面的专门材料，往往具有特定的读者群和特定的作用范围。

2. 材料系统，重点突出

专题概要可以向档案用户提供某一方面的基本情况，即所谓概其全貌、领其要点，档案用户不必翻阅档案原件即可知晓有关问题的概要。

3. 题材灵活，适应性强

专题概要的题目可以是历史问题，也可以是现实问题；可以是社会问题，也可以是生产问题、技术问题、自然现象；可以综述一个领域，也可以介绍一个事件。专题概要的篇幅可长可短，其形式可文可图，其成果可以公开出版，也可以内部使用。因此，专题概要具有很强的适应性，档案馆（室）可以随时根据需要组织编写，及时提供给有关利用者。

（二）专题概要的选题和选材

专题概要的实用性如何在很大程度上取决于它的选题，科学合理的选题可以使专题概要具有明显的利用价值，而不切实际的选题则往往使其成果无人问津。因此，档案编研人员要十分重视专题概要的选题环节，把好选题关。

1. 专题概要的选题依据

专题概要的选题必须依据两个条件：一是要考虑客观需要；二是要立足馆（室）藏的实际，充分考虑材料。这两个条件缺一不可：如果没有一定的客观需要，就根本不需要选那个主题；如果仅仅有客观需要而没有相应的材料做基础，也不可能编写出具有较高参考价值的、实用的专题概要。

2. 专题概要的选材要求

专题概要的选材：一要"专"，即紧紧围绕选定的题目查找材料；二要"全"，即应力求将有关该题目的材料收集得多一些，内容丰富一些，除馆（室）藏档案外，也可以从版本较为可信的史志、年鉴和其他资料中选择一部分材料；三要"实"，即不能选用根据不足的材料，也不能将某些反映事件过程的材料作为结果性材料使用。

四、会议简介

会议简介是指档案编研人员利用会议的档案材料简要地介绍会议的全过程，以反映会议的基本情况的档案参考资料。它属于专题概要的一种类型。由于会议简介为专题概要常用的类型，故在此特别专门介绍。

（一）会议简介的作用和种类

召开各种会议，决定方针、政策，商讨工作事项，研究业务问题，这是党政领导机关、企业事业单位、群众团体进行领导活动和工作活动的重要方式；了解会议情况，查找会议文件，则是机关工作人员十分常见的一种档案利用需求。一般来说，会议文件的数量较多，常规性会议文件分别保存在不同的年度中。档案馆（室）将重要会议的基本情况编写成介绍材料，对于档案用户了解会议简况、总结工作经验、查证某一问题或筹办新的会议都具有很好的参考价值。

会议简介的种类很多，大致可以划分为以下四种类型：

（1）各种代表会议简介：如党代会、人代会、政协会议、工代会、团代会、妇代会等代表会议的简介。

（2）业务工作会议简介：一般由各专业部门编写，是介绍一个部门或一个专业系统召开的各种专业工作会议基本情况的参考资料。

（3）学术性会议简介：关于某一个或某一方面专题的学术讨论会、学术研讨会、学术交流会的简介材料均属此类。

（4）经济与科技会议简介：如《××产品鉴定会简介》《××课题论证会简介》。

（二）会议简介的编写方法

会议简介一般由题名和正文两个部分组成。

1. 会议简介的题名

会议简介的题名由会议名称加"简介"二字组成,会议名称一般要写全称。

2. 会议简介的正文

会议简介的正文一般包括会议概况、会议议题和会议结果三个方面的内容。会议概况要写清楚会议名称和届次、会议的时间、会议的地点、会议主持人、会议参加人员等。对于出席会议的重要领导人和来宾可以标明其姓名和职务,其他代表一般只标明人数即可,如有需要亦可将与会人员名单以附录的形式附于其后。

会议议题是会议简介的主体部分,其中应着重记述会议主要报告的题目,即内容要点、会议讨论的有关问题。

会议结果应包括会议通过的决议、报告、提案等事项的名称和内容要点、选举结果等。对于选举结果,一般只标明选举出的主要领导人的姓名、职务及委员、候补委员的人数即可,需要时也可以将全部选举结果以附录的形式附于其后。

会议简介的编写形式可以根据需要分别采取文字叙述式、条目式、表格式等不同的形式。

例 8-15 文字叙述式会议简介的案例。

珠海县第一届第一次人民代表大会简介

会议时间:1954年6月30日—7月6日。

大会主席团主席徐文县长,秘书长张贵一,大会代表资格审查委员会主任任俊(组织部长),提案审查委员会主任陈俊。参加会议代表共153人。

大会听取并批准了徐文同志的《一年来的工作报告》和任俊同志关于《珠海县今后工作任务》的报告,通过了《珠海县第一届第一次人民代表大会决议》。会议肯定了珠海建县一年来政府工作取得了较大成绩,在海洋、农村等方面已出现了新的面貌和新情况,人民生活逐步改善,提出了今后工作方向是以互助合作运动为中心,努力生产,为实行党在过渡时期的总路线而奋斗。

大会还听取了徐文同志所作的《宪法草案的讲解报告》,并作出了《关于拥护中华人民共和国宪法草案公布决议》。本次大会共收到代表提案219件。

五、统计数字汇集

统计数字汇集又称基础数字汇集,是指档案编研人员以数字的形式反映一定地区(机构、行业)或某一方面基本情况的一种档案参考资料,是对档案材料中原有的统计数字的摘录、综合和汇总。它属于专题概要的一种类型。统计数字汇集同样为专题概要常用的类型,故在此特别专门介绍。

(一)统计数字汇集的作用和种类

统计数字汇集把档案中分散记述的各方面的数据按专题汇集起来,具有数据集中系统、内容简单明了等特点。因此,统计数字汇集可以为领导干部和工作人员了解情况、研究问题、总结经验提供系统的数据,可以作为制订计划、指导工作的参考和依据。同时,它也可以作为宣传教育的典型材料,用真实的数据来反映某一方面的发展和变化情况。

统计数字汇集主要可以分为以下两种类型。

1. 综合性统计数字汇集

综合性统计数字汇集是指记载和反映一个地区、一个单位全面情况的数字汇集,内容广泛,篇幅较大,如《××局基础数字汇集》《××公司基本情况统计》。

2. 专题性统计数字汇集

专题性统计数字汇集是指记载和反映一个地区、一个单位某一方面基本情况的数字汇集。专题可大可小,项目可多可少,档案编研人员可以根据客观需要而定,如《××市历史天气情况数字汇集》《××公司近五年销售情况统计》。专题性统计数字汇集的范围可大可小,档案编研人员可以依据需要来确定其范围和内容。

(二) 统计数字汇集的内容构成和编制方法

统计数字汇集一般包括总标题、编制说明和正文三个主要部分,独立成册的单行本还应有封页、编辑说明、目录和附录。

正文是统计数字汇集的主体部分,它所记述和反映的客观内容主要是各种数量概念和数量关系,通常也称数列。数列是构成统计数字汇集正文的基本要素。

统计数字汇集的正文常见的编写形式主要有三种:一是文字记述式;二是表格式;三是图示式。

1. 文字记述式

文字记述式是指档案馆(室)用文字叙述的形式分项介绍各种基础数字的一种统计数字汇集。它的优点是采用文字阐述,便于交代各种关系,便于阅读和进行口头陈述。文字记述式由标题、前言、数列和说明四个部分组成。

(1) 标题。

标题是统计数字汇集的名称,由单位、内容和名称三个部分组成,概括了统计数字汇集反映的内容。

(2) 前言。

前言简要介绍统计数字汇集的主要内容涉及的空间、时间断限及材料的来源和完整准确程度。

(3) 数列。

数列由统计对象(即数列标题)、时间或空间范围、统计指标(统计对象所含的方面)和统计数值四个方面组成。

例 8-16 文字记述式统计数字汇集的案例。

("十三五"期间)档案公共服务能力持续提升,全国档案馆共有开放档案 17659 万卷(件);2016—2019 年,各级综合档案馆接待利用 2755.9 万人次,出版编研资料 3014 种、13.9 亿字,举办档案展览 12870 个,接待参观 2545.2 万人次。

在例 8-16 中,"档案公共服务能力"为统计对象,"2016—2019 年"为时间范围,"全国档案馆"为空间范围,"接待利用人次"和"出版编研资料种类"等为统计指标,"2755.9万"和"3014"等为统计数值。

(4) 说明。

简要说明本统计数字汇集所要说明的问题。

2. 表格式

表格式是指以表格的形式反映各项基础数字的一种统计数字汇集。它的应用最为广泛,优点是数列条理清楚,信息容量大,可以处理较复杂的比较关系。表格式由总标题、横行标题、纵栏标题和指标数值四个部分组成。

例 8-17 表格式统计数字汇集的案例。

2020 年房地产开发和销售主要指标及其增长速度

指标	单位	绝对数	比上年增长/(%)
投资额	亿元	141 443	7.0
其中:住宅	亿元	104 446	7.6
房屋施工面积	万平方米	926 759	3.7
其中:住宅	万平方米	655 558	4.4
房屋新开工面积	万平方米	224 433	－1.2
其中:住宅	万平方米	164 329	－1.9
房屋竣工面积	万平方米	91 218	－4.9
其中:住宅	万平方米	65 910	－3.1
商品房销售面积	万平方米	176 086	2.6
其中:住宅	万平方米	154 878	3.2
本年到位资金	亿元	193 115	8.1
其中:国内贷款	亿元	26 676	5.7
个人按揭系统	亿元	29 976	9.9

在例 8-17 中,"2020 年房地产开发和销售主要指标及其增长速度"是总标题,左端中的各"指标"是横行标题,"单位""绝对数"等是纵栏标题,各个数值是指标数值,这四个部分共同组成一个完整的统计表。

表格式按统计数列性质的不同可以分为空间数列表、时间数列表和时空数列表三种表格。

(1) 空间数列表。

空间数列表是指反映同一时间条件下,不同空间上的某项或某几项统计数列的表格(示例参见表 8-3)。

表 8-3 2020年各种运输方式完成旅客运输量及其增长速度

指标	单位	绝对数	比上年增长/(%)
旅客运输总量	亿人次	96.7	−45.1
铁路	亿人次	22.0	−39.8
公路	亿人次	68.9	−47.0
水运	亿人次	1.5	−45.2
民航	亿人次	4.2	−36.7
旅客运输周转量	亿人公里	19 251.4	−45.5
铁路	亿人公里	8266.2	−43.8
公路	亿人公里	4641.0	−47.6
水运	亿人公里	33.0	−58.0
民航	亿人公里	6311.2	−16.1

(2) 时间数列表。

时间数列表是指反映同一空间条件下,不同时间上的某项或某几项统计数列的表格(示例参见表 8-4)。

表 8-4 中国圆珠笔进出口数量和进出口金额统计

时间	累计进口数量/万支	累计进口金额/万美元	累计出口数量/万支	累计出口金额/万美元
2019年7月	10 741.0	4802.3	509 941.6	51 808.8
8月	12 487.7	5539.7	583 493.8	60 263.6
9月	13 915.7	6252.1	655 202.3	68 128.2
10月	15 573.0	7091.5	727 546.5	75 992.3
11月	17 216.5	7889.4	793 426.1	83 145.2
12月	19 284.4	8810.9	871 182.8	91 513.1
2020年1—2月	2709.9	1042.0	90 360.1	9596.4
3月	4829.2	1955.4	128 104.7	13 610.9
4月	6579.8	2738.8	172 068.0	17 905.4
5月	7847.5	3342.9	231 856.6	23 607.7
6月	9552.6	4127.1	290 703.8	29 477.9
7月	11 229.3	4837.4	342 351.4	34 776.5

(3) 时空数列表。

时空数列表是指反映不同的空间条件下,不同的时间上的某项或某几项统计数列的表格(示例参见表 8-5)。

表 8-5 "十三五"时期主要省份社会消费品零售总额

单位：亿元

地区	2020	2019	2018	2017	2016
全国	391 980.6	408 017.2	377 783.1	347 326.7	315 806.2
广东	40 207.9	42 951.8	39 767.1	36 598.6	33 303.2
江苏	37 086.1	37 672.5	35 472.6	32 818.2	29 612.5
山东	29 248.0	29 251.2	27 480.3	25 527.9	23 482.1
浙江	26 629.8	27 343.8	25 161.9	23 121.3	20 916.7
上海	159 32.5	15 847.6	14 874.8	13 699.5	12 588.2

3. 图示式

图示式是指以形象直观的图形来揭示一定数量关系的一种统计数字汇集。常见的图有柱形图、折线图、饼图、圆环图、XY散点图、雷达图、曲面图、股价图、圆柱图、圆锥图、棱锥图等。

例 8-18 直方图的案例如下所示。

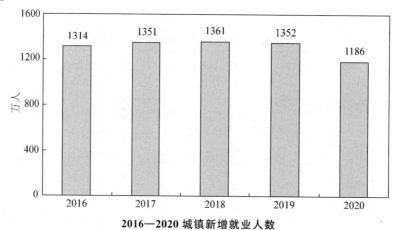

2016—2020 城镇新增就业人数

例 8-19 折线图的案例如下所示。

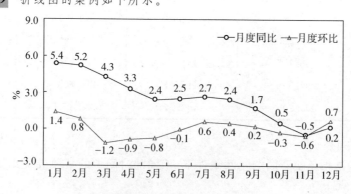

2020 年居民消费价格月度涨跌幅度

例 8-20 圆饼图的案例如下所示。

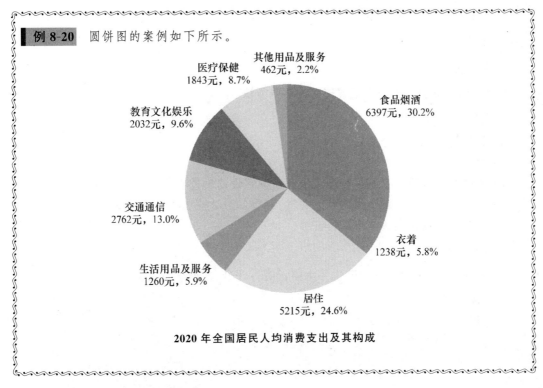

2020年全国居民人均消费支出及其构成

(三) 统计数字汇集的编写要求

1. 科学地确定统计指标

统计数字汇集是由一系列统计数据汇合而成的,而这些统计数据对于档案用户的作用在很大程度上取决于该数据所反映的事物是否具有研究或其他实用价值。因此,档案馆(室)选择统计指标时应对有关专题内容和档案用户的需要做认真分析,应选择那些能揭示该专题实质的统计指标。

2. 选好采集数据的年代断限

不同专题的统计数据汇集对有关数据的年限有不同的要求:有的要求时间尽可能长远一些,以反映有关方面的历史变迁;有的则要求具有代表性的一段时间的数据,以反映该事物在一定时期中的变化。

3. 数据准确

统计数字汇集中选用的统计数据要力求准确无误,各种统计数据要以来自权威的数字为准。统计数据的计量单位要统一,遇到前后不一的情况时,档案编研人员可进行换算或进行说明。

4. 根据主题特点可进行适当的统计分析

统计数字汇集不仅是将现有的统计数据加以集中,有时也会对已有的统计数据进行合理的归纳、比较,计算数据之间的增减幅度或比率,从而有助于揭示事物的发展、变化情况。

5. 表式清楚

统计数字汇集大多采用表格式,也可以采用图示式。采用表格式时,档案编研人员既可以将每年的统计数据汇成一表,逐年续表,也可以将多年的统计数据汇成一表,便于比较。

采用图示式时,档案编研人员需注意图形要准确、规范,示意性能好。

实训练习

1. 实训内容

教师重点训练学生进一步了解档案的编研方法。

2. 实训方式

(1) 教师将全班学生分为若干个小组。

(2) 每个小组选出一名同学,将每个小组选出的学生共同组成一个编研小组。

(3) 教师组织编研小组到学校办公室和档案室收集学校去年各项活动的相关资料。

(4) 每个小组根据编研小组得到的资料,编写一份学校2021年大事记。

(5) 每个小组派代表在全班进行汇报。

3. 教师评判

教师根据每个小组的学校2021年大事记进行评分,并做出点评。

附　　录
科技档案常见类型归档范围和保管期限表(参考资料)

附录表1　基本建设项目文件材料归档范围和保管期限表

序号	基本范围	保管期限
1	综合	
1.1	基建管理制度、办法、规定等	长期
1.2	基建发展规划、计划、报告、会议记录、纪要	永久
1.3	征、租用土地(单独项目的除外)申请、报告、批复、合同、协议、说明材料	永久
1.4	厂区平面图、地下管线图	永久
1.5	统计报表	长期
2	工程准备阶段	
2.1	立项文件	
2.1.1	项目建议书	永久
2.1.2	项目建议书审批意见及前期工作通知书	永久
2.1.3	可行性研究报告及附件	永久
2.1.4	可行性研究报告审批意见	永久
2.1.5	关于立项有关的会议纪要、领导讲话	永久
2.1.6	专家建议文件	永久
2.1.7	调查资料及项目评估研究材料	长期
2.2	建设用地、征地、拆迁文件	
2.2.1	选址申请及选址规划意见通知书	永久
2.2.2	用地申请报告及县级以上人民政府城乡建设用地批准书	永久
2.2.3	拆迁安置意见、协议、方案等	长期
2.2.4	建设用地规划许可证及其附件	永久
2.2.5	划拨建设用地文件	永久
2.2.6	国有土地使用证	永久
2.3	勘察、测绘、设计文件	
2.3.1	工程地质勘察报告	永久
2.3.2	水文地质勘察报告、自然条件、地震调查	永久
2.3.3	申报的规划设计条件和规划设计条件通知书	永久

续表

序号	基本范围	保管期限
2.3.4	初步设计图纸和说明	长期
2.3.5	技术设计图纸和说明	长期
2.3.6	审定设计方案通知书及审查意见	长期
2.3.7	有关行政主管部门(人防、环保、消防、交通、园林、市政、文物、通信、保密、河湖、教育、白蚁防治、卫生等)批准文件或取得的有关协议	永久
2.3.8	施工图及其说明	长期
2.3.9	设计计算书	长期
2.3.10	政府有关部门对施工图设计文件的审批意见	永久
2.4	招投标、中标文件与合同书	
2.4.1	勘察设计招投标中标文件	长期
2.4.2	勘察设计招投标未中标文件	短期
2.4.3	勘察设计承包合同	长期
2.4.4	施工招投标中标文件	长期
2.4.5	施工招投标未中标文件	短期
2.4.6	施工承包合同	长期
2.4.7	工程监理招投标中标文件	长期
2.4.8	工程监理招投标未中标文件	短期
2.4.9	监理委托合同	长期
2.5	开工审批文件	
2.5.1	建设项目列入年度计划的申报文件	永久
2.5.2	建设项目列入年度计划的批复文件或年度计划项目表	永久
2.5.3	规划审批申报表及报送的文件和图纸	永久
2.5.4	建设工程规划许可证及其附件	永久
2.5.5	建设工程开工审查表	永久
2.5.6	建设工程施工许可证	永久
2.5.7	投资许可证、审计证明、缴纳绿化建设费等证明	长期
2.5.8	工程质量监督手续	长期
2.6	财务工作	
2.6.1	工程投资估算材料	短期
2.6.2	工程设计概算材料	短期
2.6.3	施工图预算材料	短期
2.6.4	施工预算	短期
2.7	建设、施工、监理机构及负责人	
2.7.1	工程项目管理机构(项目经理部)及负责人名单	长期
2.7.2	工程项目监理机构(项目监理部)及负责人名单	长期
2.7.3	工程项目施工管理机构(施工项目经理部)及负责人名单	长期
3	监理文件	
3.1	监理规划	
3.1.1	监理规划	长期
3.1.2	监理实施细则	长期
3.1.3	监理部总控制计划等	长期
3.2	监理月报中的有关质量问题	长期
3.3	监理会议纪要中的有关质量问题	长期

续表

序号	基本范围	保管期限
3.4	进度控制	
3.4.1	工程开工/复工审批表	长期
3.4.2	工程开工/复工暂停令	长期
3.5	质量控制	
3.5.1	不合格项目通知	长期
3.5.2	质量事故报告及处理意见	长期
3.6	造价控制	
3.6.1	预付款报审与支付	短期
3.6.2	月付款报审与支付	短期
3.6.3	设计变更、洽商费用报审与签认	长期
3.6.4	工程竣工决算审核意见书	长期
3.7	分包资质	
3.7.1	分包单位资质材料	长期
3.7.2	供货单位资质材料	长期
3.7.3	试验等单位资质材料	长期
3.8	监理通知	
3.8.1	有关进度控制的监理通知	长期
3.8.2	有关质量控制的监理通知	长期
3.8.3	有关造价控制的监理通知	长期
3.9	合同与其他事项管理	
3.9.1	工程延期报告及审批	永久
3.9.2	费用索赔报告及审批	长期
3.9.3	合同争议、违约报告及处理意见	永久
3.9.4	合同变更材料	长期
3.10	监理工作总结	
3.10.1	专题总结	长期
3.10.2	月报总结	长期
3.10.3	工程竣工总结	长期
3.10.4	质量评价意见报告	长期
4	施工文件	
4.1	建筑安装工程	
4.1.1	土建(建筑与结构)工程	
4.1.1.1	施工技术准备文件	
(1)	施工组织设计	长期
(2)	技术交底	长期
(3)	图纸会审记录	长期
(4)	施工预算的编制和审查	短期
(5)	施工日期	短期
4.1.1.2	施工现场准备	
(1)	控制网设置资料	长期
(2)	工程定位测量资料	长期
(3)	基槽开挖线测量资料	长期
(4)	施工安全措施	短期

续表

序号	基本范围	保管期限
(5)	施工环保措施	短期
4.1.1.3	地基处理记录	
(1)	地基钎探记录和钎探平面布点图	永久
(2)	验槽记录和地基处理记录	永久
(3)	桩基施工记录	永久
(4)	试桩记录	长期
4.1.1.4	工程图纸变更记录	
(1)	设计会议会审记录	永久
(2)	设计变更记录	永久
(3)	工程洽商记录	永久
4.1.1.5	施工材料预制构件质量证明文件及复试试验报告	
(1)	砂、石、砖、水泥、钢筋、防水材料、隔热保温、防腐材料、轻集料试验汇总表	长期
(2)	砂、石、砖、水泥、钢筋、防水材料、隔热保温、防腐材料、轻集料出厂证明文件	长期
(3)	砂、石、砖、水泥、钢筋、防水材料、轻集料、焊条、沥青复试试验报告	长期
(4)	预制构件(钢、混凝土)出厂合格证、试验记录	长期
(5)	工程物质选样送审表	短期
(6)	进场物质批次汇总表	短期
(7)	工程物质进场报验表	短期
4.1.1.6	施工试验记录	
(1)	土壤(素土、灰土)干密度试验报告	长期
(2)	土壤(素土、灰土)击实试验报告	长期
(3)	砂浆配合比通知单	长期
(4)	砂浆(试块)抗压强度试验报告	长期
(5)	混凝土配合比通知单	长期
(6)	混凝土(试块)抗压强度试验报告	长期
(7)	混凝土抗渗试验报告	长期
(8)	商品混凝土出厂合格证、复试报告	长期
(9)	钢筋接头(焊接)试验报告	长期
(10)	防水工程试水检查记录	长期
(11)	楼地面、屋面坡度检查记录	长期
(12)	土壤、砂浆、混凝土、钢筋连接、混凝土抗渗试验报告汇总表	长期
4.1.1.7	隐蔽工程检查记录	
(1)	基础和主体结构钢筋工程	长期
(2)	钢结构工程	长期
(3)	防水工程	长期
(4)	高程控制	长期
4.1.1.8	施工记录	
(1)	工程定位测量检查记录	永久
(2)	预检工程检查记录	短期
(3)	冬施混凝土搅拌测温记录	短期
(4)	冬施混凝土养护测温记录	短期
(5)	烟道、垃圾道检查记录	短期
(6)	沉降观测记录	长期

序号	基本范围	保管期限
(7)	结构吊装记录	长期
(8)	现场施工预应力记录	长期
(9)	工程竣工测量	长期
(10)	新型建筑材料	长期
(11)	施工新技术	长期
4.1.1.9	工程质量事故处理记录	永久
4.1.1.10	工程质量检验记录	
(1)	检验批质量验收记录	长期
(2)	分项工程质量验收记录	长期
(3)	基础、主体工程验收记录	永久
(4)	幕墙工程验收记录	永久
(5)	分部(子分部)工程质量验收记录	永久
4.1.2	电气、给排水、消防、采暖、通风、空调、燃气、建筑智能化、电梯工程	
4.1.2.1	一般施工记录	
(1)	施工组织设计	长期
(2)	技术交底	短期
(3)	施工日志	短期
4.1.2.2	图纸变更记录	
(1)	图纸会审	永久
(2)	设计变更	永久
(3)	工程洽商	永久
4.1.2.3	设备、产品质量检查、安装记录	
(1)	设备、产品质量合格证、质量保证书	长期
(2)	设备装箱单、商检证明和说明书、开箱报告	长期
(3)	设备安装记录	长期
(4)	设备试运行记录	长期
(5)	设备明细表	长期
4.1.2.4	预检记录	短期
4.1.2.5	隐蔽工程检查记录	长期
4.1.2.6	施工试验记录	
(1)	电气接地电阻、绝缘电阻、综合布线、有线电视末端等测试记录	长期
(2)	楼宇自控、监视、安装、视听、电话等系统调试记录	长期
(3)	变配电设备安装、检查、通电、满负荷测试记录	长期
(4)	给排水、消防、采暖、通风、空调、燃气等管道强度、严密性、灌水、通水、吹洗、漏风、试压、通球、阀门等试验记录	长期
(5)	电气照明、动力、给排水、消防、采暖、通风、空调、燃气等系统调试、试运行记录	长期
(6)	电梯接地电阻、绝缘电阻测试记录,空载、半载、满载、超载试运行记录,平衡、运速、噪声调整试验报告	长期
4.1.2.7	质量事故处理记录	永久
4.1.2.8	工程质量检验记录	
(1)	检验批质量验收记录	长期
(2)	分项工程质量验收记录	长期

续表

序号	基本范围	保管期限
(3)	分部(子分部)工程质量验收记录	永久
4.1.3	室外工程	
4.1.3.1	室外安装(给水、雨水、污水、热力、燃气、电讯、电力、照明、电视、消防)等施工文件	长期
4.1.3.2	室外建筑环境(建筑小品、水景、道路园林绿化等)施工文件	长期
4.2	市政基础设施工程	
4.2.1	施工技术准备	
4.2.1.1	施工组织设计	短期
4.2.1.2	技术交底	长期
4.2.1.3	图纸会审记录	长期
4.2.1.4	施工预算的编制和审查	短期
4.2.2	施工现场准备	
4.2.2.1	工程定位测量资料	长期
4.2.2.2	工程定位测量复核记录	长期
4.2.2.3	导线点、水准点测量复核记录	长期
4.2.2.4	工程轴线、定位桩、高程测量复核记录	长期
4.2.2.5	施工安全措施	短期
4.2.2.6	施工环保措施	短期
4.2.3	设计变更、洽商记录	
4.2.3.1	设计变更通知单	长期
4.2.3.2	洽商记录	长期
4.2.4	原材料、成品、半成品、构配件、设备出厂质量合格证及试验报告	
4.2.4.1	砂、石、砌块、水泥、钢筋(材)、石灰、沥青、涂料、混凝土外加剂、防水材料、粘接材料、防腐保温材料、焊接材料等试验汇总表	长期
4.2.4.2	砂、石、砌块、水泥、钢筋(材)、石灰、沥青、涂料、混凝土外加剂、防水材料、粘接材料、防腐保温材料、焊接材料等质量合格证书和出厂检(试)验报告及现场复试报告	长期
4.2.4.3	水泥、石灰、粉煤灰混合料,沥青混合料、商品混凝土等试验汇总表	长期
4.2.4.4	水泥、石灰、粉煤灰混合料,沥青混合料、商品混凝土等出厂合格证和试验报告、现场复试报告	长期
4.2.4.5	混凝土预制构件、管材、管件、钢结构构件等试验汇总表	长期
4.2.4.6	混凝土预制构件、管材、管件、钢结构构件等出厂合格证书和相应的施工技术资料	长期
4.2.4.7	厂站工程的成套设备、预应力混凝土张拉设备、各类地下管线井室设施、产品等汇总表	长期
4.2.4.8	厂站工程的成套设备、预应力混凝土张拉设备、各类地下管线井室设施、产品等出厂合格证书及安装使用说明	长期
4.2.4.9	设备开箱报告	短期
4.2.5	施工试验记录	
4.2.5.1	砂浆、混凝土试块强度、钢筋(材)焊连接、填土、路基强度试验等汇总表	长期
4.2.5.2	道路压实度、强度试验记录	
(1)	回填土、路床压实度试验及土质的最大干密度和最佳含水量试验报告	长期
(2)	石灰类、水泥类、二灰类无机混合料基层的标准击实试验报告	长期

续表

序号	基本范围	保管期限
(3)	道路基层混合料强度试验记录	长期
(4)	道路面层压实度试验记录	长期
4.2.5.3	混凝土试块强度试验记录	
(1)	混凝土配合比通知单	短期
(2)	混凝土试块强度试验报告	长期
(3)	混凝土试块抗渗、抗冻试验报告	长期
(4)	混凝土试块强度统计、评定记录	长期
4.2.5.4	砂浆试块强度试验记录	
(1)	砂浆配合比通知单	短期
(2)	砂浆试块强度试验报告	长期
(3)	砂浆试块强度统计评定记录	长期
4.2.5.5	钢筋(材)焊、连接试验报告	长期
4.2.5.6	钢管、钢结构安装及焊缝处理外观质量检查记录	长期
4.2.5.7	桩基础试(检)验报告	长期
4.2.5.8	工程物质选样送审记录	短期
4.2.5.9	进场物质批次汇总记录	短期
4.2.5.10	工程物质进场报验记录	短期
4.2.6	施工记录	
4.2.6.1	地基与基槽验收记录	
(1)	地基钎探记录及钎探位置图	长期
(2)	地基与基槽验收记录	长期
(3)	地基处理记录及示意图	长期
4.2.6.2	桩基施工记录	
(1)	桩基位置平面示意图	长期
(2)	打桩记录	长期
(3)	钻孔桩钻进记录及成孔质量检查记录	长期
(4)	钻孔(挖孔)桩混凝土浇灌记录	长期
4.2.6.3	构件设备安装和调试记录	
(1)	钢筋混凝土大型预制构件、钢结构等吊装记录	长期
(2)	厂(场)、站工程大型设备安装调试记录	长期
4.2.6.4	预应力张拉记录	
(1)	预应力张拉记录表	长期
(2)	预应力张拉孔道压浆记录	长期
(3)	孔位示意图	长期
4.2.6.5	沉井工程下沉观测记录	长期
4.2.6.6	混凝土浇灌记录	长期
4.2.6.7	管道、箱涵等工程项目推进记录	长期
4.2.6.8	构筑物沉降观测记录	长期
4.2.6.9	施工测温记录	长期
4.2.6.10	预制安装水池壁板缠绕钢丝应力测定记录	长期
4.2.7	预检记录	
4.2.7.1	模板预检记录	短期
4.2.7.2	大型构件和设备安装前预检记录	短期

续表

序号	基本范围	保管期限
4.2.7.3	设备安装位置检查记录	短期
4.2.7.4	管道安装检查记录	短期
4.2.7.5	补偿器冷拉及安装情况记录	短期
4.2.7.6	支(吊)架位置、各部位连接方式等检查记录	短期
4.2.7.7	供水、供热、供气管道吹(冲)洗记录	短期
4.2.7.8	保温、防腐、油漆等施工检查记录	短期
4.2.8	隐蔽工程检查(验收)记录	长期
4.2.9	工程质量检查评定记录	
4.2.9.1	工序工程质量评定记录	长期
4.2.9.2	部位工程质量评定记录	长期
4.2.9.3	分部工程质量评定记录	长期
4.2.10	功能性试验记录	
4.2.10.1	道路工程的弯沉试验记录	长期
4.2.10.2	桥梁工程的动、静载试验记录	长期
4.2.10.3	无压力管道的严密性试验记录	长期
4.2.10.4	压力管道的强度试验、严密性试验、通球试验等记录	长期
4.2.10.5	水池满水试验	长期
4.2.10.6	消化池气密性试验	长期
4.2.10.7	电气绝缘电阻、接地电阻测试记录	长期
4.2.10.8	电气照明、动力试运行记录	长期
4.2.10.9	供热管网、燃气管网等管网试运行记录	长期
4.2.10.10	燃气储罐总体试验记录	长期
4.2.10.11	电讯、宽带网等试运行记录	长期
4.2.11	质量事故及处理记录	
4.2.11.1	工程质量事故报告	永久
4.2.11.2	工程质量事故处理记录	永久
4.2.12	竣工测量资料	
4.2.12.1	建筑物、构筑物竣工测量记录及测量示意图	永久
4.2.12.2	地下管线工程竣工测量记录	永久
5	竣工图	
5.1	建筑安装工程竣工图	
5.1.1	综合竣工图	
5.1.1.1	综合图	
(1)	总平面布置图(包括建筑、建筑小品、水景、照明、道路、绿化等)	永久
(2)	竖向布置图	永久
(3)	室外给水、排水、热力、燃气等管网综合图	永久
(4)	电气(包括电力、电讯、电视系统等)综合图	永久
(5)	设计总说明书	永久
5.1.1.2	室外专业图	
(1)	室外给水	永久
(2)	室外雨水	永久
(3)	室外污水	永久
(4)	室外热力	永久

续表

序号	基本范围	保管期限
(5)	室外燃气	永久
(6)	室外电讯	永久
(7)	室外电力	永久
(8)	室外电视	永久
(9)	室外建筑小品	永久
(10)	室外消防	永久
(11)	室外照明	永久
(12)	室外水景	永久
(13)	室外道路	永久
(14)	室外绿化	永久
5.1.2	专业竣工图	
5.1.2.1	建筑竣工图	永久
5.1.2.2	结构竣工图	永久
5.1.2.3	装修(装饰)工程竣工图	永久
5.1.2.4	电气工程(智能化工程)竣工图	永久
5.1.2.5	给排水工程(消防工程)竣工图	永久
5.1.2.6	采暖通风空调工程竣工图	永久
5.1.2.7	燃气工程竣工图	永久
5.2	市政基础设施工程竣工图	
5.2.1	道路工程	永久
5.2.2	桥梁工程	永久
5.2.3	广场工程	永久
5.2.4	隧道工程	永久
5.2.5	铁路、公路、航空、水运等交通工程	永久
5.2.6	地下铁道等轨道交通工程	永久
5.2.7	地下人防工程	永久
5.2.8	水利防灾工程	永久
5.2.9	排水工程	永久
5.2.10	供水、供热、供气、电力、电讯等地下管线工程	永久
5.2.11	高压架空输电线工程	永久
5.2.12	污水处理、垃圾处理处置工程	永久
5.2.13	场、厂、站工程	永久
6	竣工验收文件	
6.1	工程竣工总结	
6.1.1	工程概况表	永久
6.1.2	工程竣工总结	永久
6.2	竣工验收记录	
6.2.1	建筑安装工程	
6.2.1.1	单位(子单位)工程质量竣工验收记录	永久
6.2.1.2	竣工验收证明书	永久
6.2.1.3	竣工验收报告	永久
6.2.1.4	竣工验收备案表(包括各专项验收认可文件)	永久
6.2.1.5	工程质量保修书	永久

续表

序号	基本范围	保管期限
6.2.2	市政基础设施工程	
6.2.2.1	单位工程质量评定表及报验单	永久
6.2.2.2	竣工验收证明书	永久
6.2.2.3	竣工验收报告	永久
6.2.2.4	竣工验收备案表(包括各专项验收认可文件)	永久
6.2.2.5	工程质量保修书	永久
6.3	财务文件	
6.3.1	决算文件	永久
6.3.2	交付使用财产总表和财产明细表	永久
6.4	声像、缩微、电子档案	
6.4.1	声像档案	
6.4.1.1	工程照片	永久
6.4.1.2	录音、录像材料	永久
6.4.2	缩微品	永久
6.4.3	电子档案	
6.4.3.1	光盘	永久
6.4.3.2	磁盘	永久

附录表2　设备文件材料归档范围和保管期限表

序号	基本范围	保管期限
1	综合	
1.1	设备管理条例、办法、规定、通告等	长期
1.2	设备管理规划、计划、总结	短期
1.3	设备技术管理文件材料	长期
1.4	设备运行管理文件材料	短期
1.5	备品备件管理文件材料	短期
1.6	设备台账	永久
2	单台(套)设备仪器	
2.1	调研、考察材料	长期
2.2	购置合同、协议	长期
2.3	洽谈记录、纪要、备忘录、来往函件及商检材料	长期
2.4	设备仪器开箱验收记录	长期
2.5	设备仪器合格证、装箱单、出厂保修单、说明书等随机图样及文字材料	长期
2.6	设备仪器安装调试、试车记录、总结、竣工图样、检测验收等材料	长期
2.7	运行记录及重大事故分析处理报告	长期
2.8	设备仪器保养和大修计划、记录	长期
2.9	设备仪器检查记录、设备仪器履历表	长期
2.10	设备改造记录和总结材料	长期
2.11	技术、质量异议的处理结果材料	永久
2.12	设备仪器报废鉴定材料、申请、批复和处理结果	长期

附录表3 产品文件材料归档范围和保管期限表

序号	基本范围	保管期限
1	计划决策阶段	
1.1	调查研究	
1.1.1	市场调查、技术调查、考察、预测报告、调研综合报告	短期
1.1.2	技术、经济可行性研究报告	长期
1.2	决策	
1.2.1	发展建议书、技术建议书、协议书、委托书、合同	永久
1.2.2	专题分析报告、专题会议纪要	长期
1.2.3	研制计划、方案、方案论证报告	长期
2	设计阶段	
2.1	产品研究、设计计划	长期
2.2	技术、经济初步评价	长期
2.3	研究试验大纲、试验报告	长期
2.4	产品设计标准	永久
2.5	技术设计说明书	长期
2.6	产品设计图样	长期
2.7	专题技术请示报告	长期
2.8	设计评审报告	长期
3	试制阶段	
3.1	试制	
3.1.1	试制计划、方案、规程、报告	永久
3.1.2	工艺研究报告、工艺总体方案论证	永久
3.1.3	试制工艺流程、工艺标准	长期
3.1.4	试制工艺文件和工艺装备文件	长期
3.1.5	工艺评审报告	长期
3.1.6	试制运行记录、化验记录	长期
3.1.7	试制过程纪要	长期
3.1.8	原材料与半成品、成品检验方法批准书	长期
3.1.9	理化分析报告、化学配方、化学反应式、计算公式	长期
3.1.10	技术标准协议、试制质量分析报告	长期
3.1.11	专题会议记录、纪要、决议及合理化建议	长期
3.1.12	重大故障分析和排除措施报告	长期
3.1.13	试制总结报告	永久
3.2	试验	
3.2.1	试验计划、方案、规程	永久
3.2.2	试验所需仪器与设备清单	长期
3.2.3	试验分项目记录	长期
3.2.4	试验原始数据与材料	永久
3.2.5	试验分析报告	长期
3.2.6	试验分项小结	短期
3.2.7	试验总结报告	永久
3.3	鉴定	
3.3.1	鉴定申请报告及批复	永久
3.3.2	试制、试验鉴定大纲	永久

续表

序号	基本范围	保管期限
3.3.3	成套设计文件	长期
3.3.4	标准化审查报告	长期
3.3.5	可靠性试验情况报告	长期
3.3.6	产品质量和技术经济分析报告	短期
3.3.7	技术鉴定材料(申请批复、评价材料、会议纪要)	永久
3.3.8	设计定型报告、证书	永久
3.3.9	试用或试运行报告	长期
3.3.10	鉴定验收书	永久
4	生产阶段	
4.1	小批生产	
4.1.1	小批生产方案、计划	短期
4.1.2	小批生产工序工程能力分析报告	长期
4.1.3	关键件、重要件、关键工序的质量控制及检测报告	长期
4.1.4	原料鉴定卡片、配用设计表	长期
4.1.5	历次更改与补充的设计及工艺文件和更改通知单	长期
4.1.6	小批生产总结报告、小批生产鉴定书	永久
4.1.7	产品设计评审报告	长期
4.1.8	产品研制完成报告	长期
4.1.9	产品许可证、合格证、使用说明书、装箱单、产品介绍、样本	长期
4.2	批量生产	
4.2.1	申请正式投产报告、批复、通知	永久
4.2.2	生产技术规程、操作规程、安全生产规程、产品检验规范	永久
4.2.3	技术标准(国际、国家、部、企、内标)	永久
4.2.4	企业标准编制说明、审批书及修改、修订的通知	永久
4.2.5	生产定型(结构、配方)设计文件	永久
4.2.6	工艺文件	长期
4.2.6.1	工艺方案(工艺设计表与设计卡、配方卡)	
4.2.6.2	工艺规程(工艺流程卡、工艺卡、工序卡、调整卡、技术检查卡、毛坯图、工艺守则)	
4.2.6.3	管理用工艺文件(路线图、明细表、主要材料工艺消耗定额、工时定额汇总表、工艺总结、工艺文件总目录)	
4.2.7	工艺作业指导书、工艺说明书	长期
4.2.8	工艺装备文件、图样(刃具、夹具、量具、模具图)、说明书	长期
4.2.9	产品改进与更新建议书、合理化建议、QC成果	长期
4.2.10	产品质量技术攻关会议记录、纪要和成果	长期
4.2.11	重大质量事故分析、质量异议处理结果	长期
4.2.12	各种操作记录、产品检验报告单	长期
4.2.13	产品特性重要度分级	长期
4.2.14	技术条件	长期
4.2.15	明细表、汇总表、产品目录	长期
4.2.16	专利登记表、专利证书等材料	永久
4.2.17	商标注册材料	永久
5	评优阶段	

续表

序号	基本范围	保管期限
5.1	创优规划和措施	长期
5.2	创优工艺操作规程	长期
5.3	国内外对比材料	短期
5.4	上级检(抽)查结果和理化分析报告	长期
5.5	主要用户评价	短期
5.6	创优申请、审批表	长期
5.7	优质产品评定书	永久
5.8	获奖奖章、奖状、证书	永久
6	认证阶段	
6.1	认证申请书、信函	长期
6.2	跟踪服务材料	长期
6.3	认证检测报告、检查报告	长期
6.4	原材料修改换页说明	长期
6.5	产品检验报告	长期
6.6	各种认证证书	永久

附录表4　科研文件材料归档范围和保管期限表

序号	基本范围	保管期限
1	研究准备阶段	
1.1	申报项目的报告、批复、通知	长期
1.2	科研规划、调研报告、可行性研究报告、技术咨询与课题论证材料	长期
1.3	课题说明书、科研课题、经费申请报告及批件	长期
1.4	任务书、协议书、会议记录及重要来往文函	永久
1.5	科研课题研究计划、上级批示及有关课题的国内外动态、课题计划调整或课题撤销文件	长期
1.6	实验、试验方案、设计方案、调查考察方案、技术规程	永久
2	研究试验阶段	
2.1	试验任务书、试验大纲	永久
2.2	实验、试验测试记录、图表、照片、计划执行情况、调整和撤销的报告	永久
2.3	试制综合分析报告及总结	永久
2.4	计算文件	永久
2.5	计算机软件	永久
2.6	检验文件	永久
2.7	设计文件、图样、技术说明、配方	永久
2.8	工艺文件	永久
3	总结鉴定验收阶段	
3.1	课题完成最终(或中断)总结	永久
3.2	课题阶段工作总结	长期
3.3	鉴定大纲	永久
3.4	技术经济分析报告	长期
3.5	标准化审查报告	永久
3.6	鉴定证书、科学技术成果鉴定证书	永久
3.7	鉴定会议记录(参加人员名单)、鉴定验收结论、函审原件	永久

续表

序号	基本范围	保管期限
4	成果申报阶段	
4.1	科技成果申报表、登记表及附件	永久
4.2	科技成果奖励申报及评审材料	永久
4.3	获奖证书及批件	永久
5	推广应用阶段	
5.1	推广应用方案、专利申请书、批准证书（原件、影印件）	永久
5.2	技术转让合同、协议书	永久
5.3	论文、成果推广应用中形成的技术文件及工作总结、过户定型的鉴定材料	长期
5.4	国内外同行业评价及用户反馈意见	短期
5.5	成果宣传报送文件	短期
5.6	专业会议文件	短期
5.7	标本、样品目录	短期
5.8	出席各级学术会议和发表在各种刊物上的论文、专题报告	长期
5.9	国外考察报告和对外技术交流材料等	长期
5.10	针对成果的推广应用进行的软件开发形成的文件材料	长期

参考文献

[1] 王健,徐拥军.文书学[M].4版.北京:中国人民大学出版社,2021.

[2] 倪丽娟.文书学[M].2版.北京:高等教育出版社,2010.

[3] 周耀林,张煜明,任汉中.文书学教程[M].武汉:武汉大学出版社,2009.

[4] 周振华.文件学[M].扬州:广陵书社,2007.

[5] 金波.档案学导论[M].上海:上海大学出版社,2018.

[6] 郭学利,武晓睿,高红梅.秘书文书档案管理[M].北京:清华大学出版社.2015.

[7] 胡燕,王芹,徐继铭.文书档案管理基础[M].上海:世界图书出版公司,2018.

[8] 邹琦.文书与档案管理基础知识[M].3版.北京:中国劳动社会保障出版社,2020.

[9] 陈兆祦,和宝荣,王英玮.档案管理学基础[M].4版.北京:中国人民大学出版社,2021.

[10] 肖秋惠.档案管理概论[M].武汉:武汉大学出版社,2009.

[11] 四川省档案局.档案保管与保护技术[M].成都:四川人民出版社,2017.

[12] 国家档案局.档案利用与服务[M].北京:中国文史出版社,2018.